绝对欲望，绝对奇异

Absolute Erotic, Absolute Grotesque

The Living, Dead, and Undead in Japan's Imperialism, 1895—1945

日本帝国主义的生生死死，1895—1945

Mark Driscoll

[美] 马克弟 —— 著

朱新伟 —— 译

中央编译出版社
Central Compilation & Translation Press

ABSOLUTE EROTIC, ABSOLUTE GROTESQUE
by Mark Driscoll
Copyright © 2010 by Duke University Press
Simplified Chinese translation copyright © 2017 by Shanghai Sanhui Culture and Press Ltd.
Published by Central Compilation & Translation Press.
All rights reserved.

图书在版编目(CIP)数据

绝对欲望，绝对奇异：日本帝国主义的生生死死，1895—1945 /（美）马克弟
（Mark Driscoll）著；朱新伟译． — 北京：中央编译出版社，2017.2
书名原文：Absolute Erotic, Absolute Grotesque：The Living, Dead, and Undead in Japan's Imperialism, 1895–1945
ISBN 978-7-5117-3184-5

Ⅰ．①绝… Ⅱ．①马… ②朱… Ⅲ．①帝国主义-研究-日本
Ⅳ．① D731.31

中国版本图书馆 CIP 数据核字 (2016) 第 282205 号

绝对欲望，绝对奇异：日本帝国主义的生生死死，1895—1945

出 版 人：	葛海彦
出版统筹：	贾宇琰
责任编辑：	贾宇琰
特约编辑：	杨晓琼
责任印制：	尹 珺
出版发行：	中央编译出版社
地　　址：	北京西城区车公庄大街乙 5 号鸿儒大厦 B 座（100044）
电　　话：	(010) 52612345（总编室）　(010) 52612341（编辑室）
	(010) 52612316（发行部）　(010) 52612317（网络销售）
	(010) 52612346（馆配部）　(010) 55626985（读者服务部）
传　　真：	(010) 66515838
经　　销：	全国新华书店
印　　刷：	山东临沂新华印刷物流集团有限责任公司
开　　本：	880 毫米 ×1240 毫米　1/32
字　　数：	247 千字
印　　张：	11.75
版　　次：	2017 年 8 月第 1 版第 2 次印刷
定　　价：	58.00 元

网　　址：	www.cctphome.com　　邮　箱：cctp@cctphome.com
新浪微博：	@ 中央编译出版社　　微　信：中央编译出版社（ID: cctphome）
淘宝店铺：	中央编译出版社直销店（http：//shop108367160.taobao.com）　(010) 55626985

凡有印装质量问题，本社负责调换。电话：（010）55626985

目录

序言	001
致谢	009
主要资料来源	013
导论	015

第一部分 生命政治

第一章 苦力日本	041
第二章 边缘地区的皮条客	075
第三章 歇斯底里的帝国	101
第四章 顽固的农民和奇异化的朝鲜	124
附录 1 朝鲜人挨打；我，日本殖民者，挨打	143

第二部分 神经政治

第五章 一切坚固的东西都现代男女了	159
第六章 革命色情与快感的衰退	186
附录 2 神经政治露出毒牙	230

第三部分 死亡政治

第七章 中国人民的鸦片　　　　　　　　　　*257*

第八章 日本的课业　　　　　　　　　　　　*298*

结论 赤手空拳的劳力与活死人帝国　　　　　*331*

参考文献　　　　　　　　　　　　　　　　　*352*

插图目录

图 1　帝国主义混杂性。七种亚洲人组合而成的日本典型脸孔　　120

图 2　石森诚一装扮成大连苦力，首尔的日本性工作者，釜山的中年男子　　150

图 3　专门用来捕捉、殖民占领读者注意力的奇异照片　　216

图 4　《战争与性地狱》，《犯罪科学》创刊两周年庆预告，1932 年 6 月　　217

图 5　被震惊、石化的旁观者遭到吸血鬼吞噬　　238

图 6　受日本鸦片毒害、横尸街头的中国瘾者，哈尔滨，1940 年前后，尸体最终很可能被运往哈尔滨的万人坑　　277

图 7　岸信介身着伪满洲国协和会制服，与日本下属们在一起，伪满洲国，1938 年前后　　316

序言

本书描述日本如何在短短几十年间跃升为世界强国。当前叙述日本崛起的主流方法是关注权力的中心,这个中心或指现代科技与启蒙理性的发源地——欧美,或指日本的西化宗主城市——东京。主流理论认为,源于欧美和现代城市的先进理念与技术形式是现代发展模式的唯一动力;针对这种看法,贱民/后殖民主义研究与马克思主义——本书的两种主要理论路径——则认为,批判的焦点应该转向人的生命和劳动,特别是远离权力中心的边缘地区的生命和劳动。由此,本体论意义上的生命活力,以及被资本所剥削的剩余劳动,可被视为驱动帝国主义扩张的源动力。本书中,产生于日本边缘地区的朝鲜和中国的边缘生命和边缘劳动力将走出历史叙述的阴影,成为历史舞台的主角。生命和劳动的具体存在是身体,劳动的身体、欲望的身体、上瘾的身体和死去的身体,本书称这些身体为"先验边缘"(the peripheral a priori),所谓"先验边缘",是把作为文化与经济发展的主体的边缘性作为时/空叙述的首要对象,套用菲尔德豪斯（D. K. Fieldhouse）的比喻，边缘殖民地是"摇晃殖民主义小狗的尾巴"❶（引自 Uchida J. 2005, 38）。在我对日本帝国主义的研究中，这条摇动帝国主义小狗的尾巴包括：中国苦力、在通商口岸活动的日本皮条客、被拐卖的日本女性以及穷困的朝鲜佃农——这些身体输送能量与劳动剩余价值给日本帝国主义。

19世纪末叶的日本政治精英非常清楚边缘殖民地对于帝国的重要性。日本的民族国家制度建设与帝国扩张同时进行，这和德国的现代历史很像。明治时期两度担任首相的政治寡头山县有朋，是最早提出殖民地边缘与帝国中心的互补性的人之一。为抵抗欧美列强对东亚的侵略（第一次和第二次鸦片战争），山县设想了两个同心圆，一个是日本本国（"主权线"），一个是抵抗西方侵略的外围警戒线（"利益线"）。日本帝国主义者想方设法说服中国人和朝鲜人，宣扬日本真心诚意保护他们抵抗西方侵略者。然而，仁慈的护佑总敌不过卑劣的贪心，资源掠夺和劳力剥削从未停歇。台湾（从1895年起）、南满（1905年）和朝鲜（1910年）三块殖民地迅速盈利，而当时日本本国还在依赖伦敦金融市场获得资本。这条外圈不仅仅是地理意义上的缓冲地带，外圈反过来还将利润输送给内圈，这些利润来源于走私毒品、拐卖妇女和榨取中国苦力和朝鲜佃农的血汗。大亚洲主义的意识形态话语有时候能够稍许降低外圈的劳动剥削和掠夺的残酷程度，但即使是最激烈反对西方价值观的日本亚洲主义者也不得不承认，现实是"不是你死，就是我活"的强权政治，比

---

❶ 此处故意颠倒主次。——译者注

如鼓吹东亚和睦的杉田定一（1884）在中国时说："我不知道在这场即将来临的飨宴中，日本究竟是西方人的盘中餐还是座上客。当然，做座上客总胜过当盘中餐。"（引自 Iriye 1980, 331）杉田不是孤例，当时许多人都怀着希望早期日本军国主义者取代中国的东亚朝贡体系霸主地位的野心，加入19世纪80年代的大东亚主义和强权政治意识形态。日本数百年来发起的唯一一场大型战争就是为了争夺东亚朝贡体系的领导权，即1592年至1598年的万历朝鲜战争❶。

日本现代研究由于受数十年冷战地缘政治知识生产的误导，忽视了日本资本家在这场帝国主义飨宴中吞噬中国和朝鲜人民的劳动果实的事实。研究者们醉心于普林斯顿大学历史学家马里厄斯·简森（Marius Jansen）的学术导向（1962，11），把眼光局限在日本历史的"光明面"，要么完全无视日本所设置的亚洲外圈，要么将讨论局限于殖民主义机构与行政运作，而不去考虑对亚洲劳工的大规模暴力管制。我对日本帝国主义的描述，秉持先验边缘的方法论视域，始终围绕外圈问题进行分析，20世纪初的日本将其称为本国的"阴暗面"。在这个过程中，本书的论述必然也会涉及对日本现代性问题的分析。在那个时期，日本的人口贩子和小资本家通过管制、掠夺与压榨贱民和殖民地人民，争夺经济市场的霸主地位，以及大清帝国所把持的东亚地域与文明的霸主地位。与中国商人竞争最积极的人是日本的人口贩子和黑社会生意人，他们倾销便宜的日本商品，

---

❶ 日本侵略朝鲜的一场战争，发生于中国明朝万历年间，故名。按照朝鲜国历法，正值壬辰年，故朝鲜方面将这场战争称为"壬辰卫国战争"。英文名称 Imjin War 则沿袭了朝鲜的叫法。——译者注

运作模式大获成功,建立了日本之后几十年经营外圈的机制。尽管资本积累的暴力军事形式在日本内部也同时存在,但是,诚如后殖民研究所推论的,日本帝国在外圈的经营方式虽被冠以"例外状态",却比本国内部的资本积累更为迅速,手段更加新颖、更加残忍。因此,与现代化的从中心发散到边缘的思维方式相反,日本在外圈的暴行反过来影响了内部的宗主城市。日本商人用柔道和空手道强迫朝鲜人购买他们的低劣商品,日本皮条客伺机抢占中国人逐渐退出的人口买卖市场,日本殖民者巧取豪夺朝鲜的土地……以上这些外圈的运作方式后来统统变成日本资本积累的惯例。

本书所指示的"色欲—奇异"❶,意指日本从 1925 年到 1934 年所流行的现代主义大众文化,包括性学、侦探小说、图像艺术、软色情制品和都市人类学。我沿用当时日本马克思主义的分析方法,将色欲—奇异作为一种符码,色情(德勒兹和加塔利在 20 世纪 70 年代将其称作"欲望生产")被资本主义以独特的政治方式所捕获或奇异化。在本书的三个部分中,我把欲望生产和政治奇异的中心模式分为三个时期:生命政治(1895—1914 年,殖民统治台湾、朝鲜和南满殖民地的关东州,以及日本商人和领事在中国和东南亚的势

---

❶ "erotic-grotesque"是本书的核心概念。日文的片假名"エロ"是从英文的"erotic"简化成"ero"而来的,在这个"跨语际实践"的过程中,日本的这个词已经与原来的英文词所表达的"色情"意思有所不同,变得更加极端、本质化、商品化。所以,当"erotic""エロ"或"ero"等词语表示这一新的含义时,最好的办法是维持原貌,才能传达出符码转换中"变"与"不变"的微妙历史过程。本书翻译过程中不得不退而求其次,统一译作"色欲"。"色欲"一词不是"古已有之"的,而是日本性学家的新发明,大致可以表达日本 20 世纪二三十年代的人类感官商品化特征。当"erotic"或"ero"等词语带有普通意义上的性意味时,则酌情译作"色情"或"情欲"。——译者注

力扩张），神经政治（1920—1936年，以日本"一战"后的经济崛起和都市消费资本主义的兴盛为特征），死亡政治（1932—1945年，全面战争经济和法西斯动员）。

我将展示从日本帝国主义统治开始之际，它就已经在依靠欲望和去地域化的身体所释放的持续能量来维持自身运作。第一部分，"身体政治"，我引入四种具体的主体性：中国苦力、皮条客和人贩子、朝鲜佃农以及日本性工作者。第一章的主体是中国东北地区的移民工人，或者叫"苦力"，1905年日俄战争结束后，他们用其自身的血汗建造了日本在关东州的基础设施。从1905年开始到1945年，大约2000万苦力前往，或被迫永久性迁移至东北地区，其中一大部分人在日本的资本主义企业中累死累活地工作。这些半强迫、半自愿的大规模贱民人口转移，被社会学家武者小路公秀（2006）比作非洲黑奴贸易穿越大西洋的"中间航道"（中国苦力的叫法是"闯关东"，我们或可称其为"满洲航道"），其人数之众，使中国工人与日本管理人员的比例达到300∶1。由于当时资本稀缺，基本上是中国苦力的免费劳力提供了日本资本在殖民地的全部利润。

第二章，我将目光转向日本皮条客（日语称为"女衔"❶）和人口贩子。这些处于社会下层的男性用他们唯一可支配的商品和中国人竞争：绑架日本女性。用拐卖日本妇女的手段，这数百名日本皮条客成为第一批在亚洲经济市场获得成功的日本商人，他们建造妓院和相应的配套设施：和服服装厂、日式餐馆和奢侈品。皮条客的

---

❶ "衔"是"贩卖"的意思。——译者注

生意仰赖这些昂贵的商品：大约 10 万名日本妇女被推入火坑。其中一些妇女能够履行完契约，然后独自经营生意，这些妇女是我第三章论述的主角。随着那些逃离父权压迫而来到相对自由的外圈殖民地和租界的姐妹，这些日本性工作者成为第一批日本女商人，她们的经营对于日本帝国主义在亚洲大陆扩张的作用与那些男性皮条客的作用旗鼓相当。

朝鲜的失地农民是本书第四章的主角，他们是反抗日本殖民主义的早期力量。他们的起义运动促使日本改变原来纵容日本地主肆意妄为的对朝殖民政策，那些日本地主榨取高昂的地租，给朝鲜人民带来深重灾难。我们在这里可以看到贱民与身体政治的主体撼动帝国资本主义统治模式的最好范例。

本书第二部分"神经政治"仍然延续我的基本判断，即帝国主义资本积累依靠从边缘地区榨取剩余劳动和生命活力。我将目光放到发达的内圈，从中考掘出一种捕获和奇异化欲望生产的新模式。"一战"后日本经济崛起，日本的都市文化相应地出现了现代主义大众文化的勃兴，当时日本都市的杂志和报纸阅读人口是全世界最高的。我重点讨论色欲—奇异的文化媒介，探寻现代主义文化如何既批判又支持着资本主义权力在人体神经系统的渗透，形成我所说的"神经政治"。我尤其关注色欲—奇异现代主义的两股主潮，辨析这两股主潮所孕育出的神经政治的核心主体性：性学家、侦探小说作家、创作色情文学的革命作家，以及街头的摩登女郎和摩登先生[1]。

---

[1] 日语的这两个词（moga 和 mobo）分别来源于英语的 Modern boy 和 Modern girl 的音译。——译者注

第五章《一切坚固的东西都现代男女了》，主要关注两位性学家：田中香涯和中村古峡。力图破除对日本性学的欧洲中心主义式的解读，两人和其他当时的日本性学家一道，建构了一套反抗欧洲并将欧洲野蛮化的帝国主义学术体系，强调由一整套围绕性的技术生产出一种具有强烈力比多蕴含的日本男性气质。我的论点是，这种被田中和中村自然化为野蛮的、贪婪的、永不满足的"现代原始"的男性气质，在20世纪20年代被加以技术化，反过来施加到外圈发生的暴力行为中，比如1937年12月的南京和1942年2月的新加坡惨剧。

第六章《革命色情与愉悦的衰弱》，关注色欲—奇异现代主义的两位先驱：梅原北明和酒井洁。梅原辗转于数家媒体工作，通过自己翻译薄伽丘的《十日谈》一书，获得巨大成功，并于1925年掌控两家期刊。1927年他经营的出版社遭到警察严密的监控，于是他和酒井前往上海，希望将色欲—奇异的"性学革命"引入中国。本章还将介绍重要的社会学家赤神良让，他敏锐地指出，色欲—奇异作为资本主义的媒介渗透进了人的身体感官层面。在他的重要作品《猎奇社会的面相》一书中，赤神向读者展示了一种感官政治的资本主义，它依靠刺激性的图像商品控制身体，损害人的神经。他提出一种理论：商品化的爱欲（ero 或 erotic）通过引发消费者的兴趣和吸引人的注意力，取代了原来更为本真的欲望运作方式。第二部分以一段互文文本结尾，分析日本20世纪20年代末期在都市中流行开来的吸血鬼文化。我通过分析日本最著名的侦探小说家江户川乱步的作品，凸显出色欲—奇异商品所灌输的对谋杀和自杀的迷恋想象。

第三部分"死亡政治"，描述的是1932年3月起，处于日本伪满洲国殖民地统治下的贱民身体政治的主体：被绑架的性工作者变成了"慰安妇";皮条客摇身一变,成为政府顾问;苦力被改造成1000万至1200万名无偿奴隶。第七章《中国人民的鸦片》,描述日本帝国主义者在占领中国期间对毒品生意的依赖。毒品作为死亡政治资本主义的核心商品,成为日本从中国人民的死亡和基本生存中榨取利益的重要工具。伪满大约50%—55%的利润来源于毒品生意;到1944年为止,伪满统治下的4000万中国人当中,有20%染上了严重的毒瘾。

第八章《日本的课业》聚焦伪满的两位主要内务官:法西斯主义者岸信介和战争贩子兼工业资本家鲇川义介。后者是日本产业株式会社的创始人。岸信介于1936年由北日本财务省派往伪满,制订工业发展"五年计划",为日本之后与苏联的"全面战争"和与美国的"最终战争"做准备。他从伪满的毒品和人口生意中攫取大量财富。另外,1937年8月,岸信介制订了日本帝国主义的第一个强制劳动政策,授权管理朝鲜和中国的劳工,这是世界上最残忍的人身迫害之一。1937年12月,鲇川把尼桑从东京发展到伪满洲国,赚取巨额利润,其方法包括直接侵吞土地和强制劳动和间接收取伪满政府的收益金。鲇川的公司为日本军队制造征服中国和东南亚的交通运输工具和军械,他所鼓吹的法西斯主义叫作"全体主义"。

本书末章分析日本帝国主义死亡政治下的性奴制。我依靠最新披露的资料,说明大约有15万至40万慰安妇和性工作者受害,先是被死亡政治资本家当作用之即弃的商品,然后惨遭"杀害,成为活死人"。本书以满洲地区最流行的两位中国作家梅娘和李克异小说的简要分析作为结尾,他们的文本典型地反映了死亡政治主权的霸权本质。

致谢

本书的撰写还要追溯到我的博士生涯,当时我在加州大学圣克鲁斯分校,我的老师们,包括 Harry Berger、Chris Connery、Roberto Crespi、David Halperin、Donna Haraway、James O'Connor、Kristin Ross、Dan Selden 以及海登·怀特(Hayden White),他们系统地教导我思考权力、快感和权力剥夺(disempowerment)等问题。认识哈利·哈鲁图尼恩(Harry Harootunian)改变了我的一生,我的兴趣随之转向东亚,而他帮我转校到了康奈尔。在这之前,我在圣克鲁斯度过了四年美好的时光。

感谢 Brett de Bary、Victor koschman 和酒井直树三位教授。他们为我提供了这么好的一个博士项目,作为学生的我装了太多理论,外语能力却太差,而他们不会料到,我回报老师的方式竟是软硬兼施抵抗学科规范。康奈尔大学是研究探索日本、东亚和世界问题的适宜场所,这是众多教授辛勤耕耘的功劳。日本研究领域的许多博士生辅助了我的课题研究,他们包括 Rich Calichman、Katsuhiko

Endo、花和由纪子、Lewis Harrington、Joanne Izbicki、神野亚矢子、Beng Choo Lim、Ben Nakamachi、茂松雪以及Josh Young。我在康奈尔的前辈有Mark Anderson、Mike Bourdaghs和Joe Murphy。我在康奈尔念书第一年遇到几位年轻有为的教授点燃了我以学术谋生的希望，他们包括Nina Cornyetz、Bill Haver、Hosea Hirata、Tome Lamarre和Livia Monet。Tim Murry属于最理想的老师类型，思维活跃、睿智，而政治上不失行动力。

从1994年到2001年，博士生涯中我断断续续有四年待在东京。在我学术上和政治意识上的各个阶段，辰己敬之和小谷真理两位接纳了我。这段时期中，我受益最多的老师是柄谷行人和中原美智子，柄谷先生最近刚从早稻田大学退休。他当时邀请我参加他在法政大学开设的讨论班，两年间他毫无保留地为我答疑解惑。中原教授是亲身实践政治理想的学者典范，20年来，她和几位女性主义活动家并肩合作，揭示20世纪日本在东亚的性暴力和性别压迫。从1995年开始，东京外国语大学就成为我在日本的学术家园，岩崎稔、中野敏男、成田隆一和米谷正文教授自从我第一次到东京开始就邀请我成为他们学术圈的一员，他们仁慈地宽容着我十年来糟糕的日语水平。川岛健和Anne McKnight是我在东京期间的好朋友。后来我还结识了Miriam Silverberg和藤谷隆，他们两位以及睿智的Jim Hevia一道为我的课题提供了友善的批判和亲切的鼓励。

多位女性朋友不辞辛劳地教导了我日语和汉语，其中包括浜野祥子、石桥京子和周依，在此我无法一一感谢。我在横滨的联合大学日语学习中心（Inter-University Center for Japanese Language）学习了一年的日语，那里的老师同样非常优秀。

自从我来到北卡罗来纳大学教堂山分校任教，我从许多同事那里也学到了许多东西，这里有可以说英语学界最好的日本研究学者，他们包括：David Ambaras、Dani Botsman、Leo Ching、Chris Nelson、Gennifer Weisenfeld 和依田富子。文化研究和后殖民主义研究领域的同事包括 Karen Booth、Elyse Crystal、Arturo Escobar、Larry Grossberg、John Pickles 和 Eunice Sahel，与他们的日常交流给我带来了最新的学术动向。本校的图书馆中文管理员 His-chu Bollock 为我提供了大量帮助。

日本学术振兴会的博士后项目为我的研究课题提供了 13 个月的必要资助，从 2006 年 12 月至 2008 年 1 月。我不清楚 2006 年该委员会的执行委员是哪位，所以我无法具名感谢，只好先感谢支持我申请的几位，他们是笠原光、Johnny 和在东京宫女酒吧的几位朋友，百八夫和他在涉谷黄金街的雅各宾酒吧的左翼群体为我那一年孤单的生活提供了慰藉。我的活动家荻谷海和佐生高祖让我每年在东京的日子变得有趣且有意义。我的同志成田庆介开设的 Irregular Rhythm Asylum[1] 数次帮我在日本国会图书馆查核殖民时期的报纸资料。

2001 年我从日本回国后，我的课题从许多朋友和理论伙伴那里受益良多，他们包括 Srinivas Avravamudan、Jon Beller、Karyn Ball、Andrew Haas、Ranji Khanna、Ahneema Lubiano、Andy Martin、Alter Mignolo、Jackie Orr、Stephen Pfohl 以及较晚结识的 Beth Povinelli

---

[1] 一个无政府主义书店。——译者注

和 Patricia Clough。

  本书出版之前，Ken Wissoker 凭着罕见的专业精神和人格魅力从容地掌控了整个编辑过程。Courtney Berger 已经与我不止一次合作，此番她同样展现了她的能力和亲切魅力，Leigh Barnwell 后来接替了 Courtney 的工作，她的工作证明了自己的能力配得上这次晋升。Mark Mastromarino 麻利地指导了我的手稿出版程序。本书经过了三位匿名评审的改进。Erika Nelson 校对了整本书，她的姐姐 Diane 如今已成为我的生命伴侣，本书能够完成，归功于她的关爱、照顾和欢笑。

主要资料来源

缩写	名称
CK	《朝鲜公论》
COM	《朝鲜与满洲》
FMA	日本外交史料馆
KN	《京城日报》
MKS	《满洲国史》,第2卷,满洲国史编纂刊行会编,满蒙同胞援护会出版,1971年
MSSK	《满洲产业界支那见闻录》,满蒙产业研究会编,大连:满洲经济时报社,1920年
MNNS	《满洲日日新闻》
RDQDZX	《日本帝国主义侵华档案资料选编》,第14卷,吉林省社会科学院合编,中华书局,1991年
ZDLSG	《中国东北沦陷十四年史纲要》,王承礼主编,中国大百科全书出版社,1991年

导论

> 现代社会是性错乱，这不是清教徒主义的虚伪性的反作用；这就是事实，现代社会就是性错乱。
>
> ——福柯《性史》第一卷

1911年3月19日，现代日本民族天赋论的奠基人柳田国男（1875—1962）写信给著名的自然历史学家和植物学家南方熊楠（1867—1941），商讨去和歌山采集民间故事的事情。和歌山位于日本西部，是南方熊楠的家乡。南方熊楠定居以前在国外生活了15年。柳田国男尤其感兴趣的是那些住在山上的奇怪的山人和天狗❶，以及类人巨怪。他认为那些都是与阿伊努人不同的日本土著，由于东北亚的以种植为业的定居者入侵，他们被赶上了山——东北亚人

---

❶ 天狗是日本的一种住在山里的妖怪，红脸高鼻，有翅膀。——译者注

被公认是绝大多数日本人血缘上的祖先。柳田国男允诺南方熊楠,一旦发现任何支持他理论的证据,他将立马刊登在自己主办的杂志《乡土研究》上。柳田希望借助这本期刊推销他的民间故事集《远野物语》,这本故事集出版于1910年。柳田想要建立一门新的学科:民俗学。柳田尊敬地称呼南方熊楠为老师,他有点儿狂妄地在信中说:"长远来看,终究要靠我们来彻底改变日本国人对本国风俗的看法。敝刊的宗旨就是要彻底改变日本风俗的传统的保守看法,改造成积极进取的新面貌。"(引自南方熊楠1985,6)

1911这一年也是明治天皇统治(1868—1912)的末期,距离日本战胜俄国夺得朝鲜和中国东北地区的统治权仅仅六年。3月21日,南方熊楠回了一封短札,他不相信假想中的日本原住民超历史的存在。他是一位持批判态度的达尔文进化论主义者。相反,他提出,那些民间神话故事不单单日本有,世界其他地方例如爱尔兰和南亚也有。南方熊楠还抱怨,之所以他所在的地区没有任何神话故事遗存下来,是因为日本中央政府和本地县城的发展规划一直在破坏和歌山的生活环境和大自然,乱砍滥伐,兼并寺庙,强迫不信仰日本国教的寺庙改建成神道教,他说:"不管是出于学术心还是爱国心,我们都应该对这些政策感到忧虑。"(1951—1952,卷10,2)

五天后,南方熊楠写信正式答复,他再次抱怨东京的私有化和中央集权政策。他告诉柳田,他和国会议员中村敬次郎正在发起一项抗议活动,中村还准备联合英国议员一起阻止日本"皇国"现代化主义者的所作所为。信的内容回应了柳田搜寻巨怪和天狗的要求。这封信明白地显示了两人关于人类生命、进化和演变的不同意见,南方熊楠持科学主义,而柳田持神秘主义的、恒定的、创造主义的态度。南方熊楠向柳田点明了他们两人的意见不同之处,他告诉柳田他在伦敦自然历史博物馆收集的一些数据,其中包括关于外生殖器的古希腊神话。他解释说,巨型人身的神话故事,比如天狗的巨鼻和巨怪的长臂,通常被认为是生殖器崇拜。他怀疑,也许柳田收集到的巨怪和天狗故事就是一种性崇拜物,人们赋予这些物件以社会宗教的意义。换言之,这些不是真的存在物,而是作为替代物存在,"学术界称之为拜物教"(1951—1952,卷10,12—13)。

柳田并不信服。4月30日他回信说,从日本各个地区收集来的类似的神话文类表明,真的有"证据"表明日本土著存在,那些神话都描述了日本远古时期的一种喊话:"嚯!嚯!嚯!"南方熊楠的回信分两次邮寄,第一封的日期是5月18日,一周后寄了第二封。他一开始没发觉,后来才想到柳田把那些神话传说当作真人真事看待了。南方熊楠在信的开头就说,和歌山的类似神话并非真实历史,柳田当然不会喜欢他的意见。接着,南方熊楠希望柳田采纳现代的达尔文主义进化论。他说,如果把神话故事里的超自然生物当作猴子和狒狒,而这些生物是全人类共同的祖先,这样的结论不是更加合理吗?他反复研究那些材料,结论就是,"所有这些叙述明显是在描述大猩猩。"(1951—1952,卷10,24—25)

最后,南方熊楠回应柳田关于"嚯!嚯!嚯!"的喊话声的解释,后者认为那是日本土著巨人的语言特征:"没接受过良好教育的人往往缺乏见识。请允许我提一件事。我住的地方有个寺庙,寺庙里有种鸟的叫声也是'嚯!嚯!嚯!'。一位朋友前去调查此事,结果发现那是普通的角鸮。那里的奇怪东西则是角鸮的粪便。"(1951—1952,卷10,32—33)柳田把纯正的日本民族性建立在那些山区的传说和巨怪身上，这纯正的血统后来被亚洲大陆进来的异族给破坏了，而南方熊楠似乎希望借助确凿的鸦粪打消柳田的念头。可是，敏感的柳田察觉到了南方熊楠对他的蔑视，他反过来质疑熊楠的爱国心。10月13日的信中，柳田批评熊楠："虽然你对寺庙的研究展现了你的爱国心，但是其他事情上面，你太过世界主义。像你这样的精英分子背叛了日本文明。"（引自南方熊楠1985，130—131）

南方熊楠发现自己的文章登在柳田的期刊上以后，自身的知名度大大增加。因此，他克制了对柳田的批评。不过，五年的合作经历告诉他，柳田根本不会改变反科学的神造论。南方熊楠转而揶揄柳田。一个广为人知的例子（Tsurumi K. 1978；Figal 1999）是他们的最后通信。在信中，南方熊楠已经拿柳田没办法了，他不屑地嘲讽那种把奇怪的巨人和天狗当作民族始祖的日本民族天赋论。南方熊楠最后一封信是1916年12月23日，信上标明的时间是午夜，他回忆起1908年夏天与一位同事一起去采集标本。当时两个人半裸着身子，挥舞着捕蚊网一股脑儿滚下山，刹不住车，边滚边叫。南方熊楠说："山脚有二十几个村妇正在种田。她们一看到我们就尖叫'天神下凡啦'，然后跑开了。我们下山以后才明白她们惊恐的原因：她们把我们俩当成神怪了。"（1951—1952，卷11，290—291）南方熊楠以此与柳田决裂："我就是你眼中的巨怪和天狗。"

我把南方熊楠与柳田国男的争论放置于日本殖民帝国的风口浪尖，因为他们一直在做的工作就是建立日本的主体性和文化体制。本书不同于现今东亚研究界仍然遗存的模式，那种模式或多或少认同一种原本同质、后来被亚洲玷污的日本文化民族主义。我将摒弃柳田国男的经典理论和他妄想的日本文化特殊论，转而采用南方熊楠的流动的世界主义立场,兼及日本后殖民主义学者米谷正文(2006)和其他学者的立场,他们考掘了日本与其东亚地区的种族、民族和文化之间的历史与政治关系。尽管许多日本19世纪中叶的精英分子意识到要采纳欧洲的科学技术,但他们并不承认欧洲的优越性。相反,日本领导阶层认为,要坚守日本本国的内圈和东亚地区的外圈,防止欧美国家先进科技的代理人侵犯他们的主权——坚船利炮的帝国主义侵略者、毒品走私贩、猖狂的自由贸易商妄图强行"开放"这片一千年来世界贸易的中心——成功的防御需要某些免疫体。改革家福泽谕吉在19世纪80年代明确地说日本需要从欧美那里"感染麻疹"(1960,231)。日本人见识到了第一次鸦片战争的历史教训[亨廷顿的欧洲中心主义式的全球图景是"西方和世界其他地区"(West and the Rest),我则认为鸦片战争是"东方美人与西方野兽"(East and Beast)之间的冲突][1],他们认为,抵抗欧美野兽以及将中国的东亚朝贡体系霸主地位取而代之的最好办法是有节制地吸收西方文明的毒性。这种以免疫为目的的自我开放在19世纪末被称为"和魂洋才"。

16和17世纪,西班牙和英国为扭转和中国的贸易逆差(欧洲人热衷于购买中国的衣料和瓷器),在"新世界"强行开疆拓土,攫取贸易顺差。英国依靠的这些经济军事政策被马克思称为"资本原始积累"。到19世纪30年代,英国终于有实力在印度殖民地以外与中国开战。英国帝国主义者胁迫东亚各国臣服于不平等的贸易体

---

[1] 历史学家彼德·德·拉·考特(Peter de la Court)为荷兰这只和平而温顺的"小猫"辩护,他说法国和英国这两个军事帝国是"野兽"(引自 Arright 2007,239)。

系，何伟亚（2003）精辟地将其总结为"英国的课业"，英国人在中国沿海开辟通商口岸和殖民色彩的城市，正如愤怒的罗莎·卢森堡在1913年所写的，"其中每一个人都在用屠杀和破坏的手段吮吸鲜血"（1968，394）。日本精英迅速做出反应，终止"野兽化"的学习方式。他们的最终目标是把侵略者赶回家，夺取清朝统治者的东亚和太平洋的霸主地位。他们的免疫措施是直接给自己注射欧美野兽的病原体，日本主流历史学家则喜欢用"现代化"一词代替。

本书试图采用分析日本帝国主义在亚洲的野兽化历史进程的新方法（从某种意义上也可说是旧方法）。我赞同反资本主义的东亚研究领域学者朴贤玉（Hyun Ok Park 2005）和川岛肯（Ken C. Kawashima 2009）最近的唯物主义的学术著作，他们强调资本主义边缘与殖民主义掠夺的建构。我写作这篇导论的时间是2008年11月，一场严重的全球经济危机正在爆发，其主要原因是贪婪的第一世界的金融资本家挥霍中产阶级和工人阶级辛苦工作创造出的财富。此时此刻正是拒绝资本主义的自然化及其仁慈与文明的意识形态外衣的最恰当的时间点。虽然我们不该忽视英语学术界后殖民主义研究的某些保守倾向，但很明显，直至最近，以美国为基础的现代化主义学术遏制了日本帝国主义研究中的反殖民和反资本主义取向。例如，在《日本殖民帝国，1895—1945》这一经典著作的导论中，马克·比蒂（Mark Peattie）的以下评价言辞暧昧："尽管人们对结果有或好或坏的评价，这种善恶论排斥了对日本殖民主义的最客观的评价……我们实际上可以用'现代化'来概括日本所发生的种种变革。"（1984，44—45）现代化主义历史学家取消了关于权力与利益的问题（换言之，不问谁是受益者），他们正好回应了"巨蟒"喜剧小组（Monty

Python)的电影《布莱恩的一生》(*Life of Brian*, 1979)。片中，革命者策划颠覆罗马帝国，建立朱迪亚人民共和国，他们审问当地老百姓："罗马人为你们做了什么？"老百姓回答了一大串现代化的成就——马路、卫生设施、美酒——革命的领导人只好向现代化主义者的意识形态普世价值观投降：帝国主义总是施舍给殖民地好东西。清醒的反帝国主义和左翼文化研究者必须看到这一点。

为了回应比蒂和"巨蟒"这些现代化主义者的观点，我要强调，在殖民地和帝国边缘，殖民主义掠夺了大量人力和自然资源，以及从殖民地佃民和贱民工人所榨取的超额利润，这些利润用于喂养大日本帝国这头巨兽。罗莎·卢森堡说"暴力是资本的永恒武器"(1968，371)，一语道破资本主义的伪自然化面目，正呼应了马克思在《资本论》第一卷所写的话："一面是财富的积累……一面是惨剧的积累，劳动、奴役、残暴和道德堕落。"(1984，37)马克思的基本论断反击了现代化理论对日本帝国主义历史中的人类疾苦和权力差异所涉及的性别、阶级、殖民/被殖民关系的漠视，他强调资本主义体系的存在完全是基于剥削大量工人的生命："现在的财富……基于偷窃异化劳动时间。"(1973，705)我们把马克思的语言转换到 20 世纪 20 年代东京的大众文化话语，可以发现，资本家的生存手段是对贱民和工人阶级的活生生的、色情的劳动进行强盗式的猎奇。尽管日本帝国主义的某些次要效应能够被那些仍然坚信"现代化"的人所肯定，被殖民的贱民劳工所承受的生存状态仍然是其首当其冲的恶劣后果，孟比(Mbembe 2003)将那种生存状态定义为"苦命"(being-in-pain)。在这个意义上，日本帝国主义无可争议地是现代的产物，而不是什么迟到的现代性或匮乏的现代性。但是，它的现代性还体现在许多其他方面。所以在本书中我将辨证统一两种逻辑，剥削行为的死亡逻辑——沿用日本社会学家赤神良让（1931）的说法，我把殖民掠夺和资本利润生产称为"异奇"（the grotesque）——以及创造性的欲望生命体的身体逻辑。我沿用南方熊楠和他的追随者的说法，把这种身体逻辑称为"色欲"（the erotic）。

国体与变态

南方熊楠凭借他的生物学理论，直觉上认为，人在生产过程中的生命活力恰恰是权力想要捕猎和占为己有的东西，他关于神社合祀运动的研究著作体现了他的这一洞见。在1912年创作的著名评论中，他称日本政府霸占和歌山地区国民劳动和集体土地的行为为"内部帝国主义"（1951—1952，卷8，193—198）。当地原有3700座寺庙。截至1911年11月，政府关闭了其中的3100座，然后卖地获利；公共财产的私有化前所未有，这是开了先例，卖地收益流向腐败的神道教和尚，南方熊楠认为这些和尚实际上受圈地资本家操控（Figal 1999，203）。寺庙统一化和配套的山林采伐正是资本原始积累的典型例子。大卫·哈维（2003）赋予马克思的这一术语以新的含义，他称之为"霸占积累"（accumulation by dispossession）。1910年8月，南方熊楠被政府逮捕，投入大牢，理由是他暴力反抗政府的寺庙政策。数年来，他一直致力于抵抗私有化政策，进行大量田野调查，记录下东京的政客和食利者对和歌山的掠夺。

南方熊楠游行示威，抗议和歌山的财产遭到剥夺，20年来他一直在钻研和撰写生产与再生产、活力❶与体制、混乱与管制之间的辩证关系。他先是研究西藏曼陀罗所吸收的情欲活力,后来研究图腾社会如何以单一的象征符号将反体制的各种欲望集合起来,安抚和联合社会中分散的个人,所以,他观察到日本政府采用同样的手段来抢占人类劳动与自然资源,而正是这些东西创造了和歌山充满活力的生命世界。政府的正常运转依赖于剥削生命的创造力。尽管民族国家体制虚构了一种他称之为"政道"的东西,这些政道不过是后天的造物,是活生生的人所创造的这个世界的寄生虫(1951—1952,卷11,201)。南方熊楠关于"活劳动"与"吸血资本"之间的辩证讨论和马克思的《资本论》里面的讨论有相似之处,他强调生命及其本体论意义上的存在是第一位的,而曼陀罗、图腾和各种"政道"是次要的存在物。这个观点与柳田国男的背道而驰。

两人的分歧之一是,柳田国男主编的《乡土研究》完全排斥色情文字,南方熊楠对此大为光火。若干学者业已指出,柳田宣称他"有责任履行编辑职责,删除所有淫秽文字"(Matsui 1993,515)。南方熊楠曾向好几位朋友表达过他的愤怒,他对武藤吴说:世上哪种日本民间故事的体例会把百姓日常生活的重要部分删掉?(1951—1952,卷12,410—429)他认为,柳田对性的排斥是和当地政府的做法联系在一起的,政府听从殖民主义精英的政策导向,管制农村传统的性风俗。正如阿兰·克里斯蒂(Alan Christy)所指出的,南方熊楠曾抱怨说,邻村的警察局刚颁布条例查禁由来已久的偷情行

---

❶ 原文为 energy,译成"能量"过于生硬,它指的是人的活生生的生命,勉强译为"活力"。——译者注

为:"东京人听到这种事情都会窃笑,但事实上,日本没有哪一个村庄晚上不发生偷情"(引自 Christy 2010, 318—319)。南方熊楠将柳田对性的排斥与压抑的"家族—国家"意识形态渗透到边缘地区结合起来讨论,他认为柳田的本土主义是古老的日本"国体"民族性的现代翻版。他并不公开反对国体论,而是称其为静态的"日本本质论",对应于生物学上的"变体"概念。他的最重要的科学著作是关于黏菌的杂交谱系及其变体。20世纪初叶,他开始采用"变态"❶这个词描述人的类似变化(Nakazawa 1993)。在南方熊楠看来,将植物和细菌的"变体"模式研究运用到人类身上,可以从中探究他们不断变化、调整自身构造的生命活力。

南方熊楠在与柳田国男的通信中使用英文的"流溢"(emanation)一词来理解所有生命形式的变化,他觉得"流溢"比达尔文的"进化"适用范围更广(1951—1952,卷9,154)。种群的进化论把生命的种种变化套在一个规定的分类系统,而他所说的"流溢"是非逻辑的变化,混乱、不讲规矩、不讲秩序,从根本上抵制系统的拘束。在他看来,生物学分类与创造性生命、观察者与对象、图腾与爱欲……种种关系不是客观、自然的,而是充满着不可化约的紧张冲突。如果沿着这个思路来观察政治社会中的个人,我们就能看到一场生死攸关的猫抓老鼠游戏,体制一直要捕猎个人的生命活力,而个人则拼命逃脱。

也许,两者之间差异的最好例子莫过于暴力和牺牲问题。南方

---

❶ 日文中"变体"和"变态"的读音是一样的,都念作 hentai。——译者注

熊楠隐含的批评是，柳田国男缺乏基本的人类学概念，连礼物交换和异族通婚都不知道，他所建构的原古习俗肯定是缺乏活力的、静态的。熊楠给西村信二（1951—1952，卷12，87—96）的信中说，柳田更不会理解他的文化本土主义忽视了暴力问题，因为他拒绝承认：任何社会建立疆界的时候都将造成他者的牺牲和贬抑。而南方熊楠则强调，图腾制及其他各种社会形态都要吸取人的创造性生命活力，以稳固自己的社会疆界，其手段包括仪式牺牲和异族交换女性。

沿着这个思路，南方熊楠认为人的牺牲无疑是历史事实（Matsui 1993, 597—601）。20世纪20年代中期日本的争论中，他甚至说："不惜用人的牺牲来建立各种体制，过去是这样，现在还是这样。"（南方熊楠1992，卷2，225）他在写于1927年的长篇论文中讨论了牺牲问题，博引世界各地的知识，比如日本的兵刑物语和中国古代经典。他说，在中国的春秋时代，官员"为了确保城墙稳固……曾把一位惊恐的王后推入地基作为牺牲"（227）；类似的事情还发生在14世纪的庞贝王朝和19世纪的日本，公主也被推下地基成为牺牲品。南方熊楠认为，牺牲现象证明了政治体制对人类劳动的吸血，并且还总是试图以图腾等形式掩盖自己的吸血行为。他争辩道，柳田一方面抹消人类的色情性和生命活力对创造世界的贡献，另一方面拒绝考虑社会体制奇异化和攫取生命活力，他的研究方法取消了社会政治变化的可能性。换言之，南方熊楠隐含的意思，一方面是欲望（爱欲）的活力生产，也即马克思的"活劳动"或德勒兹与加塔利合著的《反俄狄浦斯》中所说的"欲望生产"（1983），另一方面是霸权（奇异）对欲望的暴力占有，也即德勒兹与加塔利所说的"反生产"或马克思的"资本"，两边的斗争永无宁日。

流溢、生命、图腾主义，南方熊楠的这些理论在他生前引起广泛争议。他在一篇讨论动植物图腾如何将人类范畴化的文章中说，他自己的名字"熊楠"就是由动物"熊"和植物"楠"组成的。宫武外骨回应说，熊楠的"楠"字实际上来源于"粪"字——宫武借机讽刺熊楠的理论不过是"熊粪"。

图腾哲学

宫武挑起争端之际，熊楠的生命和欲望理论正在为日本帝国主义最关键的哲学人类学做铺垫。哲学家兼政策幕僚三木清（1897—1945）在20世纪30年代鼓吹说，大日本帝国公民的主体性所蕴含的创造世界的能量是帝国合法性的基础，"国家的真理依赖于人的身体"（1967，卷8，15）。1937年他接受首相近卫文麿领导的昭和研究会的文化部门的邀请，成为晚期日本帝国主义的理论工程师。他在这个关键的职位上，结合海德格尔的此在（Dasein）的意向性以及马克思对人类劳动生产力的论述。三木拓宽了马克思关于生产力的界定，将其延伸至自然界——"大自然和人类一样拥有技术，进行生产"——他提出一种"新人文主义"，试图超越人类情感和真理（逻各斯）的二元论，将这不可弥合的两个层面融合成"生产"，他把这种生产过程称为"国家的神话"，就像原始社会中的图腾制一样。

三木1938年所称引的图腾制与日本帝国主义的大东亚共荣圈同期诞生，图腾制理论是受他在京都大学的老师田边元（1885—1962）启发，后者是日本30年代和40年代最重要的哲学家。他在其巨著《种的理论》中运用图腾制来开启他的"绝对辩证法"。他提出一种亚里士多德主义和黑格尔主义的三段论,即从"个"到"种",再到"类"。在这个纵向的关系中,个体和群体互相对立,其否定关系的中介是普遍性。除了这个对抗性的种属关系,他还提出一种横向的不同民族—种族群体之间的对抗性,同样,这种关系也由普遍性作为它的中介。普遍性,就像原始部落的图腾缝合不同部族组成一个大的共同体一样,吸收不同群体之间的对抗,将其转化成肯定的同一性身份。

田边既反对有机社会的说法,又反对求同存异的世俗自由主义意识形态,他说:"社会总体性不是由一个个部分和谐地拼接起来的,而是一个复杂的中介系统,其中,'个'与'种'发生对抗,'种'与'类'发生对抗,每一个部分既是其自身又是别的部分的部分。"(1963,卷6,62)在他的体系中,这三种因素的区分又引向一种经过中介的免疫学式的同一性,其中,每一个因素都是"以对抗的形式存在的混合物"(同上)。就像免疫系统中抗体与细菌的关系一样,这三种因素互相分享和排斥对方的各个方面。田边认为,就个体来说,它要通过自我意识达到自由,必须经历它和民族—种族群体两者的断裂过程。个体要和群体区分开来(从而获得自我意识),个体与它的种群的直接同一性必须打破。在这点上,个体将种群视为限制自己自由、捕获个体能量的某种东西。种群通过"篡夺母亲的子宫"获得了主权,依据免疫机制,个体保留了它所从属的种群的某些特征,另一些特征则与种群针锋相对,形成新的"权力意志"(196)。

父系制种群否定母体,然后,个体否定父系制种群。经过这两个阶段的否定以后,主体进入第三阶段。第二阶段辩证地肯定了个体与民族群体之间的关系(这同时又是免疫学式的对抗),它要求从这个特殊飞跃至普遍("类"),对田边来说,那就是日本的多民族帝国。

就像个体一样，不同的政治群体否定地从属于普遍的帝国，从而获得矛盾的同一性。其时，日本帝国正在迅速地从朝鲜到伪满洲国再到中国北部和中部扩张，帝国主义者对外圈的反殖民主义的民族情绪感到恐慌，而田边正是要从哲学角度解释为什么朝鲜人、台湾人和伪满地区的中国人会排斥日本帝国的普遍性统制之下的特殊的个体身份（Sakai N. 1995）。尽管被殖民的种群很自然地与帝国保持否定关系，最现代的、具有自我意识的被殖民者主体应该认识到日本的超验优越性，即，进化程度较高的帝国主义生命克服了生物种群的原始性，通过绝对辩证法的中介获得了普遍性身份。如结论所示，在田边看来，一个"现代生命"个体只有通过自觉地为大日本帝国牺牲才能成为绝对的主体。绝对辩证法的集中体现就在于，帝国主义国家拥有颠倒生死的权力，为帝国而死乃是最高形式的生。

甚至在 20 世纪 40 年代早期田边的死亡政治转向以前，日本帝国主义已经拥有强大的奇异化的技术，即领导"世界无限混杂化的进程"（1963，卷 6，196）。尽管对田边来说，生产和欲望是个人的事情，帝国却是同一化进程的最终裁决者，并且是每个主体的权力意志的接受者。田边的"主体生命"概念要比南方熊楠的"活力个体的创造性能力"概念更加复杂，但两人都将政治权力的源头追溯至自然生命。固然，田边不再那么强调主体欲望和生命—文化群体的存在，但他所说的仍然是一种体制的调和：活生生的生命权力生产出体制的活力，而普遍性则提供同一性和理性化。然而，这些方面和南方熊楠的观点大同小异，即生态学意义上的（原始）生命是一切社会政治体制的能量源泉。

我所挖掘的田边的辩证法哲学和熊楠的生命哲学的共同之处，

即政治霸权与主体自由之间互相污染的免疫机制概念，与福柯的权力理论相互印证。福柯关于生命政治的解释，在我看来，试图描绘出早期现代规训权力（其运作形式是请求服从、命令监禁）崩塌以后建立起来的现代权力形式，这与熊楠和田边的哲学理论是一致的。尽管福柯后来以多种方式发展了他的权力理论，他从规训性权力到"非规训性"政治治理术的思想转变是为了强调生命的生产性。福柯将生命政治的现代性定义为"生命进入历史"的形式，这表明，霸权统治意识到权力延伸其统治范围的最佳方式不是强制性地"用国家主权镇压个体的美好天性"（2007，66），而是从严酷的监察机制中退出，转而采用一种更加中性的眼光看待国民："不同于对身体的规训，这种新的非规训性权力不是作用于身体性的人（man-as-body），而是作用于活生生的人（the living man）；最终，也可说是种群性的人（man-as-species）。"（2003，243）

福柯第一次将生命政治理论化是 1975 年至 1976 年间的系列演讲，接着休假一年，然后 1977 年至 1978 年在法兰西学院举行系列演讲，结集出版时题为"安全，领土，人口"。他再度探讨生命政治，削弱了非规训性权力的理论重要性。规训不再能够强制和监禁以后，新兴的非规训性权力开始容纳**生物**生命（bio-life）的自然性，为生机论意义上的欲望扩充更多的自由空间。福柯解释说，规训权力的问题是"如何宣布并解释'不'"，而非规训性权力面临的问题是"如何……对欲望说'是'"。（2007，66，73）福柯演讲非规训性权力的时候，常常把生命政治与经济学的自由放任主义联系起来。福柯将听众的注意力移至重农主义理论中欲望与交换、财富与人口健康之间的因果关系，他说，霸权政治权力面临的新挑战是，当它对欲望说"是"之际，它把个人主体释放出来了，个体愿意为追求欲望而拼死拼活地工作。在福柯看来，霸权权力开始意识到，在现代性之中"生命"的意义被夸大了；正如熊楠和田边的哲学理论，这种欲望的生机论是权力运作的驱动马达。所以，权力需要生机论意义上的欲望给它打一剂强心针；权力并不否认它和低级生命形式的联系，它知道自己需要和低级生命同步现代化，像免疫机制一样混合在一起。❶

唐纳·哈勒威（Donna Haraway）在20年前也曾提出作为免疫机制的生命政治的相关解读："免疫系统……建构出西方生命政治中自我与他者的边界。"（1991，204）但是这并非标准的阐释。生命政治的学术研究主要集中在追踪现代科学的各种制度建设，比如卫生运动、孕妇关怀、疾病防控。在这个意义上，生命政治将生命作为它改善、延长和控制的对象。不过，如果我们仔细分析福柯关于生命政治的著名演讲"使人活、让人死"（faire vivir, laisser mourir），我们会发现，医学和人口统计学对人群的统摄只是这句话的前半句（使人活）。后半句（让人死），不是说要去杀戮，而是类似于"顺从自生自灭的内在趋势"。贾斯比·普尔（Jasbir K. Puar）敏锐地将后半句解读为："死亡成为追求生命过程中的双边损失。"（2007，32）尽管"使人活"有时候不得不进行杀戮，"让人死"强调的是生命政治的不经意的冷漠，这种客观中立的态度极力反对规训性权力

---

❶ 我借鉴的是罗伯托·埃斯波西托（Roberto Esposito, 2008）对免疫机制的解读。令我不解的是，他没有提到福柯在《安全、领土与人口》（2007）一书所提到的生命政治中的免疫机制与安全之间关系。

对合理合法行为的痴迷。然而，正如福柯引用自由放任主义经济学时所强调的，生命政治的目的是使（某些人）活，同时，放任另一些人的生命。换言之，身体政治中，某些人需要健康和疾病防治，而另一些人则自生自灭，随他们怎么样。某些精英人群会凭借这种不经意的自由放任政策而活，但是另一些人则会陷入朱迪斯·巴特勒（Judith Butler）所说的"不确定性"的死亡。值得一提的是，即使是生活水准提升的那些人也将收到一张"越狱"牌，被生命政治的冷漠所掌控。

依照我的解读，生命政治的维度从两个方向展开：一个方向是健康，另一个方向是财富。这就是说，作为种族—人口概念的生命需要在健康方面得到改善，而作为欲望生产概念的生命则需要从监禁中解脱出来拼命工作以便积累资本，这在福柯1978年的系列演讲《生命政治的诞生》中讲得很清楚。我们再给财富维度的生命政治增加一个注脚，即生命之所以被解放出来是因为这样一来，从活劳动当中剥削剩余价值变得更加方便。尽管生命政治的非规训性本质上排除了强制命令的行为，但它仍然能够"将人口流动指向某个特定地区或某种特定活动"。福柯写道，生命政治的解放导致更加有效率的剥削，"人口知道它想要什么，但它不知道自己受谁摆布"（2007，105）。

本书第一部分"生命政治"中，我将展开论述的观点是，生命政治的两个维度"提升生命质量"和"让人自生自灭"恰如其分地描述了日本德川时期（1603—1867；Ikegami 1995）新儒家统御思想崩溃以后的时代思潮。19世纪90年代以及20世纪初，也即日本的民族国家建设时期，现代医学和卫生制度贯彻的正是生命政治的"提高生命质量"维度。而第二个维度，历史学家色川大吉（1985）率先在学术领域论述了从德川时代结束到1890年新的日本宪法颁布这个时间段当中，以前被束缚的主体如何从规训统治当中解放出来。正如生命政治的治理术之一是"引导人口流动"，我将目光聚焦到从本土"解放"出来移民国外的100万名日本人群体，以及2000万名中国移民劳工（"苦力"）如何从1905年开始永久地或按季度地在日本的满洲殖民地工作，以及，朝鲜农民如何从他们的土地中"解放"出来成为日本资产阶级地主的佃农。这些"生命政治的主体"长期为学界所忽视，而他们正是日本帝国主义的本体论层面上的马达和燃料。日本明治时代（1868—1912）的意识形态话语迅速领会了生命政治的自由放任主义的新鲜含义，即主体要"立身出世"或者在外圈"一攫千金"。当时的权威福泽谕吉（1835—1901）觉察到摆脱束缚的日本移民的重要性，他们寄回日本本土的汇款为本地政府提供了巨额资金和紧缺外汇。另外，后藤新平等殖民地官员知道华北的苦力是日本的满洲殖民地的主力军，是他们亲手建造了整个殖民地的基础设施。

把生命政治加入不平衡的、混乱的资本主义当中，由此福柯和马克思构成了富有建设性的理论张力。正如福柯所理解的生命政治作为一种治理术在资本主义规训之前就已出现，马克思讲过一种类似的社会历史条件，他称作资本对劳动的"形式吸纳"（formal subsumption）。"形式吸纳"这个概念是为了解释从封建和早期现代规训停滞阶段到现代规训的转换，它把商品生产和工资劳动架设于原先的社会结构之上。资本利用原先存在的劳动和技术并微微修调；而生产则变成单独为市场而进行商品生产，工作小时数依据剩余价值剥削而定。"生产过程成为资本过程本身。"它的目标是,"花钱的唯一目的是赚取更多的钱"(马克思1977,1020)。这个微妙而重要的转变使得早期现代工作的特定内容遭到否定,暴力的工资制扼杀并物化了"活劳动",资本家占据"直接剥削他人劳动"的地位(1019)。

依据福柯所指出的政治权力在社会边缘巡猎生命和猎奇,以及南亚地区贱民研究所强调的殖民国家灵活而暴力的剥削行为,在本书中,我将分析1895年至1915年间,生命政治如何在亚洲大陆日本殖民地边缘进行运作。我们将看到的是资本主义对活劳动的形式吸纳,但我们还可以分辨出,日本殖民—边缘资本主义的生命政治同时生产出生活提升的人口以及新的主体性。我在第一部分的论点是,这些生命政治的主体性对于分析存在论意义上的欲望生产(色情)和存在物意义上的政治捕获(奇异)至关重要。具体的活劳动所生产的沾满血与泪的剩余价值剥削乃是帝国主义崛起的动力来源,主流学术观点不承认这一点,而我在本书第一部分将证明,对生命政治主体性的吸血鬼化和奇异化的持续运作真真正正制造了日本帝国主义,并推动资本主义采取更加复杂的奇异化统治制度。

本书的第二部分中,我把这种复杂的统治制度称作神经政治。尽管生命政治中的活劳动具有马克思所说的"将物品从死人身上唤醒"的作用,一旦形式吸纳让位于神经政治的实际吸纳(real subsumption),活劳动本身就会被转变成"死的、物化的劳动",后面这种劳动体现在大众商品和工业机器中(Marx,1977,289)。如马克思所说,资本主义的实际吸纳不同于形式吸纳,它控制了社会关系的更多方面,它是一种更加深刻的免疫机制,用以支持资本的吸血特权和防范威胁。尽管马克思所强调的实际吸纳的典型案例是制造业工厂，实际吸纳的趋势却是运作于社会本身（Negri, 1991）。马克思提出，在形式吸纳所建立的基础之上，"现在出现了一种技术上特别的生产方式——资本主义生产——它变革了劳动过程及其实际条件的本质。只有在那时我们才看到资本条件下劳动的实际吸纳"。他认为在资本剥削劳动的过程中，有一个从剥削绝对剩余价值到剥削相对剩余价值的转变过程，"伴随着实际吸纳……一种全面的（并且将反复出现的）革命诞生了"（马克思 1977，1034—1035）。

马克思揭示了一整套从形式吸纳到实际吸纳的置换。最重要的是，原先的神秘主义观点认为，是资本家养活了一个个孤立无援的工人，而现在的神秘主义观点则认为，整个现代社会本身就是资本主义的功绩（Read, 2003）。在本书的第二部分，我将描述一条类似的置换轨迹。第一部分所论述的从活劳动到资本主义奇异的根本性的辩证法，被置换到神经政治的对所有人类感官的商品化。色欲—奇异的现代主义既反映又加强了这种置换的实际效果。本书的重点之一是分析商品拜物教如何使得日本都市沦陷于实际吸纳之中。随着个人和社会在意识形态中被资本主义所扭曲，殖民主义社会陷入一种非人的颠倒，即"物的世界的**增值**与人的世界的**贬值**成正比"（Marx, 1988, 71；粗体强调是马克思原书所加）。生命政治启动的过程加快了，"工人把他的生命投入作为生产对象的物；但是现在他的生命不再属于他，而是属于物"（72）。因此，被工具化的工人别无选择，只能以商品替代物的形式重新买回他/她的生命，这也就是 20 世纪 20 年代的"色欲—奇异学"学者所说的"第二生命"。作为消费者的工人买回作为生产者的资本所盗取的生命，这个回买的过程揭示了神经政治的核心律令。生命政治的命令是让一些人生活，让剩下的人自生自灭，而殖民资本主义所展示的眩目商品则同神经政治统治一起起到"麻醉和形塑"的作用。一种被持续唤醒的麻醉作用是瓦尔特·本雅明称作"梦幻世界"的殖民资本主义条件下人类生存的普遍状态。神经政治资本主义震惊、恐吓殖民主义统治下的主体，使之进入麻木状态，然后让它从资本主义那里购买以商品形式出现的"第二生命"替代品。

我们将追踪转变的轨迹，从第一部分所强调的对劳动的形式吸纳和生命政治主体性的生产，转到第二部分，即实际吸纳条件下神经政治生产一整个商品化的（第二）生命世界。这个转变从以活劳动为中心，转到大众消费品和固定资本的机器所猎奇的商品化、死的劳动。主体性的生产转移到大众性学家、色欲—奇异文化生产者、"考现学"调研员。这些主体性为资本主义实际吸纳开拓了新的途径，直接延伸至身体的感官系统，协助刺激并麻痹殖民主义消费者主体。

第三部分"死亡政治"中，我关注在日本满洲殖民地的资本主义经济中，神经政治的情感生产如何引发更大规模的对劳动者身体的吸纳。我将继续关注作为欲望生产的色情与政治—经济捕获之间的冲突，这种根本性的冲突从生命政治资本主义所形式吸纳的活劳动转移到神经政治中死的、商品化的劳动，最后再转移到死亡政治资本主义的"活死人"或不死的劳动，死亡政治的主体性包括毒品走私贩、军火商和法西斯官僚。我们可以从马克思主义所提出的劳动与资本之间的根本性冲突（活劳动→商品化的、死的劳动→不死的劳动 [undead labor]）推理出一种霸权性的转变，从生命政治到神经政治再到死亡政治，这条线索也即生命→第二生命→活死人（undead death）。

因此，满洲殖民地（1932—1945）的实际吸纳一反常态，使用价值没有增值，也没有生产出新的集体主体。相反，它拼命从实际吸纳中（统治者不关心劳动力再生产的问题，工人的体力和休息都无所谓）榨取绝对剩余价值，从技术和机器投资中榨取相对剩余价值。我把这种罕见的结合，即视工人死亡为合理现象的大规模绝对剩余价值榨取与大量的生产过程投资之间的结合，称作**解形吸纳**（deformal subsumption）。马克思曾在《资本论》中揭示"迫使劳动成本降低至零的趋势"（1977，748），大约1000万至1200万中国满洲地区的劳工毫无报酬的强制性劳动，作为一种解形吸纳，仅是死亡政治统治的一个方面，另一方面是满洲地区大量涌入的鸦片、日本制造的海洛因和吗啡。所以，死亡政治的生产和消费都在侵蚀系统化再生产。

除了这些致命的生产、消费和榨取环节，满洲的殖民统治者还握有高度的豁免权，从一开始殖民统治就处在法律悬空状态。孟比（Achille Mbembe）在一篇著名的文章中描绘了霸权统治的例外状态，"死人过着活人的生活"（2003，12）。孟比把死亡政治的主权描述为"生命臣服于死亡权力"，死亡政治"创造了一个死亡世界，在这个崭新而独特的社会存在形式中，许许多多的人沦于**活死人**的生存条件"（15，40）。法农（Frantz Fanon）在《垂死的殖民主义》中曾经做过类似孟比关于死亡政治的描述，法农说"被殖民者……不是将生命理解为生机勃勃或者具有本质上生产性的发展，而是把生命视为无处不在的死亡搏斗"（1965，128）。我在本书的第三部分将展示死亡政治如何与解形吸纳一起，一方面谋杀满洲地区的中国人，另一方面反过来报复日本殖民资本主义的生命政治主体。死亡政治政权成功地颠倒了活劳动并将其绝对化在帝国资本主义中的核心地位，通过殖民地法西斯主义的解形吸纳，将那些被生命政治所抛弃的主体性（苦力、性工作者和殖民地佃农）去本体化并杀害。

最后我要论述的是，帝国死亡政治排斥所有混杂的病原体，以整全的免疫学现代性净化自己。哈鲁图尼恩（H. D. Harootunian, 2000）认为，在这个意义上，这是某种"克服"。但同样值得一提的是克服过程的持续性；按照田边的辩证法，免疫力的病原体性质一直在被绝对化，只有日本帝国的普遍性才能将其同一化。正如日本总体战的策划者石原莞尔所概括的，经过免疫环节（例如接受欧洲技术的注射、吸收东亚资源等）以后，日本将取代美国成为全球普遍性的霸主。石原设想的是，国体（日本的去免疫化的有机体）将恩泽每一位国民。但是，我将论述生命政治如何被死亡政治所清洗，内在的生命免疫力演变成死亡免疫力，抵御任何外界影响。欧美和东亚之间横向的免疫，以及资本与劳动之间纵向的免疫，这两个维度都被关闭了。随着日本帝国主义的死亡政治兴起，作为活劳动的色情被权力所绝对化，而奇异本身变得绝对，被"切断"，丧失中介环节。变体和"变态"的免疫现代性混合体净化为没有中介、没有杂质、纯粹普遍性的大日本之梦。如我在结论中所说，这个过程在自我免疫的自杀行为中达到极致，日本最终自食其果。

但在我们迷失于理论思辨之前，最好先回到现实，考察日本帝国主义最重要的主体性：中国苦力。

第一部分 生命政治

第一章　苦力日本

（苦力）热情坚韧，埋头苦干。工作劲头势不可挡。他们为经济和金融实力打下了基础……满洲的发展历史也是山东苦力的历史。

——安达金之助，《满洲调查报告》
(Adachi Kinnosuke, *Manchuria: A Survey*)

我们必须寻找容易获得自然资源、同时剥削廉价奴隶的地方。

——塞西尔·罗兹（Cecil Rhodes）[1]

欲望，伴随着中国北方人"闯关东"的壮志，驱动了现代史上最大规模的人口迁移之一。汤马斯·高兹昌和戴安娜·赖莉（Thomas Gottschang & Diana Lary, 2000）所说的北方"大迁移"见证了

---

[1] 他是罗得西亚（Rhodesia，津巴布韦的旧称）的英国殖民者，罗得西亚即以他的名字命名。——译者注

1890年至1940年间大约2500万人从山东和河北地区迁往东北的历史。这个数字仅次于1840年至20世纪30年代长达一个世纪之久的欧洲人口迁移。从欲望的角度谈论人口迁移，这并不是为了贬抑迫使穷人流离失所的各种其他原因。就山东"苦力"来讲，想想那数百英里的路途就可以感受到农民、技工和打工者在19世纪90年代和20世纪初遭受了多大的苦难。

第二次鸦片战争以后，欧美列强在中国实行门户开放政策，为各国资本家打开方便之门。资本家们蜂拥而至，蚕食这个19世纪40年代以前世界最大经济体的市场份额。不平等条约为英、美、德等国积累资本霸占华北打下了基础。东北地区同样被卷入全球经济体系，先后被俄国、英国和日本侵占。

这些遭受政治和经济重创的地区在清朝时（1644—1911）共有233年遭遇旱灾、245年遭遇水灾。这类环境灾害使得一些日本精英强调不幸的中国人处在"创伤"状态。温迪·布朗（Wendy Brown）在稍许不同的语境中用过这个词（Brown 1995）。然而，正如布朗所警告的，创伤状态一旦被陈述，霸权便开始运作。中国苦力被欧美列强和船坚炮利的帝国主义者所掌控，而日本帝国主义者利用这个事实来证明，作为亚洲同胞的日本人对待中国人本质上是友爱而人道的。日本殖民者站在文明教化者的地位，自信地宣称中日两国种族与文化的融合共同创造了日本控制和殖民的东北地区，而这种说法把报酬低廉的中国苦力神秘化了。

日本殖民者自辩，他们进入亚洲大陆是无私的文明开化之举。他们抬出四通八达的铁路系统——1905年始建于未完工的俄国军事基地之上，工程一直持续到"二战"末——以及中国工人偶尔能享受到的车票打折的四等车厢，这些列车每个季节将中国人运往各个劳动营地，而日本殖民者将其视为日本帝国主义现代化体制的象征符号。当然，这个符号也象征着资本对廉价劳动的症候性需求。因为，这些新的铁路是为了应对福柯所说的资本主义的形式吸纳和生命政治所引发的难题：人口。铁路用固定资本的投入解答以下难题："把工人牢牢地固定在生产机器上，按需发配——总之，把工人当作劳动力。"（福柯1997，34）

关于记者安达金之助的题记，即日本帝国主义对中国东北的失而复得的历史也就是中国苦力的历史，我再稍做解释。骑在廉价劳工的脊背上铸造日本的亚洲帝国之梦，这个想法早在1868年日本民族国家建立之前就已出现。1862年在伦敦，有报导说，萨摩藩出身的外交官五代友厚曾"询问利用中国和印度劳工在日本的领导下建立东亚工业经济中心的可能性"（Jansen 1965, 59—60）。1905年9月5日，日俄战争结束，两国在新罕布什尔（New Hampshire）签订协议后，这个愿望很快就实现了。后来，德富苏峰、夏目漱石和其他帝国主义者们都认为，满洲地区的苦力劳工象征着日本帝国的未来。1909年9月，漱石第一次踏上大连海港的时候，他还对眼前所见的"肮脏"的苦力数量感到惴惴不安，他当时形容说"蠢蠢欲动的人群……嗡嗡作响、成群结队，像黄蜂一样"（2002，39）。这位著名的小说家是受他的校友中村是公的邀请访问这片日本新的殖民地的，后者是南满洲铁道株式会社的第二任总裁。然而，他结束满洲之行后，撰写了一份热情洋溢的报告，叙述中国苦力不辞辛劳地为日本帝国主义工作，任劳任怨，"沉静地像舌头被割掉了似的"（65）。他们"从早到晚一刻不停"地像机器人一样工作的意愿使得漱石这样结束他为《朝日新闻》的资产阶级读者撰写的东亚游记:"中国苦力是最优秀的工人……而且,他们十分温顺。"(66;译文有修正)❶

记者安达金之助1923年被派往中国调查日本殖民地的真实状况,他在自己的日志中两度赞叹急剧增长的中国劳工数量,他们无休止地为满洲的资本主义企业工作,他把他们称作"黑潮"。他原先的说法是,东北被19世纪从山东迁去的非法劳动所"占领"。尽管清朝政府出于文化隔离的原因,曾试图禁止或限制中国人迁往东北,但禁令到1878年就废除了,富有的地主偷偷地让贫穷的苦力在他们的田地上劳作。安达解释说:"当地拥有地产的满族人喜欢中国劳工来满洲。为什么?一条理由足矣:只要他们把土地交给中国人,轻轻松松就能享福了。"(1925,42)

资本家和地主阶级对劳动市场的需求,正迎合了安达的叙述所采用的20世纪初期日本殖民主义话语。虽然有一整套的环境、地理和经济原因用来解释清朝崩溃以后华北的混乱局面,但日本殖民者驱赶中国人移民满洲所利用的一个主要原因是种族因素:中国人的基因天生适合奴隶劳动。安达说服读者,满洲被中国苦力"征服"和"殖民"的历史原因没有什么奥妙,他说:"历史上没有一个种族能够在追逐物质欲望的坚韧和毅力方面胜过中国人。"(1925,42)中国苦力愿意干其他种族的人不愿干的工作,这种对中国苦力的**欲望**的感性解释不言自明、"昭然若揭"(44)。

---

❶ 夏目漱石于1909年游历满铁沿线地区,翌年写作《满韩漫游》。该书已出版中译本。——译者注

中国苦力拥有依靠廉价、劣质食物生活下去的能力——这些食物在其他地方是用来喂牲畜的……不单是那样，他们靠这个活得很滋润。直到今天，那些中国苦力的身体忍耐力还为日本人所惊叹。日本工人站在中国苦力旁边显得弱不禁风。我认为，随着东亚生活费用日渐上涨，满洲苦力仍可以靠每天几分钱的报酬生活下去。（44）

安达解除了苦力的几乎任何需求。唯一剩下的是"他们自己的激情——坚忍、不断地劳作。世上没有任何东西能阻止他们劳动"（44）。由于中国人甘愿吃牛饲料和狗食，日本资本家没有必要付他们薪水，只要像对动物一样给个住处和喂食就行了；他们只需要能够再生产自己的劳动力，以便应对明天继续剥削自己的剩余价值。直至1860年，马克思使用"中国人的工资"一词来形容世界上报酬最少、受压迫最深的工人群体。许多日本资本家心想，既然没有苦力**要求**增加工资，也没有苦力**需要**多余的生活条件，为什么要付他们许多钱呢？鉴于对中国苦力的种族歧视，对于日本殖民者的恰当回应，表面上应该是资本与生命政治的结合：提高中国人的生活质量，保证他们勤奋工作。所以关东州和南满地区的日本殖民地被改造成了招聘市场、债务监狱和劳工营的大型结合体。

日本的满洲

英文的"Manchuria"和日文的"满州"都是凌驾于中国领土主权之上的殖民主义话语。1949年中共执政以前，这个地区叫作中国的"东三省"。现在普通话叫作"东北"。1905年日本打败俄国，从它手中抢得辽东半岛南部的租借地和利润颇丰的抚顺煤矿的狭长地带，当时东北正在进行政治和经济改革。被称作"南满铁路地区"的那块土地只有260平方公里，而它的边界线长达1105公里。另外，日本从清政府那里获得了满洲四个主要城市的日租界。1906年，清政府准许日本把总领事馆建在满洲的主要城市奉天以及其他小城市，例如长春、吉林、安东、营口和新民屯（Sakatni 1980）。尽管日本人口贩子和性工作者从19世纪70年代就开始在当地活动，10年后又有许多"壮士"❶混迹于此，这些人喜欢社会越混乱越好，而1895年的胜仗让日本帝国主义者尝到了东北地区的甜头，1905年他们的胃口就越来越大。调控那些贪婪的日本公司的代理人是南满洲铁道株式会社（South Manchurian Railway Company，英文简称SMR）❷。

南满洲铁道株式会社创建于1906年11月，明治天皇希望借助这个公司来管理从俄国人手中夺来的煤矿和铁路资源。公司的办事处位于当时仍在新建的大连港。两个月前，日本建立关东都督府，执行该地区和铁路沿线的司法和民事事务，而日本关东军则负责租借地、铁路沿线和使领馆的军事安全。南满洲铁道株式会社同时也是殖民统治力量之一。尽管它是股份制的商业公司，满铁实际上却管理着关东州的殖民事务。官方指令是让该公司在当地普及表面上中性的资本主义和现代文明的发展成果，但它的真实使命，如松坂（Matsusaka Y. T.）所说："完全是要将中国东北殖民化。"（2001，4）事实上，满铁的创建者及其第一任总裁后藤新平明白无误地引用英

---

❶ 日语，指无固定职业、替政客等人服务的打手。——译者注
❷ 中文简称为"满铁"。——译者注

国的东印度公司作为他们的榜样（Ando 1965，33—35）。这类殖民公司的运作，按照后藤的观点，"不完全是商业"，而是如满铁的公司章程所说"代表国家，履行相应的国家主权"。（Matsusaka 2001，91）后藤的实际意思是说，满铁应该像他在台湾领导的殖民统治一样运作。

毒品的生命政治

后藤掌握多国语言，而且还是一位医生。1890年至1891年间，他在德国学习18个月的卫生和免疫学，并于慕尼黑获得医学学位。他曾发表文章呼吁重视士兵战后的隔离措施，屡次给政府写信解决当时社会上的健康和免疫问题，他因此在军队的医疗部获得了一个职位。1895年5月和6月，这个日本的第一位现代免疫学家主持建立了隔离日俄战争返乡士兵制度（Tsurumi Y. 1937，卷1，694—696；Mikuriy 2004，104）。后藤的成功项目让他进入了内务省，他在内务省的一个主要决策是，敦促外务省不要在台湾查禁鸦片——虽然当时有许多人支持查禁——而是管制鸦片的用途和利润，因为日本人是垄断经营的鸦片批发商。另外，政府还能从中国零售商和鸦片烟馆老板那里抽取税金和其他费用。首相伊藤博文采纳了他的建议，1896年2月，他命令台湾殖民政府实施后藤倡导的政策（Goto S. 1911，58—59；Liu 1983，74—75）。

1897年，后藤在台湾创立鸦片管理局，垄断毒品进口、生产和销售环节。他的计划是抬高毒品价格，连同英国鸦片的关税一起每年赚取2400万日元——这个数字等同于日本1897年在台湾一年全部的税收金额（Matsushita 1926，38）。1898年和1899年两年间，政府的鸦片收入分别占到全部收入的46%和42%（Liu 1983，185）。一开始几年，殖民政府想减轻当地纳税人负担，但苦无良策，而鸦片正好缓解了政府的压力。一些日本精英鉴于殖民统治的巨额成本，曾呼吁把台湾卖给法国。没有毒品买卖就没有日本殖民统治——这种说法并不为过。尽管鸦片收入占总收入的比例逐渐下降，但其金额在1918年以前仍然每年保持增长，1918年的金额超过8000万日元。"一战"期间，鸦片仍占总收入的16%。1905年以后，出口到满洲的鸦片生意赚取了巨额利润，此时，日本批发商开始完全合法地（前20年是黑市交易）和中国人做鸦片生意。苦力劳工是他们的老顾客。1914年，后藤面对日本毒品交易引起的民愤，承认说："我们迅速获得金融自主地位的手段是权宜之计，万一被外国人发现，我们会出洋相的。"（1921，50）

　　三年的殖民乱象使得伊藤首相于1898年1月任命儿玉源太郎为台湾总督。三个月后，后藤新平被任命为民政局长；这两人后来统称为儿玉—后藤政权，他们彻底颠覆了日本首块殖民地的殖民资本主义统治方式。两人劣迹斑斑，挤占中国人的商业份额，把家庭农业生产导向保证日本工业利润和食品出口，间或强抢土地和实施其他各种"霸占积累"。

　　我依靠鹤见谕介（1937）、帕特里奇亚·鹤见（Patricia Tsurumi 1967）、驮马博（2007）关于后藤的最新研究成果以及后藤的早期文献，总结出后藤殖民统治台湾的四大准则。第一项准则是他常常引用却不加解释的"生命原则"。这个重要概念首先出现在他1889年出版的第一本书《国家卫生原理》。该书介绍了人类适应环境的生理学基础知识：婴儿不能独自生存，需要社会结构的保护。因为人类永远是"无法满足"的动物，若要达到"生理学意义上的健全状态"，人类得有一个"主权"来介入和引导他们合理地适应周围环境。国家通过主权的强制措施，将现代主体嵌入"有机体"（Goto S. 1978，91）。

后藤常常引用他的生命原则来为新的行政任务造势。他先是在就职台湾民政局长的时候引用这种观点（Tsurumi Y. 1937，卷2，38），然后是在1906年就任南满洲铁道株式会社总裁时，再然后是1916年发表著名演讲勾画他的"日本扩张论"时。履职台湾已经距离写完《国家卫生原理》10年之久，现在，他丰富了早先所设想的从上而下灌输科学给温顺的国民的理论，一方面他批判欧洲殖民主义的"暴行"，另一方面郑重其事地推崇中国传统习俗。他所谓的"生命科学"迫不及待地应用于"工业生产、卫生、教育、交通和警察制度"，但又不得不与台湾和中国大陆的传统文化结合起来，后者即是他们自己的生命原则。当他被新任上司儿玉问及究竟他是什么意思时，他回答道："一言以蔽之，尊重台湾习俗。而且，不可能一条中等的比目鱼一夜之间变成优质的鲷鱼。生命原则遵从当地习俗。"（引自Tsurumi Y. 1937，卷2，38—39）

后藤认为，日本统治台湾前三年的症结在于用军事手段解决行政问题。前任军事总督试图强行让比目鱼一般的台湾人摇身一变，变成鲷鱼一般的高等日本人——这和欧洲殖民者的文化暴政如出一辙。但是，后藤的生命原则驱使他去煎炸别的鱼。

他的第二条准则是了解和尊重本土，其中最重要的是中国的行事习惯。许多与后藤（1857—1929）同代的日本精英男性从小学习中国经典，贴近中国的文化模式。他想吸收被殖民者文化的想法，来源于他对欧洲殖民者强制灌输欧洲文化的批判。他在 1914 年的著名演讲中认为欧洲文化不是普世的，这种基于"虚伪的文明"带来的不科学的殖民主义必然导致"文化暴行"。日本作为亚洲的杰出领导者，必须贯彻执行后藤在台湾建立的"人道主义、启蒙主义的殖民政策"（1944，64—70，62）。这里必须指出的是，将当地文化植入殖民制度的做法是我提出的"免疫现代性"的一部分。将台湾当地习俗免疫化的最重要的制度体现是 1901 年建立的台湾习俗文化研究所。该研究所负责发布有关台湾伦理、宗教和习俗方面的报告（Mikuriya 2004，140—145）。殖民统治 10 年后，这个研究所增设人口和健康方面的研究，成为殖民生命政治的核心机构之一。

讨论第三条准则之前，我想先介绍一下后藤理论成熟期的生命原则观点。在他 1916 年发表的"日本扩张论"中，生命不是他 1889 年所形容的脆弱生物体，而是在生命政治意义上的自由和欲望体。他原来理解的生命是个体与他所谓的"国家"集体结构的辩证关系。大约从 1910 年起，他开始思考欲望、社会性和帝国主义的关系，他总结成一个词"生命欲"。在这里，生命不是被 19 世纪 80 年代各种健康隐患（霍乱、营养不足等）所威胁的有限生命体，而是永不满足的欲望。1916 年他把这种狂欢状态称作"'神秘力'，永不停歇地创造新事物、吸收和征服周围环境。'生命欲'不是停留于生存的静止状态，而是无止境的扩张，无休止的劳动"（2004，558）。

1889 年的后藤视人类永恒的不满足心理为一种必须补救的缺陷。而到了 1916 年，个人主体总是欲求他们还没有得到的事物，由社会负责调停人与物之间矛盾。另外，后藤勾画了个人、社会与帝国之间的关系，每个社会都具有生命欲望的性质，导致不同社会之间必然发生冲突。"帝国"调停个人与社会之间的矛盾,但后藤没有说明帝国与帝国之间不可避免的冲突如何调停。然而,他暗示说,这种冲突将在日本的人道帝国主义与残暴的"白人帝国主义"之间的斗争中达到高潮。

第三条准则是,资本主义市场是个好东西。台湾的经济现代化进程很大程度上由后藤领导,他仅用了七年时间就让这块殖民地实现盈利。初始手段是"优化"土地税务制度,其前提是,他认为地主都要遵守法律,承认私有财产契约。他的下一步骤是建立日本和台湾警察系统,保证社会动荡期间市场运作稳定。第三步是管理关税,合并运输港,改组铁路系统。建设资本主义的最后一步不容抹杀,即增加鸦片和铁路垄断收益(Daba 2007)。殖民当局的专卖收入从1896年的50万日元暴增至1905年的1000万日元,1907年后藤离开台湾前往满洲的关东州就职时,更是达到700万日元(Ka 1995)。

1905年日俄战争结束,清政府和国际社会压力迫使日本军队不情愿地遣散军队以后,那些被日本精英统称为"台湾经营"的殖民政策迅速在东北地区实施。尽管后藤与总督儿玉合作关系良好,军队里其他人却并不买他的账,认为他只是区区台湾民事局长而已。但是,如果认为后藤想通过遣散军人来弱化军队,那就大错特错了。相反,后藤是日本最有思想的帝国主义者之一,他在1906年时就提出,要扩大军事力量的概念范围。他把这个扩大的新概念称为"文藻的武备","武备"的意思是军事,"文藻"的意思是文化或文明的伪装,这个概念很快成为日本在东北的殖民政策的主要口号。大约10年以后,他把这个政策称作"文治",用来防止其他国家入侵日本领土,消除日本军队的"潜在危机"(1944,78)。

"文藻的武备"通常英文译作 civil management。但是，鉴于后藤强调通过台湾的资本主义改革来实现经济转型，以及他答应就任殖民资本主义企业南满洲铁道株式会社的第一任总裁，我们得出结论，这项殖民政策最重要的非军事特征是商业和工业资本主义。后藤必须尽力发展两项冲突的殖民政策，一项是保证日本 1904 年至 1905 年战场上的（军事）胜利，另一项是日本要在满洲顺利榨取（商业）剩余价值。他将"文藻的武备"理解为通过资本主义经济发动"和平战争"。法国军事战略家克劳塞维茨（Clausewitz）❶有句著名的格言"战争是政治的另一种延续"，福柯将其颠倒过来，用以形容生命政治。我们可以把这句话作为一个比喻，来思考后藤新平在满洲的资本主义殖民统治。我把他修改为"经济是战争的另一种延续"。帝国主义精英，例如伊藤博文和儿玉早先把满铁的办公室看作军事霸权乔装打扮的更衣室。恰好在 1905 年 9 月朴次茅斯协议签订以前，儿玉说，日本"在满洲最紧要的战后策略"是修筑"铁路公司伪装下的多个秘密工程"（引自 Tsurumi Y. 1937，卷 2，651）。

这引导我们来看后藤的第四条准则：斗争。20 世纪头十年，"斗争"被理解为竞争或者争斗，这个词常常和"共存"联系在一起讨论。放在一起解读时，这些能指符号构成日本语境下的社会达尔文主义的"适者生存"，后藤的主要读者群因而认为他有社会达尔文主义的思想。不过，前面的三条准则即使没有否定社会达尔文主义，至少也已把它复杂化了。后藤和 20 世纪初叶的其他日本（及其他国家）

---

❶ 此处有误，应为普鲁士军事战略家。——编者注

的社会科学家一样，更多地偏向于拉马克主义。拉马克（Lamarck）强调后天习得的特性（且不提生命政治的特性）是可以遗传的，这也正是后藤所强调的殖民教化的益处。一步步地把难吃的台湾比目鱼调教成美味的日本鲷鱼，这是拉马克主义图景的最高体现。

我并不认为后藤与社会达尔文主义之间存在思想关联。如果把他所理解的"斗争"放在生命政治的资本主义框架里，可以得到更完满的解释。"共存"永远暗含着"斗争"：在台湾，日本商人和中国商人竞争；在东北，日本贸易商和中国人争夺大豆贸易的控制权；在中国和朝鲜，日本资本家和当地佃农为了削减工资而斗争。福柯在他唯一一部完整研究生命政治的著作中称，斗争是资本主义政权的核心要件。意识形态神话反复强调，资本主义市场趋向于"物品的公平交换"，而福柯提醒我们，经济理论的当代经典强调"斗争和不平等"（2008，119—120）。后藤把生命准则运用于日本殖民地的资本主义市场中，从而导致斗争和不平等取得了类似于自然法的地位。

商场即战场

实际上，后藤给日本帝国主义提出了一个挑战：如何把欲望生命的变革性力量应用到日本殖民地的科学化殖民主义和资本主义统治之中，并进一步生产他的生命政治政策的主体性。他在答应担任南满洲铁道株式会社第一任总裁之际，给当时日本的领导层每个人写了封备忘录，陈述他接受任职的理由。他说，他和儿玉预见到，未来日本与俄国还有一战，为了将来的战争做准备，同时为了支持资本主义扩张,他们建议在东北地区大量扩充日本移民。后藤公开批评某些日本精英轻视殖民主义统治的难度:"今天,有些人将我们在朝鲜的宗主国地位归功于战场上的胜利。但实际上,胜果不是那样轻易得来的。事实真相是,我们能掌控朝鲜完全是因为我们有那么多移民。"(Minami Manshu Tetsudo Kabushiki Gaisha 1919, 110—111)

后藤在他担任满铁总裁的两年间大肆宣扬更加"开放"、更加友善的贸易环境将吸引更多的日本农民和商人前来这片新殖民地。诱人的商业氛围、丰饶的农田以及殖民主义生命政治(医院、学校)能够说服那些渴望致富的日本穷人来满洲闯荡和定居。但是,后藤所设想的日本人大规模入满定居的局面直到20世纪30年代满洲国建立时才实现。那些怀着"一攫千金"美梦的日本人来到满洲以后,都感觉受骗上当了。

自由放任

在东北地区,要盈利就必须尽量压低最低工资标准。于是,日本资本家瞄上了从华北因为各种天灾人祸而逃到东北地区的"工人储备军"。满铁是最早的黑手之一。虽然后藤常常幻想他的公司能够成为拉拢日本定居者来满洲的主要力量,但日本天皇从一开始就通过帝国主义章程规定满铁无论如何必须盈利。大多数精英觉得满铁会付给日本员工更优厚的薪水,可是营运八个月过后,也即后藤仍然在任的1908年间,满铁反而在大幅度削减成本。那年满铁裁掉了2000名日本员工,代之以中国的临时工(Hirano 1983,476)。

从那时起，除了管理层以外，中国员工与日本员工的比例骤然上升，这公然违背了原来招收中日员工各一半的宗旨（Matsusaka 2001，143）。截至1913年年初，关东州都督宣称，吸引日本劳工来满的计划"彻底失败"，因为有太多中国苦力"愿意接受低得离奇的工资"（MNNS，1913年2月14日）。截至1915年，满铁的非技术劳动岗位中，中国人的人数超过了日本人。

东北地区重要报纸《满洲日日新闻》向读者描述了一幅持续到20世纪20年代中期的工资表，该报纸报道说，满铁大连港码头技术工人的日工资标准，日本人是91钱❶，中国人是44钱（MNNS，1909年4月21日）。然而，日本移民受到的更大打击是，在满洲地区内部，他们不得不和中国人干一样的活儿，拿一样的工资。《满洲日报》1909年7月1日的一份报道说，由于"供需不平衡"，日本人在满洲内部地区的工资大幅缩水。更让日本人灰心的是，大连地区的非技术劳动工资也没有体现日本人的特权，不过，这正符合后藤的大亚洲主义思维——中日一家。1915年4月和5月，日本人力车夫的平均收入和中国人一样，都是35钱一天（MNNS，1905年6月20日）。满铁和私有资本的运作与儿玉和后藤要求增加日本移民人数的理念背道而驰，受害的是那些前往满洲的日本非技术劳工移民。

我在导论中已提及福柯的观点：生命政治的统治政权预设了生命的过剩，"生命权力不限于统治权。生命权力的过剩使得人不单要管理生命，还要增殖生命"（2003，254）。满洲面临的政治问题是，

---

❶ 100钱=1日元。——译者注

如何为资本快速积累打下基础。后藤的意见是，日本殖民主义必须依靠大量的日本移民去拓荒，而日本商人和工业资本家的意见则是，用商业管理的无形模式迅速榨取剩余价值，这两方面的争论只持续了两年。"中国人的工资"低得让资本家难以抗拒，而闻所未闻的高额利润则召唤着贪婪的资本家。后藤返回日本以后，重心逐渐倾向国内事务，而下一任满铁总裁中村雄次郎 1915 年公开劝说日本农民不要去满洲。但他给日本资本家的是另一条建议："(资本家)生意兴隆的诀窍是充分利用中国劳工，他们长于接受最低的生活标准、忍受最糟糕的工作环境。"(引自 Matsusaka 2001，191)

劝阻日本人移民满洲的这项决定表明，日本殖民主义萌芽之际，两种生命政治的主体性就汇拢到了一起：中国劳工和日本资本家。这是一组清晰的马克思主义意义上的对立，一边是中国人出卖劳动力商品，另一边是日本人购买劳动力商品，这也为"形式吸纳"这个概念提供了参数。平野健一郎认为，日本统治关东州的第二个年头，日本大大小小各种资本主义企业全都发现了做生意的最佳办法，"直接剥削中国的非技术劳工"(1983，155)。其中被剥削得最厉害的是山东苦力。

杨(C. Walter Young)研究 1927 年的劳工移民状况时发现(1929)，满铁在山东和河北有 10 到 20 个招聘点。到 20 世纪 20 年代中期，满铁直接雇佣工人建造了两个煤矿和各种海港设施。满铁不是唯一一家招募苦力到满洲去的公司，比满铁更早的是三井物产和鸭绿木材公司，后者获利尤巨。鸭绿木材公司的一位名叫"桥口港"的局长接受《满洲日日新闻》采访时表扬了中国的廉价劳工。他说，他们公司一共有 45 名管理层职员，其中 23 名日本人、22 名中国人，剩下的是3万名来自华北的劳工，他甚至希望明年可以增加到5万名（MNNS，1909年1月10日）。

我在《导论》中简单地提及了马克思所说的资本对劳动的形式吸纳。资本逻辑感染了生命的各个方面，但形式吸纳不单单是如此，它还要展现出一种"经济关系"，逼迫劳动力变得"更加连续、强力"（1977，1026）。为鸭绿木材公司创造价值的劳动力中有些是季节性的打工者，他们3月份从山东老家出来打工，然后到10月或11月返乡。伐木没法在那长达四个月的北满的严冬中进行，所以许多中国劳工定期返乡过冬。换言之，这其中的大部分人把他们的生活分割成两部分，一部分是商品资本决定的，另一部分是传统的农耕时令。❶市场逻辑有时还蔓延至农村，有些人种植经济类作物出售，或借贷商业贷款，但有一部分农民保持着自给自足的状态（Kong 1986，43—57）。

大多数做着雇佣劳动的苦力按季节工作，劳动合约按年计算，他们也嵌入形式吸纳之中。尽管日本公司在山东有招聘点，但大多数中国劳工通过老乡"包头"介绍到满洲工作。这种招工方式自从1878年政府放宽汉人进关以后逐渐兴盛起来，不过首次大规模出现是在中国的南方，配合19世纪40年代欧洲列强开辟通商口岸。在1905年日本殖民中国东北地区以前，"苦力困境"就已出现。

---

❶ 1923年以前，究竟有多少山东和河北苦力滞留在伪满洲国，这方面的确切数字还没有。满铁调查员天野元之助（1932，33）在一篇重要文章中区分了每年返乡和不返乡的两种移民。1923年，35万移民中只有30%的人滞留满洲，但是，1927年和1928年，100多万移民中有超过60%的人不回家。再到后来几年，比例又回到原来的30%—40%。

全球范围的苦力贸易从19世纪30年代开始，直到1874年清朝政府明令禁止。这期间的主要特征是契约劳动，通常是欧美企业主和中国或南亚劳工签订一至七年不等的契约。在这个欧美白人资本家雇佣自由劳动力和强迫劳动的制度出现之前，还有一种更早的非正规制度，中国商人操控着以香港、厦门和广州为中心的苦力贸易体系。这种贸易主要将中国大陆人从沿海城市运往中国早先的海外居住地：马来西亚、荷属东印度群岛和菲律宾。买卖苦力的贸易为1878年以后在满洲的中国和日本公司提供了先例。

通过"老乡关系"介绍工人到满洲的这种体系以"包头"或"工头"为中心。这些人雇用同一个村子或邻村的贫苦老乡。一伙人的数量从5个到100个或更多，而12个到15个人之间是最理想的数量，方便照顾和管理。包头雇佣关系的最重要特征是乡亲关系，招工头由于共同的生活社区而获得普通人的信任。包头全程陪伴他所招募的劳工到满洲，通常他还会担任劳工们工作时的领班（Lu 1987；Minami Manshu Tetsudo Kabushiki Gaisha 1934）。最近对三四十年代劳工幸存者的采访记录表明，工人和工头的关系通常不单单是商品交易（Gottschang and Lary 2000）。当然，关系各有深浅，但有一点可以肯定：其中许多人如果不是因为包头的亲缘关系所带来的安全感，他们根本不会跑去满洲打工（Man zhou yiminshi yanjiu hui 1991）。

一旦到达满洲，包头就把日常工作交给工头或者小包头。包头则主要管理厨师和账房先生。包头付给没有文化的苦力的资金来自满铁。1944年用日文发表的一份研究报告最详尽地披露了该制度的运作模式，根据该研究表明，包头先把工资交给账房先生，然后再交给他的助手"小包头"。该报告的作者中村隆俊（1944）宣称，从公司到包头、从包头到账房先生、从账房先生到小包头，这三层关系层层盘剥，以致苦力常常要向包头借钱才能熬过苦日子。❶中村等人的"二战"叙述忽视了资本吸纳劳动的特定生产关系。早先日本人对包头制度的描述不像"二战"时中村说的那么负面，因为"二战"时的这类描述是为支持日本帝国主义全面控制中国劳动力而服务的，那些帝国主义者在尚未实行残酷的强制劳动制度时，预想的是一种资本对劳动的全面的实际吸纳。例如，重要的殖民时期月刊《朝鲜与满洲》曾刊载一篇特别报道，描述1913年1月在大连工作的苦力，这篇报道的标题为"苦力与苦力营"。这篇文字中的包头与雇工关系就没有那么严酷。作者介绍了两个苦力营，并称苦力一般能从包头那里拿到85%的工资，包头一般拿走10%—15%的分成。苦力的工资按日元计算是40钱一天，那么包头从每个苦力那里每天抽掉4至5钱；每天还要付22钱给账房先生，充当住宿费和伙食费。剩下的13钱则是"储蓄"。然而，这些苦力在闲暇时并不吝啬："由于他们精力充沛，苦力还喜欢养鸟和赌博；这儿有十种不同的赌博活动。尽管赌资很少，赢家通常会穿着打扮一番进城嫖妓，或者到鸦片窑子里享受。付个5至6钱，他们就能在窑子里抽上几个小时，逍遥一整天。"（117）

满铁在20世纪初开始招聘中国非技术劳工时，日本管理层不喜欢包头和老乡关系。他们尝试在抚顺煤矿等大型基地引进"科学"

---

❶ 目前唯一对包头体制有研究的专著是中村隆俊（Nakamura Takatoshi——音译）的《包头制度的研究》，出版于1944年，该书主要是研究中国人在制度中的腐败，而不关心苦力的悲惨境地。他为日本侵华寻找借口，说包头制度是中国的"封建"残余。

的劳动管理方案，提拔那些特别顺从、勤劳的苦力做"小包头"，提供技能训练项目。但满铁很快放弃了，转而使用中国的老办法（Ando 1965, 116—117; Eda et al. 2002, 497—498）。长期来看，老办法利润更高。除了满铁、三井物产和鸭绿木材公司直接从山东招收有技术能力的工人，日本其他主要的雇主从1906年开始利用中国的老办法雇佣工人。《满洲建筑概说》一书介绍了日本在满洲的大型建筑产业，书中称，1906年正开始建造大型煤矿和铁路工程，但"根本招不到一个工人"（Kenchiku Gakkai 1940, 437）。他们没有办法，只好去找包头。结果，自然不少回扣落在了包头的腰包里，包头迅速适应了日本人的招工要求。包头的招工体制为公司提供了合适的工人，签短期合约、待遇低廉，大卫·塔克（David Tucker）认为"临时的招工代理人正好配合了季节性和临时性的工程行业"（引自Kratoska 2005, 30）。日本人很清楚，除了可以转嫁风险（疾病或罢工）、降低成本（食宿），那些中国移民肯定更喜欢和自己老乡签订用工协议。《满洲建筑概说》一书总结道，利用包头体制是必然之举，"好的包头就是一台活体提款机"（Kratoska 2005, 31）。35%的劳工既没有包头，也不是通过日本公司招进来的。他们有的携家眷过来，有的孤身一人。不管怎样，他们的日子更加难过。其中许多人最终还是选择了投靠包头。老乡关系所暗含的伦理道德使得许多包头愿意借钱给工人、支付意外费用，甚至帮忙向工人们的老家汇钱。由于包头的重要作用，一些正派的包头，例如崔氏兄弟，在华北获得了圣人般的地位（Eda et al. 2002, 218）。飞扬跋扈的骗子包头则在1949年以后被共产党处决。与日本公司或军队直接挂钩的那些全职招聘者，要比包头低一等，人们轻蔑地称呼他们"猪仔"（Gottschang and Lary 2000，107）。

大连，生命乌托邦

日俄战争结束不久，驻扎在中国东北的日本军队就被委派了一项任务，调研该地区的经济前景。日本精英们原以为满洲不会给日本资本提供多大的剩余价值压榨空间。儿玉源太郎命令石冢英藏（1866—1942）负责这项调研。在民政局，石冢是后藤的手下，被认为帮助"不发达的"台湾取得经济上的自给自足地位，并帮助日本在殖民主义的第一个十年就获得了效益。军队为石冢委派了75个人，其中有商人、翻译官、农林省和通商产业省的专家（Matsusaka 2001，50）。石冢经过1905年10月和11月两个月的调查，从12月开始陆续撰写机密备忘录；1906年分八卷公布完整的调查结果，内容包括农业、商业、工业和自然资源（Kanto Totokufu，1906）。石冢的"满洲发展报告"震惊了日本政商界精英，他在报告中称满洲为日本资本主义发展提供了极大的潜力，那里农业和工业尚未开发，资源价格低廉，劳动力价格近乎免费。

商业是战争的延续，这意味着先要完成大连港的建设。俄国人1903年暂停建造大连港，因为战争一触即发，当时只建成了1/3的设施。满铁很快完成了一号码头的建设,并加紧建造二号和三号码头。后藤命令重建大连港工程，一共包括三个大型防波堤、四个码头以及巨型堤岸。若干年后，大连成为东北海贸易最繁荣的港口。日本帝国主义的"大连策略"要求改变大豆贸易的运输线，通过铁路改走满铁在大连建造的现代化海关，以此打击中国商人在营口的贸易

优势地位。❶

短短五年间,满铁迅速升级为双车道铁轨,从辽东半岛底部的大连一直通向满洲内部的大豆配送中心,绵延239英里。它还拓宽了日本军队的从毗邻朝鲜边疆的安东到满洲省会奉天长达170英里的轨道,将其改为商用铁路通用的4英尺9英寸宽度。这项工程于1911年10月完工,耗资相当于1200万美元。安达金之助引用满铁的资料估计,如果类似规模的建筑工程在美国开工,花费相当于满洲的10倍(1925,121)。按照1910年的劳动力价格,日本本土的花费相当于满洲的3倍。到了1911年,日本帝国主义在满洲的主要建设工程基本完工,而这些都是建立在苦力劳工的汗水之上:铁路、现代化港口和海关设施和大连的市政建设,大连成为当时亚洲最现代化的大都市,马路宽达178英尺❷,是巴黎的两倍(Tsurumi Y. 1937,卷1,878—879)。另有两座现代化煤矿和关东州铁路沿线配套的市政设施,包括医院和学校。大连的经济发展模式模仿台湾,从1905年至1906年贸易规模翻了一番,1908年再翻一番,1909年最后一次翻番。位于市区内的《满洲日日新闻》骄傲地描绘了大连的经济腾飞,1908年是中国的第17大港口,而到了1909年则跃居第7位(MNNS,1909年11月24日)。❸同年早些时候,该报宣称

---

❶ 后来满铁的调查报告不断地说,日本工业资本家多么理性、有眼光,而中国商人却生性吝啬、鼠目寸光。例如,Hori 1942,228—242。

❷ 约合54米。——译者注

❸ 朝鲜银行引用中国海关的数据,将大连列为1917年仅次于上海的第二大港(Bank of Chōsen 1921,78—109)。

大连正在逐渐"替代上海和香港，成为中国最重要的港口"（MNNS，1909年7月31日）。它还坦承，大连的崛起"离不开中国廉价劳工的贡献"（MNNS，1908年12月16日）。

后藤新平于1906年12月前往大连担任满铁的首任总裁，他继续采用他在台湾实行过的亚洲殖民体制。这一体制的首要因素是坚持殖民地自给自足（Goto S. 1944, 114），而后藤上任后的首次人事任命反映了这一点。后藤亲自挑选的助手是中村是公，他是台湾总督府财务局原局长。首届理事局中，有两位理事是商人，他们分别是犬冢信太郎和田中清次郎，都是三井物产的员工，有在满洲工作的经验（Tsurumi Y. 1937, 卷1, 699）。然而，后藤也知道如何利用学术知识服务大日本帝国。他像在台湾时做的那样，以调查满洲文化与地理的名义建立一个生命政治的机构，任命京都大学教授冈松参太郎为调查局长（Mikuriya 2004, 146—147）。后藤授意冈松只雇用汉语熟练的日本人，因为这个满铁最大的下属部门调查局将展开对南满和北满广泛的田野调查。

定制苦力

冈松雇用的员工之一恰好也是石冢"满洲发展报告"的调查员。相生由太郎是满蒙工业调查局的创办人之一，他从1910年起着手研究苦力的生产效率。1908年，冈松纠集相生与几位满铁翻译官、调查员，对满洲地区的中国苦力进行首次调查。调查结果先是呈送给了这项工程的两位赞助人，完整对外公布则延迟至1920年5月。相生在报告序言中说，出版程序被"一战""事宜"打断了。

相生的这份报告题为"满洲产业界眼中的中国苦力",为日本投资者提供了一切相关信息,以充分利用中国的"原动力"。那所谓的原动力即中国的廉价苦力。他在书的第一页即写道"中国工人＝苦力",他引用大连码头的数据,说1912年有1148916名苦力在南满从事非农业工作,在码头上做人力车夫、装卸货物、挖煤、打包物品。仅仅五年后,大连港的中国苦力数量翻了一番,达到2219890名(MSSK, iii)。日本资本家看到了这一前所未有的利润空间,他们想要一种特别的运营办法。相生委婉地提及日本媒体报道日本资本家虐待中国工人的消息,他建议道,由于每一个苦力身体所象征的"利润数额巨大",并鉴于"苦力数量众多,没有必要去单独诈骗任何一个苦力"。尽管每年利润前景都在增长,"如果日本资本家不诚信对待苦力……最终要付出代价的"(4)。

志得意满的投资者们可不想听那些说教。相生告诉资本家,他从1908年起就和满铁的部门一起调查"苦力问题",1911年开始与他的满洲产业界协会进行调研。所以他沉积了10年的调查研究,提出解决苦力问题的双重办法。相生打出的王牌是"资本主义＝文明",因而增加利润的"最好办法是节省苦力"(MSSK, 4)。不仅如此,相生敏锐地借用后藤的生命政治的生命原则,他提出,日本殖民资本家面临的挑战是既要"尊重苦力的想法"和日常生活习惯,又要保证他们"享受卫生、教育和医疗成果"(5—6)。相生以下面这条建议结束他的序言:"我们必须既拿出最好的东西给他们,尊重他们的民族性。尊重他们,我们就能从那里获取最大收益。"(6)

相生报告内容分为两大部分。第一部分的主题是"苦力的生活条件",第二部分是相应的处置建议。第一部分的开头有一小段"苦力真实状况"的描述。相生为帮日本读者填补知识上的空白，给出了这条殖民主义意味的定义——"苦力的英文定义是：一个受雇于外国人的中国人，职业通常是车夫或佃农。苦力集中的地方包括蒙古、满洲、印度支那，以及南美，有些苦力因此而致富。并非所有的苦力都是为外国人卖命的穷苦工人，其中也有些是清朝的有为青年。"（MSSK，3）相生总结道，尽管有相当数量的人有自主意识，想做出一番事业，但绝大多数苦力没有意识到他们是"国际贸易的舵手"，他们在世界各地为资本主义企业干体力活，而"（他们的）一半收入都被抢去填补国际收支平衡了"（4）。苦力被剥削的主要原因是，他们被迫和"外国人"打交道，长途越洋去陌生的地方干活。相生在这本书中的主要论点是，由于苦力的潜在生产力无可限量，日本资本家没必要去学欧洲白人那样欺诈或过分地盘剥他们；合法地购买苦力所生产出的剩余价值，这已经足够让所有日本人发家致富。为敦促日本人"自觉"尊重苦力，他专门研究苦力的生活样态和文化理念。

苦力几乎没有任何生活必需品，"只要有衣服穿就行"，他们喜欢"简单的食物"（MSSK，21，23）。最重要的特征是，日本人"工作是为了过上更好的生活"，而中国苦力活着只是为了"拼命工作"（25）。苦力不去酒馆或妓院，偶尔只去当地的鸦片窑子，他们的生活"完全围绕着工作"。甚至一直为人所诟病的"小赌"也只在一天劳累工作后的深夜在自己的房间里进行（25）。

相生预见到，许多资本家囿于不可弥和的文化理念差异而不愿意雇用苦力。他说，中国人是不值一提的民族，根本没多少文化可言，苦力非常满意自己在近乎非人的状态中像奴隶一般工作，晚上再小赌一会儿，或者每周去附近的鸦片窑子消遣一下。这些不过是马克思所说的"生存手段"，苦力以此来为第二天 10 至 14 小时的体力工作做准备。（毫无疑问，鸦片的作用是缓解程安琳 [Anne Anlin Cheng——音译，2001] 所说的贱民阶层"种族忧郁"所带来的痛苦。）因此，苦力的关键特征是他们愿意忍受任何肉体上的折磨，并且毫无怨言。这分为三个方面：他们从不生病；顺从的本性适合资本劳动关系；他们的身体比日本人更高大，所以能承受更大的工作量。（MSSK，31—32）乍看之下，他们是殖民主义管辖下最理想的劳动力。然而，相生也承认，苦力也有一些明显的不利因素。

第一个不利因素是，苦力大多没有技术能力、"头脑愚蠢"。一般来讲，苦力由于受教育程度低，只能从事"非常简单的工作"（MSSK，33）。对他们来说，操作复杂的机器、遵守书面规则太难了。第二个不利因素是，他们缺乏文化和宗教信仰。因为他们"没有责任感"，不能分辨是非，所以他们的老板和经理需要"眼睛盯紧一点"。这类监视活动通常是中国的包头或小包头来做，但日本资本家应该警惕苦力的偷窃行为。最后一个不利因素影响较小，即"他们不像朝鲜苦力，不愿意接受贷款的严苛契约"（33—34）。但是，相生认为这个缺点并不重要，因为中国苦力基本上不会借钱，"中国人的节俭精神举世闻名"（34）。

相生所使用的是一套流行的殖民主义意识形态，这种意识形态将日本帝国主义合法化，强化一种共同的、免疫学的、族群的身份认同。接着，相生将满洲的移民工人和世界其他地方的做比较："在西欧地区，人们对移民劳动力普遍有敌意；在满洲则根本没有。没有种族歧视的问题，所有人都知道，移民工人只是在努力赚钱。事实上，满洲许多地方的人都会热情地感谢苦力的辛勤劳动。"（MSSK，45）欧洲白种人不但普遍歧视外来移民，英国商人还做贩卖苦力的全球贸易，苦力遭受的待遇非常差。在此，相生指的是1910年左右日本帝国主义话语所生产出的一组二元对立："海洋苦力"和"陆地苦力"。在《满洲日日新闻》的一篇题为"海洋苦力与陆地苦力"的特别报道中，记者内田富吉以自我辩护的笔调解释两者的区别：

和日本在大连的设施比较起来，用于海洋运输苦力的中国舢板船条件非常差。我们这里大不相同，我们有现代的、文明的海港城市。苦力们做各种各样的工作，比如装卸货物，经济增长随之起飞。我们应该尊敬地用"您"来称呼苦力，感谢他们所做的一切……你能在大连看到苦力像普通人一样买票乘车。这些陆地苦力生活比海洋苦力好得多，笔者真诚地希望海洋苦力越来越少。（MNNS，1913年1月1日）

1906年开始，日本资本家在满洲只雇用苦力劳动力，也就是从这时起，欧美国家虐待海洋苦力的报道广为传播。尽管内田的文章没有直接描述"长距离苦力贸易"的详情，日本读者很清楚"海洋苦力"这个名词指的是什么。相生在书中两次提到欧美国家的暴行，他建议满洲应该坚持使用短距离的外来移民。

第一次大规模输送中国苦力的海运发生在1845年，当时是从新加坡运往法属西印度群岛，两年后，两家英国公司在厦门建立了一套复杂的国际苦力贸易体系。这两家公司都与英国领事馆官员及美国航运公司有密切联系。合记行堂而皇之地在公司门口搭建了一个被当地人称为"猪圈"的道具,简直和非洲黑人奴隶的临时禁闭营一模一样。中国奴隶赤身裸体关在猪圈里面接受健康检查,一旦通过,则被迫在劳动合同上签字。签完卖身契以后,他们就会被烙上或画上一个字母标明目的地,例如:C 代表古巴,P 代表秘鲁,S 代表桑威奇群岛❶。从 1847 年到 1853 年,数万名苦力从厦门送往美洲大陆,而从 19 世纪 50 年代中期到 1874 年被政府禁止为止,有数量更多的苦工从澳门和香港被送往海外。

苦力的处境非常糟糕,清政府 1874 年终于派人着手调查。调查结果以中文和英文两种语言发表,标题是"中国移民:古巴委员会报告,1874"(Chinese Emigration: Report of the Cuba Commission, 1874)。从古巴委员会听取苦力的证词来看,苦力到达哈瓦那以后,立即由挥舞着皮鞭、骑着高头大马的守卫关进禁闭营。苦力的待遇像牛马一样,他们的一举一动都有人监视(17)。然后他们被带到隔离站,将辫子剪掉,接着就被送往市场贩卖。这是一段屈辱的回忆,他们当众展示自己的身体,按照身体胖瘦和肌肉力量分为一、二、三等。买家挑选时,苦力必须脱光衣服,接受顾客的检查。成交后,他们被拖入农场、种植园、工厂和矿山,用严清汪(Yen Ching-Hwang——音译)的话来说,他们得去"面对他们真正的主人"(1985, 64)。

相生、内田和其他日本帝国主义者一直相信,由于他们和中

---

❶ Sandwich Islands 是夏威夷群岛的旧称。——译者注

国人的种族亲缘关系,太平洋上的海洋苦力惨剧不会在满洲的陆地苦力身上重演。像内田这样的殖民者甚至用"您"来称呼最低贱的中国工人,在这片开化的土地上他们不会去虐待苦力。对相生来说,这种尊敬是和中国"悠久、灿烂的历史"相称的,而且,苦力是满洲的日本资本积累过程不可或缺的组成部分。他解释苦力政策时甚至以这样的话开头:"满洲的一切事务均取决于苦力。"(MSSK,76)

《满洲产业界眼中的中国苦力》的第二部分是相生的政策建议。他提醒日本人,目前(1918年)满洲的成就都是苦力劳动的成果。但是所有这些——铁道、码头、煤矿、大连市政建设——与经济增长的潜力相比,仍然不值一提。他对前景充满着向往,并为读者展开了一幅资本积累的蓝图:"苦力的扩大利用将带来扩大生产,进而增加进口贸易,进而增加引进苦力的特别列车班次,进而有助于管理我们的铁道市场,进而扩大满洲贸易,并出口到日本本国。"(MSSK,77)然而,要实现这些设想,某些满洲的基础设施需要更新。其中最重要的是改善苦力的生活条件:"目前为止,苦力浮浪的生活方式让他们躁动不安,而日本产业家还没能提供相应的基础设施让他们安顿下来,眼前的那些设施太糟糕了。"(78,82)市区的建设工地应该要有公共的休息场所,还需要会说汉语的工作人员协调事务(79—80)。相生在建议的结尾部分质疑日本商人,为什么他们忽视了苦力的消费能力。"苦力也是消费者,"他提醒读者,"我们能从中获取利润。"(MSSK,84)认识到这一点可以营造双赢局面,"资本家从苦力那里赚取利润",日本人还能吸引"超过这数十万苦力的人数来到满洲,每年的人数增长速度将更快"(85—86)。相生敦促资本家进一步套牢苦力,把他们圈进日本殖民主义生产和消费循环。他实际上是在改变资本对劳动的吸纳方式,从形式吸纳转变到实际吸纳。遗憾的是,日本资本家满足于资本对劳动的形式吸纳。不过,相生希望资本家更深刻地理解苦力的内在"原动力",这种原动力将推动满洲的资本主义生产模式到达一个新的、利润更高的层次。精明的商人"已经察觉到苦力变革了资本主义"(86)。现在轮到日本资本家自己正面回应苦力带来的挑战。

相生没有提到某些苦力能使用的基础设施。福昌公司是一家日本的人力管理公司,该公司 1911 年开始在大连建造一整套苦力的生活设施,名叫"碧山庄"。截至 1923 年,共有 89 幢现代砖楼,可容纳 13 万名苦力(Hirano 1983, 164—165)。其设施令人惊叹,尤其是公共澡堂、暖气和排水系统。另外,还有杂货店在居住区内租房营业。碧山庄的设施似乎回应了相生提出的挑战,即如何在资本主义条件下对劳动力进行实际吸纳。然而,鉴于 1917 年以前关东州共有 200 万名苦力——相应有大约 10 万名日本人——而适宜的设施只能供应 5 万人左右,我们可以推测,许多苦力生活得"像原始人或日本街头的乞丐,工作不定、流浪荒野":"那些住在城市的人会蹲在任何地方,躲避严酷的环境。"(COM,1913年 1 月,116)

所以,虽然大亚洲主义的思维驱使日本仁慈地对待苦力,但大多数没有特殊技术能力的中国苦力到了满洲似乎还是过着极度艰苦的日子。我们或多或少能够在相生的报告或戴安娜·赖莉的采访中感觉到这一点。另外,苦力每年能够给华北的老家寄回 40 元左右(当时农村每个家庭的年收入大约是100元）❶,但关东州前20年的平均工资并不高。我在前面引用过，1913年，大连北部的一些苦力的日工资按日元计算是40钱，这些苦力当时在码头工作，住在碧山庄。从《满洲日日新闻》报道的工资来看，这些码头苦力可以说是日占满洲地区的非技术工人中的"贵族"了。1907—1908年间，不在码头工作的苦力通常要少挣1/3至一半的钱。例如，一份印于1909年夏天的报纸特别报道称，南满的苦力工资管理标准（除码头苦力以外）是23至25钱一天（MNNS，1909年6月）。如果要干季节性农活，苦力挣得更少。

春季，满铁的码头办事处为1908年的码头工人制定日工资标准，日本装卸工是91钱，中国装卸工44钱，其他苦力是29钱（MNNS，1909年4月21日）。不过，挣29钱一天的苦力是码头工人，而在煤矿和日本木材厂工作的苦力则每天要少挣6至9钱（MNNS，1911年1月16日）。如果把东北和华北地区的非技术工人拿来比较，东北的工人要多挣3至4倍❷，但是，相生的书出版以后，满铁的研究人员又做了民族志调查，发现大连的苦力常常要花费一半的工资用于购买三餐，这相当于华北地区物价的两倍（Yamamoto K.1927）。1923年"日常物价暴涨"，安达金之助赞扬每天只消费7钱的满洲苦力生活作风节俭，但他忘了那些不在码头工作的工人每天只能挣

---

❶《满铁调查月报》，1941年2月，205—214。该报告的数据源自20世纪30年代末，1920年以前的数据不明。
❷ 这方面的经典文献是何廉（Franklin Ho）的《东北移民研究》(*Population Movement to the North Eastern Frontier in China*, 1931）。关于满铁自己这方面的研究，参见《中国人劳动者的债务》，南满洲铁道株式会社，1933年。

20 至 22 钱（1925，44）。

碧山庄的住宿费一天是 18 至 20 钱，不包饭，因而大部分在城区工作的中国苦力没有一个舒适的休息环境。除了碧山庄、日本煤矿住宿区和福利院（总共加起来只能满足 1917 年 5% 的工人住宿），其他途径的住宿费用高得吓人。大多数苦力住在露天的"苦力帐篷"里面，或者由包头安排的简陋小屋轮班休息。我们可以推测，1/3 的满洲移民工人只能露宿街头。据许多日本记者描述，除了"像日本的乞丐一样"睡在大街上以外，许多苦力只能睡在日本前两次战争中炸毁的建筑废墟之中。那些东北各处的破楼连门都没有。"商业是战争的延续"，这句话的字面意思在这里应验了，战争摧毁的残骸成为了工人陷入从军事竞争转到资本主义竞争的避难所。这些殖民主义经济的纪念碑之下，苦力时常成为盗贼或军阀的牺牲品。

值得一提的是，虽然满洲的工资水平不足以让大部分苦力有结余一天花 20 钱租房，但他们勉强能生存下去。安达说他们吃的是狗食，而相生则说是剩饭。贫穷的中国劳工能够省下一点点钱购买基本的生存要素，以应对第二天漫长的工作日。这其中包括鸦片，这些鸦片来自于为日本殖民官员服务的日本和朝鲜商人。和台湾的情形一样，鸦片市场的利润是日本帝国主义在中国大陆立足的必要基础。我们再次看到，商业是战争的延续。

日本帝国主义：世界是平的

20 世纪一二十年代，几乎所有日本人关于中国劳工的叙述都展现了马克思所说的"异化统治"，也即资本对劳动的形式吸纳。这一传统生产模式的转变微妙而重要，使得殖民资本家取得了"直接剥削他人劳动"的新地位（Marx 1977，1019）。马克思分析形式吸纳的转变时说，这主要是"统治与奴役造成的经济关系"（1026）。甚至连《满洲产业界眼中的中国苦力》这一管束自我言论的出版物也屡次提及满铁的中国劳工与日本经理层之间的殖民主义统治关系（MSSK，78—79）。安藤彦太郎引证过抚顺和烟台的两个满铁附属的煤矿中，中国劳工受剥削的情况广泛存在。1911年开始，这两座煤矿每年大约有超过1000例死亡或重伤，1926年和1927年两年，则大约有超过1万例**有报道的**死亡或重伤（1965，115）。

形式吸纳所塑造的生命政治主体性暗含着种族歧视的偏见，这使得苦力成为超人般强壮的工人，非人般愚蠢的个体，以及牲畜般服从日本殖民者和中国老板的奴隶。中国苦力不像愤怒的朝鲜工人或骄傲的日本工人，他们从不招惹上司（MSSK，38）。苦力被塑造成沉溺于鸦片、没头没脑、"逆来顺受"的主体，日本人以此来建构形式吸纳和殖民─被殖民关系的合法性。日本人为自己感到自豪，因为他们为苦力提供了工作岗位。用托马斯·弗里德曼，这位当代新自由主义鼓吹者的话来说,他们晚上睡得很安稳（至少比"他们的"苦力睡在帐篷里安稳），因为他们把世界弄平了，劳动和商品市场可以自由流动了。然而，凄惨的事实真相戳穿了日本帝国主义的谎言，《满洲日日新闻》的一篇报道说，一艘搭载了3000名中国苦力运往一个日本工作地的蒸汽船沉没，只有8个人幸存（MNNS，1913年3月21日）;时常有苦力忍受不了疲劳工作而自杀（1913年8月1日）；或者被日本流氓残忍杀害（1913年2月24日；1911年6月16日），或者因吸毒过量而死（1915年1月15日；1915年4月5日）。中国劳工被集中运往大连的时候，满铁的码头办事处把他们标记成"货物"，日本资本主义的狠毒手段可见一斑。《满洲日日新闻》的一段短文曾称，乘客（即日本人或欧美人）单独乘坐，而中国劳工则"与大豆和机器置放在一起"（MNNS，1909年6月16日）。日本帝国主义把中国劳工描述为"黑潮"，"活着只是为了干活"的生命政治主体，四处游荡、目不识丁，任其在大连市郊或塌陷的满铁煤矿自生自灭。"中国劳工"的话语产物是"活着只是为了干活"，我们将其生命政治倒转过来，则是有尊严地"干活是为了求生"。如上文及本书的第三部分所述，寻求"亚洲解放"的总体战动员将"干活是为了求生"扭曲成"为了生存而拼命干活"，最终变形为"干活是为了求死"的死亡政治。

第二章　边缘地区的皮条客

每一次殖民扩张都伴随着资本的战争……梦想资本积累局限在"和平竞争"之内，这等于把希望寄托在逐渐解体的自然经济缓慢的内部运动。武力是资本的唯一解决方式；从历史来看，武力是资本积累的永恒武器。

——罗莎·卢森堡，《资本积累》

如果按照奥日埃的说法，货币"来到世间，在一边脸上带着天生的血斑"，那么，资本来到世间，从头到脚，每个毛孔都滴着血和肮脏的东西。❶

——卡尔·马克思，《资本论》第一卷

---

❶ 《资本论》第一卷，人民出版社 2004 年版，第 871 页。——译者注

1918年9月18日，位于满洲首府奉天的日本领事馆发了份内部报告给东京的日本外务大臣——我们的老朋友后藤新平。这份报告告知外务省关于五名日本"就业者"的最新情况，这五个人从1月24日开始接受领事馆警察的调查。当日，他们被带进领事馆，警察"警告"他们，领事馆已经接到数封投诉信控诉他们的所作所为（FMA，"Collections of Imporper Business"，卷2）。❶ 日本警方给出了"清理业务的切实建议"，但是这几个人贩子对此置之不理。虽然警方已经监视他们长达数月，但该报告称，他们拒绝改变"业务性质"。这五个人因此被"禁止在满洲从事业务"。关于这五个人贩子如何处理的信件从奉天发往东京的外务省，共有五份，这份报告是其中的第四份。奉天领事馆在这一份和下一份报告中提供给后藤及其幕僚这五个人的基本资料，并警告说，这次结案不等于解决整个问题："我们的领事警察随时在关注这数百名人贩子……我们正全力追踪。"

　　这宗案件的最后一封信件的收信人是新任外务大臣内田康哉，日期是1918年11月12日。信中告知东京方面，由于一些部署在满洲的警力调入西伯利亚地区，以及奉天领事馆的警力缩编，日本皮条客和人贩子故态复萌。奉天领事馆称已禁止这五名人贩子活动，同时说，鉴于令人遗憾的倒退局面，外务省最好别指望控制住日本人贩子。而这不仅会影响日本在欧洲和北美的形象，还会严重削弱

---

❶ 日本外交史料馆（以下简称 FMA）的所有档案都用一个宽泛的主题分类，我在这一章引用的档案标题是"取缔不正当业者相关资料汇编"和"取缔不正当业者相关法规选编"，以下简称"不正当业者资料选"。前一个标题下共有七大卷档案，编号为4.2.2.27，后一个标题下共有两卷档案，编号为4.2.2.34。

日本帝国主义者"教化亚洲"的口号的可信度。随着日本抢劫和买卖中国妇女的案件越来越多，外务省尤其关注中国政府日渐高涨的禁止人口买卖的呼吁。如11月12日发出的报告所说，抢劫妇女的需求主要来自俄国人和日本军队。这种情形源自日俄战争时期，当时"人贩子跟随日本军队，为士兵供应女人"："过去14年间，忠诚的日本士兵常常光顾这些人的场所……（不幸的是）许多士兵因此染上梅毒。所以，我们应该对这些场所进行常规的健康检查；确保那些女人身体健康后，才能让士兵去光顾妓院。"

我没有找到后藤对这些相关报道的回应文字。尽管他那时疲于应付各种事情，包括重整日本和苏联新的外交关系，但是，没有回应至少说明他对这个事情不怎么上心。他对东北了如指掌，不会大惊小怪。事实上，1905年年末，他和幕僚正在想尽办法就地遣散日本士兵。巩固军队与妓院的联系无疑是一个正确的解决方向，开设妓院的人正是在战时为士兵提供女人的那些皮条客。1906年年末，后藤和其他官员准备在他们的新"首府"大连建造一个妓院牌照制度，所有日本人在满洲开设的妓院都将受当地领事馆管辖。后藤他们此时正需要那些皮条客。换句话说，从战时的军妓供应到和平时期的妓院制度，这正是后藤所认可的殖民资本主义政策，"文藻的武备"——商业是战争的延续。日本领事人员在和外务省1895年开始的内部通信中称拐卖人口是"肮脏的生意"，这生意不同于满铁"漂亮"的固定资产投资工程，但是，"肮脏的生意"仍然是生意。果然，就像其他商业领域一样，日本人的妓院排挤掉了中国商人在华北和东北的老大地位，这有助于日本的帝国主义扩张。另外，由于这些从商的皮条客和军队有紧密联系，所以一旦军队需要，他们可以迅速地集合到军队体制内。这正是20世纪30年代发生的历史事实。如果不是皮条客和人贩子与军队的热情合作,"慰安妇"体系不可能轻易建立起来。

然而,有证据表明,后藤可能曾命令一位下属,建议奉天领事馆将日本的妓女执照制度——早些时候在大连建立——应用到满洲。就算他没有下命令,后藤的生命原则和科学殖民理论也已刻入殖民主义的意识形态。奉天领事馆重复了台湾首创、关东州所模仿的模式,即对妓女进行常规健康检查。这种常规检查及其执照制度是后藤的生命原则的直接应用,而且这和他在台湾的鸦片政策也相一致。换言之,不论具体的行为多么肮脏(拐卖人口、贩卖毒品),日本殖民者会尽一切力量去维护其生命政治意义上的卫生环境,鼓励日本人从相关生产和消费循环中赚取利润。

1895年至1918年间发生了很多变故。日本自"一战"后崛起,成为帝国列强,工业资本主义兴盛。国际社会对卖淫现象日渐不满,签署国际协定认定人口买卖以及和未成年人发生性关系为非法行为。❶ 日本与中国商人在东北的竞争日趋激烈,这主要是因为日俄战争结束后,满洲地区的军阀自治日益完善、经济逐渐繁荣,满铁领导的经济快速发展吸引了离散的中国商人重新回到故土经商。1918年,尽管日本领事馆迫于压力要限制皮条客的活动,但他们采

---

❶ 所有帝国主义列强都签订了1909年的《巴黎条约》,该条约禁止人口买卖,但唯独日本没有签。经过国内激烈争论以后,日本政府于1925年同意加入"打击妇女和儿童买卖国际公约"(International Convention for the Suppression of the Traffic in Women and Children),但该法律不适用于日本在亚洲大陆的殖民地和租借地。

取的实际行动却是管制日中两国妇女，而不是去监控那些日本皮条客，这肯定让那些过度紧张的领事们松了一口气。这一日本在中国商业活动的重要资金来源还将或多或少继续运作。

　　裁定这"或多或少"的具体程度以及相应生产出来的主体性，乃是本章的主旨。我利用内务省的内部通信、日本船长的日志、被拐卖的妇女的证词、19世纪末20世纪初日本最著名的人贩子村冈伊平治的日记，来描述日本帝国主义生产皮条客之主体性的原因和方式。无论是叫作女衒、就业者或人身买卖，如果没有他们，拐卖妇女和以后的慰安妇事例就会少得多。❶ 但我的目的是要证明，在皮条客协助日本军队建立慰安妇体制之前的三四十年，他们业已成为日本资本主义在亚洲获取霸权、占领市场的核心力量。1937年，村冈伊平治称，日本在亚太地区2/3的大企业靠买卖人口起家（Muraoka 1960，57）。❷ 虽然大多数学者对其自传言论持三分怀疑，调查其具

---

❶ 中原美智子在2003年的私人通信中指出了这一点。

❷ 《村冈伊平治自传》于1960年由日本立教大学的教授河合襄出版。1934年河合襄在台湾总督府高等商业学校获得教职。1936年他访问菲律宾时遇见了村冈，对他的生平颇感兴趣。村冈把他所有的笔记本送给河合襄，供他编辑。1937年村冈去台湾的殖民地首府，停留一个月，专门补写他的日记中不连贯的地方。这些日记后来又经过河合襄的编辑，于1960年出版面世。日本学界关于村冈的文字的可信度还有许多争论。女性主义学者山崎朋子在她的重要著作《第八号妓院》（*Sandakan Brothel No.8*，1999）中称，村冈几乎完全不可信。山崎说，她所采访过的亲历者都没听说村冈这个人。她还质疑他是否真的是亚洲最大的日本人口贩子，因为20世纪初仅存的一些学术研究根本没提到这个人。但是，村冈经常使用假名，并禁止下属称呼他真名。所以，山崎20世纪60年代采访的那些日本性工作者没听说过他的真名情有可原。另外，一些日本与东南亚关系史的权威认为，村冈的说法即使不能全信，但也大致可靠。森克已在长崎和浅草地区做过田野调查，那里正是村冈说他的手下从事绑架的地方。森克已发现，那段时期真的有几千名女性失踪，参见《人身买卖：海外出嫁的女性》（1959）。南亚史学家、早稻田大学教授中原美智子私下告诉我，她认为村冈的自传中有75%的内容真实可信。

体的历史运作仍然是必要的。

滨下武志（1989，2003）和杉原薰（1996，2002）的经济史研究展示了19世纪50年代和60年代日本被欧美国家打开门户以后，中国商人联结东南亚的重要作用。中国商人经营着中国的通商口岸与长崎（日本230年的闭关锁国时期，中国和荷兰商人在该地区拥有贸易专营权）、神户、大阪和横滨的贸易网络，有些是自己做生意，有些则是利用数百年来的生意经为野心勃勃的欧洲经济动物和炮舰帝国主义者牵线搭桥。不首先考虑中国商人重建日本与亚洲贸易网络的作用，我们就无法充分理解日本皮条客在日本帝国主义中扮演的关键角色。

森崎和江（1976）、詹姆斯·沃伦（1993）、山崎朋子（1995）、平川均与清水博（1999）等人关于买卖日本女性的历史著作主要聚焦日本人贩子在东南亚的活动。然而很明显，自19世纪50年代末起，中国商人除了从日本输送丝绸和银制品到亚洲市场，他们还监控着另一样珍贵商品：年轻的日本女性。根据内务省的档案和日本皮条客自己的记述，中国商人显然比日本人更早涉足拐卖日本女性至亚洲地区的勾当。首先，把日本女性运送到那么多地方（到19世纪80年代中期，有哈尔滨、奉天、上海、香港、厦门、河内、新加坡），这需要在当地控制商业贸易的中国商人的指挥。没有通日语的中国商人团体的帮助，日本女性不可能那么有效率地被发配到遍布亚洲各地的中国人或欧洲白人开设的妓院。19世纪80年代和90年代往来于亚洲各地领事馆与东京外务省的通信揭示了中国人参与拐卖日本妇女的活动（FMA, "Matters of Improper Business," 卷1，事件2，5和13）。《满洲日日新闻》的证据表明，中国人贩子迟至1908年仍在拐卖日本妇女,卖到华北地区(MNNS,1908年3月25日)。之后,这个市场逐渐被300至400名日本皮条客操控,这是1918年时的估计数字。但日本人最终排挤掉中国同行独吞这个利润丰厚的市场,则还需要数十年。

这段时间几乎每一个涉足亚洲日本商人圈子的人都认可性工作者对日本资本扩张的重要作用。日本妓女很早便在亚洲各地活动,是日本消费品的活载体:啤酒、清酒、日本食物、化妆品以及日本服饰。在1919年的一份关于日本在东南亚的商业发展的调查中,佃浩二和加藤道则坦承:

> 小商业者一开始跟随日本妓女到东南亚各地。妓女需要日本食物、饮料、衣服以及许多其他日本商品。稀奇古怪的日本杂货店满足了她们的需求。日本商店也卖东西给当地人,所以日本的商品逐渐流行开来。现在日本在东南亚市场的影响力不是来自于三井之类的大型商贸公司,而是来自于那些杂货店商人。这些商人的背后则是日本妓女。(引自平川均与清水博1999,20)

加藤久胜是往返于长崎到中国和东南亚的贸易航线的船长,他从19世纪90年代开始开了大约有30年船。他写道,直到"一战"时期,日本在亚太地区最有名的出口商品是——煤炭、生丝和女人,"几乎我开船到过的每一个地方,都有日本人贩子经营'人肉市场',出售一群群妓女"(1931,61)。

加藤的回忆录和更晚近的许多叙述不同,现在许多人把日本性工作者与皮条客理解为一对对互不分离的夫妻。加藤在《船长日记》(1924)中不经意间提到人贩子与性工作者的成对关系是"人口买卖的真相"。后来我们才知道,孤独而勇敢的日本女性牺牲自己的身体,挣钱寄回老家,并帮助日本商品在亚洲开拓市场。日本帝国资本主义的悲惨的先行者的形象在20世纪的头20年更为突出,日本性工作者成为了帝国资本主义的关键。在此之前,若干日本最重要的知识分子极力鼓吹皮条客与性工作者的好处。福泽渝吉,日本19世纪八九十年代最有影响力的知识分子,公开鼓励贫苦的日本女性移民到亚洲各个通商口岸做妓女,成为奈福蒂·塔蒂亚(Neferti Tadiar)所说的日本的"生命地域"(2009, 105)。福泽坚持认为女人对日本的现代化进程没什么用处,唯一的好处是可以用来挣外汇,新兴城市香港、上海与新加坡的色情行业对这些女人、家庭和国家来说都有利可图。他于1882年写道:"人们不应该批评那些在海外卖淫的女人。政府的政策是增加移民出国,所以这些女人应该享有出国工作的自由。"(引自Terami-Wada 1986, 307)

　　二叶亭四迷是一位俄国文学研究者,他著有小说《浮云》,这部小说被认为是日本现代小说的开山之作。他在中国东北和西伯利亚地区断断续续生活多年,目睹了日本性工作者对俄国人和中国人的影响力。据其好友小说家内田鲁庵(1859—1922)的描述,二叶亭19世纪90年代住在哈尔滨,当时他一度准备开一家妓院,雇佣日本皮条客和老妇人经营管理。内田于1914年出版了二叶亭的传记,他在书中称,二叶亭的交际圈里的每一个人都知道他的"就业论"。据内田的说法,二叶亭认为日本性工作者对日本帝国主义在亚洲的扩张至关重要,因为她们对俄国人和中国人的色情蛊惑力表明这些男性顾客会很快被"日本化,然后开始购买日本商品":"他们先是向低贱的日本妓女买春,接着,他们转向价格更高的妓女,不久,他们就会着迷于所有的日本商品。"(2001,372—373)内田说,二叶亭认为自己参与买卖妇女是"爱国责任"的表现,是在以实际行动支持亚洲的日本化进程。

虽然这两位作家都没有直接提及"皮条客"这个词,但俩人国外阅历丰富,都清楚地知道,贫穷、不识字的日本女性不可能自己找到在哈尔滨、满洲或新加坡等地的妓院。无论是二叶亭的明确言论或福泽的暧昧言语,他们的"日本妇女就业论"都认可了皮条客在其中扮演的角色。森克己及其他学者在各种场合说过,20世纪头10年的3万至5万名在海外从业的日本妓女全部都经过皮条客之手运作(1959,111)。很重要的一点是,日本女性在亚洲各地从事卖淫活动的头15年间,那些皮条客是由在日本的中国男子控制的。1887年,村冈伊平治受日本驻沪领事馆雇佣,做一份为期六个月的调查,研究东北和华北地区的市场环境,他逐渐意识到,是中国人在买卖日本女性,这让他大为愤怒。

日本驻沪领事馆看重村冈在东北的工作经验,聘用他协助领事馆成员上原靖国(Uehara Yasuku)完成一项秘密任务。上原是日本军队中尉。从1877年6月至11月,他花了总共五个月时间,搜寻日本在东北的发展机遇(比石冢英藏的调查早将近20年),这是东北地区的首个大型商业调查。村冈和那位军官注意到几件事情。首先是,按村冈的话说,"我们没瞧见一个日本男人"。其次是,他们在城镇中发现大量日本性工作者,这给他们留下了深刻印象。村冈惊讶于妓女的出身背景之复杂,"侍女"(1960,17)的数量与来自贫苦农村的女孩数量相等。而似乎没有让他惊讶的是,他们采访过的几乎所有日本女性都向他们求助回国。我们对那些女性知之甚少，其中一位女性说，她是被迫由中国商人"陪伴"从长崎来到满洲的，中国人以400美元将她高价出售。还有两位女性诉说，她们被一个中国商人带到满洲，那个人在神户已经做了四年的生意（19）。

村冈从日本男性的缺席这一点推测，几乎所有这些日本女性都是"被中国人带去"中国的（1960，18—19）。除了几个为中国军阀工作的日本男人，以及五六个在北京的三井营业部出口大豆的人员以外，在这儿就没有别的日本男人了。村冈推测，中国人把日本女人带到东北，然后要么直接卖给俄国恶棍或中国军阀，要么卖到中国人经营的窑子。上海的日本调查团还注意到一些在东北泛滥的其他商品：当地种植和贩卖的鸦片，以及大豆种植贸易。在调查报告的结尾，村冈盘算着满洲的那些日本女人、鸦片和大豆为日本男性商人提供的种种机遇（19—20）；和中国商人争夺市场领导权，他们只需要一点初期支援。

虽然日本领事馆只要求他调查满洲的商业环境，村冈在他19世纪90年代调查的每一站以及后来的（上海、新加坡、吉隆坡和马尼拉）地点，都要记录当地华商的势力范围。他觉得，如果日本要成为亚洲霸主，日本人必须意识到，中国商人是他们的最大敌手。对村冈来说，欧洲人只是中国人和日本人贩售商品的消费者对象，而不是商业战场上的真正竞争者。村冈自视为日本新一代的充满进攻欲和竞争性的商人代表——福柯所强调的重要特征在自由资本主义的生命政治得到了体现——他向读者吹嘘自己对付中国资本家的各种手段，其中有两次，他在街上用日本武术战胜了中国商人（1960，8，23）。

第一批去亚洲各地卖身的日本女性，她们的出发地要么是中国人长期掌控市场的长崎，要么是短期掌控的横滨和神户。在村冈的自传中，他插入了一些关于被卖去亚洲各地的日本女性的家乡、年龄、买家的调查报告；几乎所有人都是从上述三个日本城市出发的。只有等到日本皮条客开始控制人口买卖行业并且在全国大肆拐卖女性以后，妓女的来源地才扩充至日本其他地方。中国的人贩子使用各种花招拐卖女性，而老板则用金钱贿赂航运公司、港口及领事馆的官员，有时还雇用欧洲男子假扮女性受害者的丈夫陪伴出国（FMA, "Verification Record for Passports"）。❶ 雇用欧洲人运送日本女性的例子很少；中国商人和军阀雇佣日本"不良行为少年"陪伴的例子则在中国东北和东南亚地区比比皆是。

村冈的民族主义意识第一次浮现出来。1887年12月，他从满洲回到上海，决意改变中国人全盘控制日本性工作者的屈辱现状。他没有陈述日本领事馆和军队官员的意见，但是从后来领事馆对日本人贩子在上海和香港活动的实际支持来看（他们从中国人手里夺走了对当地日本妓女的控制权），这些日本帝国的官员不可能否决村冈的企图。

七个月后，他发现自己必须直接挑战厦门的华商。同时，在东北地区买卖日本妇女将获得的巨额利润前景，加上从中国人的魔爪中"拯救"日本妇女的雄心壮志，这些因素刺激了他，他用军队付给他的调查报酬建立了一个自己的卖淫团伙，其中共有13名日本女性，有几个是他自己从日本绑架到上海的。❷ 1889年4月和5月间

---

❶ FMA档案编号为3.8.5.5。白人男性协助拐卖日本女性，这种现象只发生在长崎的丸山町。
❷ 河合襄在《自传》的附录中称，村冈承认自己在上海时与所有13名"他的女人"发生过性关系（Muraoka 1960, postscript 5）。

他正在巩固自己的人口买卖生意，这时，他听说了日本商界的传言，称厦门有人"监禁"日本女性作为中国商人和海员的性奴（1960，28）。村冈从不同渠道获得了消息，包括日本领事馆官员、海员和上海的龟公，他决定把生意转移到厦门，以"拯救"无助的日本女性摆脱那些中国人的魔爪。

1889年6月末，他把全部妓院生意迁到厦门，准备拯救那里大约500名被奴役的日本女性（1960，28）。他很快发现，那里所有的中国妓院的日本女人都是被绑架来的，每一个人的贞洁都被中国人"糟蹋"了。他对中国人的皮条生意愈发愤怒，于是向英国领事馆警察署求助，一次又一次地向英国警察诉说日本女性的悲惨遭遇。终于，英国领事馆同意他8月份一起去突击检查一家中国人经营的妓院。这项行动"解救"了六名日本女子，这六名女子已经被中国人监禁了至少一年时间。让人震惊的是，村冈取得了这六名女子的监护权❶，然后，他马上把其中五个人卖到香港，留一个做自己的"妻子"——准确地说，是在村冈的妓院里卖淫，当时村冈的妓院是厦门唯一一家日本人开办的妓院（30）。数月后，又展开了另一项"解救"行动，村冈带领的一伙人连同中国警察一起，成功地从中国龟公手里救出55名日本女子（30）。而村冈再次获得了那些女子的监护权。

这时候，当地的中国皮条客忍无可忍，开始威胁他。而又经过一次突击检查以后，连光顾中国妓院的欧洲顾客都开始不满了。于是，村冈想全身而退。他在香港和新加坡成功地卖掉了第二次突击检查

---

❶ 厦门的日本领事馆登记有村冈的理发店，但当时通商口岸大部分理发店实际上都是在做毒品和人口买卖生意。

收获的55名妓女（这桩零成本的生意利润颇丰），然后，1889年12月，他离开厦门，到新加坡开店，因为他听说英国当局在那里营造了友善的商业环境。他带着数名在厦门雇佣的男子以及从上海带过来的"妻子们"（其他女性都被他卖给了欧洲人，或者重新卖给中国人的妓院），用大量资本筑建起当时最为庞大的卖淫网络之一。村冈称，他用四年时间绑架并偷运了3122名日本女子到新加坡，其中大部分女子来自于日本西部地区，这些女子要么在当地卖淫，要么在被转运至更加遥远的孟买或澳大利亚等地区的妓院。

学者森克己采访了许多当年被中国人买去的日本女性，她们在厦门或厦门附近地区被监禁过一至三年，据这些妇女的叙述，村冈的回忆录是真实的（1959，102）。其中有些女性说，她们在厦门被人贩子卖给中国的有钱人，然后迁往内地当作小老婆。其中有些人可能被村冈和他的下属"解救"过。无论如何，重要的是这一事实，即三年之内，这些女性中的一部分人要被绑架或转卖三到四次。资料显示她们在日本被中国人、或中国人贩子的日本手下绑架或买走。接着，她们被卖去香港或厦门的中国人经营的妓院。除了少数人留在他自己开的妓院，村冈"解救"或再次绑架的61名女性再被他卖到新加坡或香港，最终往往是落到了日本人开设的妓院。而有些人或被中国或欧洲的有钱人单独买去。作为一名男性，我无法想象这一过程对日本女性同胞所产生的伤害到底有多大。但至少我们在思考这些血腥暴力的市场交易时，应该抛开文化偏见（日本文化召唤温柔、顺从的女性主体），而应该以唯物主义的思考方式来考虑，为什么日本的性工作者在亚洲赢得了顺从和温柔的美誉，愿意与任何付钱的客人上床。村冈与中国皮条客的战争反映了欧美国家的枪炮帝国主义和当地的市场竞争所产生的剧烈冲突，这一冲突生产出低贱的、商品化的女性身体，"创伤"一词已不足以形容日本女子为此遭受的痛楚。然而，遭到连环绑架的女子所获得的创伤，却催化她们成为"非人的客体"——戴安娜·索梅维尔（Diane Sommerville, 2006）用这个词指称遭到绑架的黑人女奴。皮条客和人贩子——亚洲的第一批男性日本帝国主义者——通过残暴地贩运和买卖日本女性，获得了一种新生产出来的日本男性气质，他们被视为日本主权的刚毅象征。另外，性工作者之动物的、肉体的主体性由男性资本家所操控，这也预示了后来日本帝国资本主义者贬抑殖民地劳动力主体的手段。

皮条客形象

大多数皮条客是贫苦农家的次子或第三个儿子，他们没有长子继承权，在困难的19世纪中叶，他们无法依靠家庭过上好日子。村冈是一个特例，他是长崎一个穷人家的长子，生于1867年。1877年，父亲死于东京。村冈没有依赖母亲，而是自己出去打零工。17岁时，他决定在一艘船上做帮手，那艘船往返于长崎与香港的贸易线。那一年是1885年。他用贩售日本妇女挣得的巨额资金在新加坡建立了一个大型的人口买卖网络，坐拥豪宅，手下有24名男子。所有这些手下在日本都有犯罪记录，或者在警察抓住他们之前逃到了国外。当时其他的日本海外人贩子的发家经历和村冈差不多。松尾甲子郎比村冈年轻一岁，也出生在长崎，是贫苦农家的次子。他在长崎因为谋杀而遭到逮捕，受害者是他在印度、中国地区的商业竞争对手。

警察局的报告称，松尾在19世纪80年代末从事贩卖日本女性的生意，把她们从长崎卖到朝鲜和中国。台湾1895年被日本殖民占领后，他在台北建立了一个大妓院，有56名女性和12名有前科的打手。当时日本人在台湾殖民地做的生意很少有这么大规模，所以，后藤新平不可能不知道他。松尾在台北的商业大本营创建了一个南中国海区域的日本女性买卖市场，长崎、朝鲜、上海、台湾、香港连成一条著名的贸易线。松尾看准中国通商口岸对日本妓女的大量需求（据说，日本女性同意每周进行健康检查，她们的华丽服饰与化妆则给中国和欧洲嫖客增添了浓郁的异域风情），1900年他把生意迁至香港，以便在东南亚地区更好地发展。

村冈回忆他在新加坡的红火生意，也提供了一些他手下的生活背景。上田友三郎是他的手下之一，14岁丧父。他发现邻居家的小孩们在偷他家的米，于是他设计一个诱饵炸弹，炸掉了一个男孩的手臂，并炸伤另一个小孩。他被关入青少年监狱，直至20岁出狱（1960，58）。他为村冈工作数年后，自己在澳大利亚做起皮条生意。后来他回到家乡岛根县，把自己打造成家境殷实的地主乡绅。另一位手下坂田顺三郎勾引了老板的女儿，然后和另一个女人逃离长崎，一年后回到长崎，盘算着让老板女儿为他生下孩子，他就能继承那老板的公司。事与愿违，那老板将他告进监狱，他后来设法越狱，逃往新加坡（54—55）。松田仁在日本曾屡次入狱，罪名包括持枪抢劫、谋杀和绑架。高峰君次郎是一名连环强奸犯，患有严重的淋病，曾有一年多时间只能保持同一个姿势睡觉（55）。南方藤吉偷光了祖母的全部积蓄，被祖母发现以后，他被迫逃离天草市，来到香港。

村冈伙同这些杀人犯、强奸犯和诈骗犯，在东南亚建立了一个微型的人口买卖帝国。我之所以用"帝国"这个词，是因为他有意识地认为自己的生意对日本资本积累和战胜中国商业资本意义重大。许多日本同时代的人也持相同看法，且赞美有加。村冈知道，那些人心里清楚日本性工作者在日本帝国主义头20年的发展过程中发挥了核心作用，但是他们伪善地否定皮条客的工作，而正是他们皮条客把日本女人从本国的乡下地方带到了中国沿海和满洲地区的繁华都市。他在厦门第一次"解救"妇女成功后，为了把自己的工作解释给那些虚伪的人听，他把自己的经历和服务对象原原本本地记录下来。有些评论直接针对那些日本本国批评他"道德堕落"的伪士：

先说赚钱的事情，我会寄钱给老家。同时我也是在为国家提供外汇，如同本土居民缴税一样。其次，我用贩卖人口挣来的钱给朋友们在长崎买了土地和房产。第三，我一直牢记第一位老板传授的教导，无论身在何处，努力维护日本商业利益。第四，我的生意满足了人的基本需求，给予情感的慰藉和归属感；以此盈利，乃取之有道。总之，我想，自己的不道德之处恐怕只是醉心于事业，努力赚钱罢了。（24—25）

与其说这段话是忏悔，不如说它是对人口买卖的现代化效用之证言。这也是生命政治意义上的自我吹嘘，因为村冈坚称他提升了日本人民的生活质量。另外，他关于道德堕落的陈词不过是那段时期日本资本主义意识形态的陈词滥调。之所以用讽刺的语调，是因为他想嘲弄那些日本的精英阶层，那些精英们大肆称赞日本的各种商业活动，却基本上不敢称赞人口买卖行业。所以，轮到这位愤怒的人贩子来揭露资本主义的某些根本原则，那就是，商业即战争的延续。我们在第一章中看到这场战争如何针对满洲的中国劳工而展开。而这里，中国沿海，商业战争的对象是日本女性，她们在本国遭到绑架，颠簸数周，被发往异乡，如同中国劳工或牲畜一般被有钱人转手买卖。村冈大致描述了作为战争的商业先是协同日本女性对抗中国商人和英国帝国主义，然后日本龟公对抗日本女性。他常常用长崎的家乡话来形容这种深层次的对抗，把自己这种流氓商人和日本精英阶层混同起来，因为他时常觉得自己遭到不公平待遇，为精英所排斥。

村冈在从厦门开往新加坡的船上，匆匆记下一些词句，其中写道，自己为了"拯救"两名被中国人贩子卖出的日本女子而惹上了麻烦。他引用那时流行的意识形态符码，以白手起家的事业男性自居（Kinmonth 1981）："女人是男人的绊脚石；是男人开创事业的工具。女人是引诱男人走向地狱的凶器；是男人出人头地的途径。女人是怂恿男人做坏事的诱惑；女人是男人避不开的命运。女人是国家的祭坛；依赖女性，或将走向毁灭。"（Muraoka 1960，40）

随着生意的逐渐扩大，村冈在他的自传中，使用越来越多的矛盾逻辑来解释日本帝国主义在亚洲的扩张。1890年1月，他开设了在新加坡的第一家店，于是他用狡黠的"忏悔"来述说他的"罪恶"。

好，我承认在上海和天津的皮条客兄弟们是非不分，包括我自己也是。但是这样想想：做坏事的下地狱；做好事的上天堂。而既做好事又做坏事的则留在人世——哈哈……

我们再来想想这好与坏的结合究竟是什么意思。当然，绑架和人口买卖都是极为严重的罪行，但我本来就是一个流氓。我素来认为像我这样的流氓做事情完全是为了满足一己之私，丝毫不考虑国家。后来我又想了想，发觉自己通过售卖女性而成长为一位大商人，这样就为国家减轻了经济压力。不单单是我一个人这样想，许多流氓都想大赚一笔，然后成为好人；不干小偷小摸，转而做正经生意。恶很容易成为善。我怀着这种信念，在新加坡的店里设立了一个"忏悔室"，我的手下们在这里改过自新，为国家做贡献。他们在太平洋地区扩展卖淫业务，以此改正自己过去的不良形象。我觉得这将为日本的百年大计添砖加瓦。（1960，47，49—50）

CEO 村冈召集手下那帮恶棍筹划新加坡的新业务时，又将这段关于日本资本主义扩张的精准预测翻译为另一套话语。他对手下说，这将是他们为自己赎罪、成为有尊严的日本人的最后一次机会。而这个改过自新、报效祖国的机会实际上就是要求他们在商业战场上击败中国人。如果他的随从们愿意跟他一道努力获胜，那么他们的事业将不但为自己挣得利益，还将为以后其他的日本人从商打下基石。村冈在讲话之前心里寻思："我组建这个恶棍团伙是为了发展亚太地区。虽然别人称呼他们是杀人犯、小偷和罪犯，我却坚信，只要他们遇到合适的契机，都可以成长为正直的商人。我确信自己就是那个将把他们引向正道的导师。"（1960，55）然后，他对手下们讲道：

你们可能都很清楚我们下一步要做什么，但我敢打赌，你们不知道自己为什么要这么做。那帮庸人说你们杀人、抢劫。更有甚者，他们说你们自愿干这些违法勾当。也就是说，虽然你们都是日本国民，却成为了国家的敌人。你们丧失了自己的日本性，自甘堕落……不过，我会给你们一个自我救赎的机会，并且参与到日本未来商业远景之中。你们会挣大钱，为国家减轻经济负担。日本将见证你们的新生，你们将再次成为有尊严的日本人。但是，你们必须要和我合作。你们要集中精力，不放过任何商机。再过几年，你们将为祖国增添荣耀，为自己谋得正途，为日本面向亚洲的商品出口做出贡献……但是，在事业有成、报效祖国之前，你们还得再犯最后一次罪。(56)

武力的资本主义

我们把村冈的这些话和本章开头所引用的罗莎·卢森堡的话拿来对读，可以勾勒出村冈的真实轮廓。罗莎·卢森堡认为，经济领域之外的暴力行为对资本积累至关重要。积累过程中的个人牺牲并非自然而然的事情。她写道："资本主义利用暴力作为永恒的武器"，而村冈所说的"最后一次犯罪"正是从日本西部地区强行绑架日本妇女的暴力行为。他接着描述那些女性如何被带到亚洲各地他的经营场所接受"驯服"，然后卖到其他地方。所谓"驯服"，即强奸她们，逼她们养成温顺、服从的性格。卢森堡所说的"武力"，也即马克思所谓的资本主义"暴力"之一（1977，928），在村冈眼中是一种必要的罪恶，这种罪恶最终会带来善报：原来的强奸犯和人贩子将自我救赎，成为日本国民的模范，日本将从中国人手里抢到利润丰厚的亚洲市场份额，一个富强的大日本帝国即将诞生。资本积累的这些好处若要实现，必须依靠绑架和性侵犯，这些乃是必要的罪恶。村冈没有把柔道列为训练项目，不过现有的这些足以证明资本主义乃是终极武力。

村冈自传中的若干段落清楚地证明了现今学者们的一个共识，即性工作者是日本商品资本主义在亚洲扩张的必要基础（Brooks 2005；Fujime 1995）。不过，用马克思有争议的性别符码来说，我们还需要把卖淫现象看作"劳动者普遍出卖身体的特殊表现"（1988，133）。❶ 资产阶级经济学家会抹除资本买卖劳动者身体这种现象的普遍性，而将亚洲大陆资本积累过程中性工作者的角色说成是日本产品和服务的"收益增值变量"：服饰、化妆品、啤酒和清酒都是日本妓院和酒店的畅销品。村冈开诚布公的欢迎致辞令人耳目一新：

> 为了满足对日本姑娘的持续需求，我们将要在最遥远的南太平洋村庄里建起妓院。日本的杂货店和小商品业者将随之而来。一旦日本商人的手脚放开，他们有能力取得成功。社会的方方面面都将被动员到商业领域。在一个纯正的商业社会，妓院老板和人口贩子将不会被蔑称为"皮条客"，而是真正的商人。由于他们对商业的全身心投入，其他日本从业者才能在各自的领域里施展身手；满载货物的商船将从日本海岸扬帆起航。整个周边地区都将逐渐繁荣起来。（1960，57—58）

---

❶ 参见奈福蒂·塔蒂亚（Neferti Tadiar）对马克思的精彩解读，*Things Fall Away*（2009）的第一章。

但是，要实现这些愿景，村冈手下的生意人必须完成"最后一次犯罪"。我们假设给村冈的估计数字打个七五折，那么在19世纪90年代，他的手下一共绑架了2500名日本女性至亚洲各地。这一方面是积累资本，一方面是在救赎那些强奸犯和盗贼。还有一点不能忘记：这只是一小部分数据。园枝幸子估计，从1870年至1930年，亚太地区共有超过10万名日本妇女被迫从事色情业（2000，104）。而在所有的日本皮条客之中，村冈据称最有经验，精于绑架和迅疾转卖，并热衷于传授经验。

村冈的实际经验指导比较简略。人贩子"专门在乡下绑架妇女"，尤其盯准穷人和文盲群体。他警告手下："注意掩人耳目，勿留文书，勿签真名。"（1960，57）由于运送妇女的过程中女性免不了要反抗，这可能引起警察的主意，所以他的手下必须"极度小心行事"。"你把女人送上船之前,必须先确认已经买通了警察、领事馆官员以及船长。如果无法买通，你就向他们诉苦，给他们看自家茅草屋的照片，转移他们的注意力，然后偷偷地把女人搬到船舱底下。"（57）

花三至四周时间将妇女偷运到香港和新加坡，这通常需要串通日本海关官员和船长，以及上海、香港和新加坡等地的中国和英国官员。有详实的记录表明，英国官员虽然表面上不支持人贩子，暗地里却协助运送那些被绑架和转手的日本妇女在香港和新加坡这两个殖民城市活动（Miyaoka 1968；Warren 1993；Hirakawa and

Shimizu 1998）。❶ 大众流行话语确认了她们的精神创伤，将日本妓女塑造成温柔顺从、娴静端庄的主体（例如歌剧《蝴蝶夫人》中的典型人物）。所以，英国嫖客们大多喜欢日本妓女胜过中国和东南亚妓女。英国当局考虑到日本性工作者的温顺性格，加上她们积极配合健康检查的生命政治统制，也就不急于限制绑架日本女性的数量了。❷

村冈没有在他的自传中解释偷渡的具体方式，但1885年至1915年间，大约3万至4万名日本女性被绑架和偷运，我们由此可以总结出他的套路。尽管性工作者有时合法地从日本前往亚洲各地，但绝大多数是偷渡，因为直接贿赂官员和船长要比走正规程序便宜和简单得多。但首先，人贩子要把她们送上船。

人贩子千方百计唆使女性出走。他们通常到自己家乡附近地区，这样他们能相对容易地获得信息，查到哪些家庭最穷困，然后与家长谈话，或者更普遍的方式是直接和女孩子聊天。人贩子利用乡亲关系拉近距离，编织美好的梦想，吹嘘新加坡和香港的新兴欧亚都市如何具有异域风情，在有钱人家做佣人如何幸福。

---

❶ 沃伦（Warren）称，在香港和新加坡，"英国政府允许日本妓院注册经营执照，与日本的正当行业放在一起，所以日本政府很难在这两块殖民地清除卖淫和人口买卖现象"（1993，70）。但是，藤目由纪（1997）和中原美智子（1995）肯定会反对沃伦的说法，日本政府根本没有真心清除人口买卖。

❷ 日本女性接受常规健康检查的历史要追溯至1860年7月发生的"州长"号事件（Rosadnik Incident），当时，俄国的"州长"号军舰停靠在长崎接受食品和维修补给。当地政府允许日本人去妓院，然后俄国医生坚持所有的日本性工作者接受他的健康检查，当时这已经是欧美国家的例行规范。19世纪60年代中期日本通商口岸的健康检查从19世纪70年代中期开始普及至亚洲大陆的各个日本妓院。参见Susan Burns（1998）和藤目由纪（1995）的精彩论文。

一位住在天草的老妇人说道，1890年，有一个皮条客伪装成贸易商人，诱骗贫苦农家的女孩儿，说有一个"理想世界"，那里样样都比九州的生活要好："一天，一个伶牙俐齿的男人出现在我们那儿，他销售的是长崎的海产品。他在镇上的店里不断跟人讲外国的趣闻轶事。符拉迪沃斯托克有许多许多鲑鱼，孩子在渔船上嬉戏时，就会有鲑鱼自动跳上来。满地黄金。我在祖母的家里遇见了他。"（引自Ichioka 1977，6—7）1904年，一位名叫"南春"的少女遇到人贩子，人贩子告诉这位17岁的天草姑娘，她如果去国外做酒吧侍女，每月可以挣得将近7日元。她自己解释了去异地闯荡的原因："那时候女人一个月连挣1日元都很困难。我父亲是打短工的，家里除了我，还有5个小孩。所以我接受了那人的建议。我乘小船跟他来到口之津的港口，然后被送上一艘外国船。在货舱里我还见到大约20个女孩子。我们坐了29天船，每天只能吃一点点面包，终于到达新加坡。"（Waren 1993，216）

　　人贩子和皮条客常常成群结队作案，各司其职：有的负责接触女性，有的负责将她们从乡下运到港口，然后把她们塞进煤船或商船。由于每次装载的女人都不少（每次大概运送50个人），所以人贩子必须全程陪同，以防她们逃跑或报警求救。这套绑架手段大概是日本人贩子的创新举措（Miyaoka 1968）。这些陪伴者驯服女性忍受严酷环境（通常煤船上能装人的地方靠近火炉，酷热难当）的方法包括甜言蜜语、强奸以及谋杀。

　　名叫多田龟吉的人贩子奸杀了他从长崎带往新加坡的一名女子，然后抛尸入海。显然，这是杀鸡儆猴，威慑其他女性不要做出格的事情，乖乖配合船上男人们的凌辱（Warren 1993，219；Hane 1982，

221）。幸存下来的女性集体给日本外务省发了封血书求助信。❶ 这些女子可以说是幸运儿，因为有许多人最后死得很惨，被装卸的货物压死或者扔进锅炉烧死。后来一次事故引起了全世界的关注，迫使日本政府关注偷渡问题。日本邮船伏木丸于 1890 年 3 月 26 日抵达香港，人们在溅满血迹的密封煤仓中发现 12 名偷渡客。他们至少被关了两天，其中 8 名已经由于缺氧而死，剩下 4 名奄奄一息。其中一位男性死者是名叫油谷的人贩子。4 名幸存者协同长崎港口当局撰写了一份报告，现在这份报告藏在外务省档案。她们声称，油谷引诱自己上船到香港掘金。他强迫女子乔装打扮成煤工，一上船就被关在很深的煤仓。第二天，煤仓的铁门被锁，整个内部空间变成大烤箱，因为煤仓边上是蒸汽机火室和锅炉。随着温度逐渐升高，油谷和其他七名女性晕倒并流鼻血，最终窒息而死（FMA，"Collections of Improper Business,"卷 1）。

外务省档案中有若干份报告，描述的情况是，妇女在船上试图自救，被船长发现了。加藤久胜报告了一起发生于长崎至香港航线的事件："我的工程师去检查一根水管水压降低的故障，然后他发现一群女孩子，几乎快缺氧而死，原来是她们咬开了水管想喝水。旁边埋在煤堆下面的是一具伤痕累累的尸体，死者是她们的绑匪，在其生命的最后几个小时，她们对他采取了疯狂的报复。"（1924，33）第二起事件是：1892 年 9 月 25 日，4 名日本女子现身新加坡警察局报告一名日本男子死亡，他在一艘发自香港的船上坠海身亡。这

---

❶ 加藤久胜在他的《船长日记》中写道，他听过许多故事，人贩子为了威慑那些被绑架的女性，常常会强奸、掐死那些抵抗的女性，然后抛尸海上。

几位女子都来自长崎，她们声称对男子在香港登船这一事实毫不知情（FMA，"Matters of Improper Business,"卷1，事件37）。

这些以及其他一些事例倾向于将被绑架的女性描绘成品性残暴的人。然而，学术界对绑架事件中女性的参与度和主动性还没有达成一致结论。在几位研究这一问题的日本学者中，女性主义者森崎和江（1976）的意见尤其引人注目，她认为不能低估女性希望逃离贫穷家庭、通过卖身汇钱回国养家的欲望。虽然我尊重森崎女士的立场，但我更相信森克己和山崎朋子（1999）的估计数字，即大约90%被绑架和偷渡的女性不是出于本人的意愿。人贩子每每使用花招勾起女性的欲望，捕获她们的异域想象，将她们对"某物"的欲望置换成对一切物质占有的欲望：自由、激情、汇钱养家的自豪感。另外，这些女性的家庭有时会从人贩子那里得到一些报酬，一方面可以诱惑女性顺从，另一方面可以当作封口费，防止她们报警。

这些男性人贩子的主体性应当被视为一种自由放任的生命形式，一种日本资本积累急需的生命政治生产，而贫穷的日本男性希望在亚洲大陆寻求殖民发展，他们的致富心理为生命政治生产火上浇油。日本的人贩子，如村冈和松尾，正体现了罗莎·卢森堡关于资本积累过程的隐匿真理：它只能通过暴力产生，其生产过程本质上是奇异的、猎奇的（grotesque and grotesqueing）。具体以日本西部的贫困女性为例，15世纪以来季节性或永久性的移民风俗被奇异化得面目全非，而罪魁祸首即资本主义对满怀憧憬的移民的形式吸纳。

马克思认为，形式吸纳作为一种新的剥削形式，借助于资本与劳动力的直接联系，其特点在帝国主义列强的殖民地和边缘地区表现得最为明显。传统国家的文化支柱和习俗网络土崩瓦解。虽然工人依靠的是资本家,但在边缘地区,这种"依靠关系是人为制造出来的"(1977,937)。换言之,一种崭新的(性别的)支配和剥削结构必须在日本的殖民边缘建构出来。人贩子与皮条客的主体性正是从资本的需求中脱胎而来,以协助巩固这种新的宰制模式。

经过村冈伊平治和其他日本人贩子的苦心经营,村冈1887年在满洲所目睹的境况在1905年日俄战争后逐年改变。渐渐地,中国男人和女人开始为**日本人**买卖人口。《满洲日日新闻》的一份报道揭露,许多中国夫妇在为日本人贩子工作,把女性从长崎带到满洲来,这种状况以前在满洲从未发生过(MNNS,1915年1月12日)。这些由日本人控制的人口买卖网络也依靠中国人拐卖**中国**女性,以发展他们在东北的生意,将原来中国人雇佣日本人拐卖日本女性的模式完全颠倒了过来(MNNS,1908年2月17日)。作为战争之延续的资本主义商业,由新一代满洲地区的日本人贩子(例如内海岩男)发展壮大,这些人贩子中有许多曾经在村冈手下干活,从他那里学来肮脏的经营手段。因而资本主义商业的快速发展还是要归功于生命政治主体性的欲望生产的关键一环:边缘地区的皮条客。

第三章　歇斯底里的帝国

歇斯底里通常用来形容女性的精神特点。如同"情绪化"这个词并非贬义一样,歇斯底里也是一种对女性特质的尊称。

——《朝鲜公论》,1916 年 6 月

这些日本妓女不远万里来到亚洲大陆,她们没有丝毫亡国之恨,变得歇斯底里。

——《京城日报》,1923 年 3 月 16 日

1919 年 11、12 月间,位于首尔[1]的《朝鲜公论》月刊开始积极地推销筹划数年之久的姐妹刊物。《大陆女性会》的办刊宗旨是满足日本女性读者的需求,该刊预告的特别报道内容包括"新殖民地女

---

[1] 首尔原名"汉城",1910 年朝鲜沦为日本殖民地,"汉城"更名为"京城",直至 1945 年恢复。为行文方便,以下统一使用"首尔"。——译者注

性"、总督主持的首尔精神病院以及"日本人与朝鲜人之间的罗曼史"。1919年12月,《朝鲜公论》披露了最新一篇报道,其内容将揭秘日本在亚洲的各个殖民地所建设的亮丽、现代化的设施,这些设施用来安置那些为殖民事业做牺牲的女性。一位日本病人据说患有"猛烈的歇斯底里症",症状包括失眠和极度妄想症,她甚至以为自己是朝鲜人。❶

男性殖民者摇摆于两种意见之间,一种意见赞扬日本女性对帝国做出的巨大贡献,另一种意见则谴责她们过于独立。形容女性殖民者的各种比喻反映了大男子主义的矛盾逻辑。他们常常称女性是"离开日本母巢流浪"的小鸟。她们孵化的程度不同,有的注定成为帝国主义的成功范例,有的陷入毒品、同性恋和卖淫业。不论她们成功与否,她们最终被定义为流浪的小鸟、流浪者或离巢的浪人。《满洲日日新闻》和《朝鲜公论》时常发表文章,大多赞扬那些女性。例如,《满洲日日新闻》分六次连载了题为"离巢"的报道,讲述荒田寿河子(Arata Suhako)的故事,她是一位理发店老板,年轻貌美,又是单身,是"日本在华北地区发展资本主义的楷模"(MNNS,1924年3月27日)。元桥静子是一位长期在大连演奏会和酒吧里表演的职业钢琴家,她同样"漂亮、单身、独立":"这位满洲音乐界的著名人物很快**离巢**了。"(MNNS,1924年4月6日,粗体为引用者所加)但是这个系列连载还讲述了一位没有具名的、漂亮的大学毕业生,她不想在日本本土安分守己地做一名贤妻良母,满怀憧憬地来到中国东北地区,最终却沦落到红灯区。这篇文章以一句警告结尾:"年轻女性是否具备离

---

❶ 我没有查到《大陆女性会》的所在地。《大陆女性会》的广告出现在该期《朝鲜公论》的第五页。

巢的能力，尚无定论。"但是有一件事情是清楚的，殖民地机遇与挑战并存（MNNS，1924年4月10日）。总督1919年在首尔开设的精神病院是25年以来帝国主义提供的机遇与危险之矛盾的终结点，因为1920年以后，所有不能适应殖民地挑战的女性都将被定性为"歇斯底里"。

用一个更加现代化的性别符码来代替"流浪鸟"这个符号，而赋予女性殖民者以"歇斯底里"的主体性，这一主体化行为关乎女性的身体。歇斯底里的主体性塑造不同于苦力和皮条客的生命政治主体化，它常常会在日本本土谴责和限制女性，同时，在殖民地边缘解放女性的生命政治领域。这种边缘地区的解放却只持续到1920年。《朝鲜公论》上屡屡出现关于新建的精神病院中关押的歇斯底里症患者的报道。这表明，20世纪20年代初，帝国主义性学一直在诋毁单身的女性殖民者，将她们视为缺乏"日本性"，而与殖民地的朝鲜人、中国人和俄国人过度亲密。在朝鲜治疗这些女性的方法和日本本土一样，采用住院监禁的方式。而在前30年，针对过度独立、与外国人过于亲密的病人的治疗方法则采取更为开放的院外治疗。虽然1920年以前"歇斯底里"在日本不是常见病，但日本帝国在20世纪头几十年的亚洲地区认可了这些被本质化的女性特质。无论是性工作者、小老板娘或"大陆浪人"，她们都被誉为发展日本帝国主义事业无可替代的主力军（这也就是为什么人们认可甚至支持拐卖女性，虽然这是"肮脏的生意"）。芭芭拉·布鲁克斯（Barbara Brooks）写道："实事求是地说日本性工作者和许多'娱乐'行业的普通女性都是这项事业的先驱。"（2005，300）

就像南方熊楠认为"变态"比"国体"更重要一样，米歇尔·福柯区分了帝国主义的"性别配置"(deployment of sexuality)以及更为保守的内部心态"家庭权制"(regime of family alliance)。催生日本帝国主义的性别配置包括一个具体的体系,以性交易为轴心,以人贩子和皮条客的爱国主义商业为基石。日本殖民地边缘被美化为一座放纵的伊甸园,日本男人可以在那里无羞耻地、不负责任地与"中国、朝鲜、日本和俄国的夏娃们"交配(CK, "Four Segments on Colonial Women," 1916年3月,84—92)。殖民地月刊《朝鲜公论》和《朝鲜和满洲》给色情行业做免费广告,这两家刊物刊登关于妓院的特别报道,其中充斥着性工作者的图片。《满洲日日新闻》刊登了"红灯区指南"的栏目,连载了一个月,其中包括哪里能以便宜的价格消费到俄国、中国和日本性工作者。男性殖民者会注意到报纸广告的建议"与经过健康检查的妓女性交,带给您更完美的享受"(MNNS, 1924年2月19日),他们不必担心日本本土对日渐兴起的色情行业的舆论谴责。

除了报纸和殖民地杂志以外,我们还可以从日本男性殖民者的日记中找到该国色情行业的记载。一位住在朝鲜的小学教师从1922年至1930年记下了日记,我们从他的日记中可以窥测当时色情消费的普遍程度。上厚米次郎虽然受家庭内基督教和社会主义思想的影响,但他还是承认自己每月、甚至有时每周都去妓院买春,消费朝鲜和日本女性,即使与一位日本教师结婚以后还偶尔会光顾(Jōkō Beijirō的日记,卷22,34)。❶

日本帝国主义在亚洲的性别配置的核心要素是日本女性在东

---

❶ 这些资料藏于日本学习院的特别资料室。感谢青木敦子的提醒。

亚通商口岸卖身的执照制度。这项制度得到了日本和欧洲列强的热情支持。1897年，台湾建立了一项卖淫执照制度，后藤新平在关东州的"启蒙"殖民机器很快建立了一项规模更大的类似制度，向妓院抽税，向每位注册的性工作者收取费用（Song 1998）。生命政治的"生命原则"明显是为了让那些有手段的男人们在亚洲逍遥快活。后藤这位卫生学家兼殖民地性学家，助长了那些嫖客的欲望（将那些欲望自然化为"生命要素"），然后从丰厚的盈利中获取利益。

女性主义历史学家藤目幸（Fujime Yuki）已经论证了19世纪70年代起色情业的扩张如何支撑了现代日本的发展。她指出，19世纪60年代通商口岸开埠以后建立起来的卖淫执照制度实际上是17、18世纪日本城市中此项制度的延续。藤目称，英国和俄国士兵以及中国商人所掌握的全球新兴市场打断并重组了这项早期现代制度。为了迎合日本榨取剩余价值的欲望，皮条客们前所未有地被迫直接面对国家权力机关。重新勾连起来的卖淫制度直接向国家和地方政府纳税，这些税金对于一个急需资金修建医院、警察和军队的政府来说至关重要。19世纪60年代，俄国和英国海军要求对长崎和横滨的性工作者进行常规健康检查，从此以后全世界的日本性工作者都必须接受健康检查，这为皮条客和龟公们提供了巨大的竞争优势（Fujime 1995，1999）。

藤目还揭露了早期明治政府的花招。明治政府对禁欲的基督教帝国主义者摆出一副身心健康的面孔，而面对嗜欲的欧洲海员和商人要求日本女性接受健康检查，政府则摆出生命政治的卫生面孔。明治政府颁布数条法令以规范性工作者：1872年的《娼妓解放令》、同年晚些时候通过的《关于妓院和妓女的规定》以及1876年《妓女犯罪条例》。这些条例是为了应对那些伴随粗俗的海员和商人进入日本通商口岸的基督教传教士所做的批评，以便日本政府可以否认人口买卖现象。然而，这些新的法令利用了某些基督教措辞，考虑到性工作者的"自由意志"，允许卖淫（现在合法的名称是"羞耻行业"）作为解决贫困问题的手段而存在。藤目总结说：

> 1872年的《娼妓解放令》明确废止人口买卖。不过，同年晚些时候通过的《关于妓院和妓女的规定》打开一个漏洞，即，如果妓女主观上同意，那么人口买卖就合法了。1902年，日本高级法院认可了妓女脱离妓院的权利。但法院也认可自由意志的等价交换，规定妓女必须偿还欠妓院的债务。如果按法律办事，那么这些女性虽有权脱离妓院，实际上却找不到其他赚钱的手段，只能继续呆在妓院里。妓女基于自由意志而自愿选择留在妓院，这么一种错误的观念成为现代日本国家队对卖淫行业的理解基础。（引自 Fujime 1997, 140；译文有修正）

现代日本民法认定，个人意志如同市场一样，是自由的。自由意志是现代公民的基础条件，自由选择表达了个人的本质。换言之，国家立法将本质主义作为生命政治主体性生产的部分之一。这使得日本掩盖了女性成为性工作者的物质原因，而这些原因关系到资本主义与军事帝国主义。农民迫于过高的赋税负担而不得不将女儿卖给妓院，从而国家获得了更高的税金，妓院龟公获得更高的利润。

另外，对妓院的需求随着19世纪80年代起日本军队的人数增长而增长起来。❶换言之，说日本女性是日本帝国主义的先驱，这话只说对了一半，因为这忽略了资本主义生命政治和军国主义对年轻女性自由选择的制度性压迫。性工作者被帝国主义收编和奇异化，帝国把她们作为自己的基础和能量。不论是性工作者还是中国苦力，资本对劳动的形式吸纳都显而易见：劳动力从自我生产中"解放"出来，财富"解放"出来成为资本，寻求更高额的回报。

在中国劳工的事件中，资本主义按照马克思论述的两种根本性的主体性——自由劳动者和资本家——生产出苦力和殖民雇主这两种主体性。贫穷的日本女性和中国劳工之间的抽象相似性掩盖了两者的主体性的形塑方式差异。生命政治的生产机器解放了贫女的劳动力，将其转化为本质主义的精神特质和主题性。我们看到，生命政治将一些同样的歇斯底里症状——流浪、无家可归、没有文化素养——归结到贫穷的中国劳工身上，然后将他们转化为顺从的、受操控的主体。而亚洲的日本性工作者的精神特质是解放的、有激情的、激发欲望的主体化产物。将她们转化为流浪、无家可归、用身体交换金钱——真正**逍遥法外**——的主体，这与她们被贴上的歇斯底里症标签互为因果。

将歇斯底里转化为一种主体性，这一过程的操纵者是殖民地医生和性学家（田中香涯，森刚士）、殖民地的谣言专栏作家（石森诚一）以及后来汤浅胜卫和其他小说家的殖民地小说。产生这一主体

---

❶ 现代军队与卖淫合法化之间没有必然联系。所有的现代军队都要求男性接受强制性的、暴力的异性恋教育，非异性恋的行为常常会受到处罚。日本军队一直鼓励士兵频繁进行异性性行为。更充分的讨论参见 Driscoll 2005。

化过程的原因是，日本帝国主义在亚洲大陆扩张的第一波重要力量即日本性工作者（"唐小姐"❶"芸者""娼妓""女子军"）。然而，这些男性作家常常将性工作者和新的一批在殖民地城市工作的经济独立、独身的日本女性混同起来。❷他们使用"大陆毒妇""首尔贱人""大连蠕虫"等厌女症式的词语来形容她们。到了1920年，"歇斯底里"一词能够用来形容任何一位在亚洲大陆居住的单身女性。

帝国主义是女性的事业

在朝鲜和东北地区，日本殖民者的男女比例是一比一。这在殖民史上极为罕见。这一独特的历史经验导致许多人认为日本帝国是"女性的事务"。相比较殖民边缘地区的男性而言，女性"更善于说话、做生意、管理帝国事务"（MNNS，1921年10月16日）❸她们的职

---

❶ "唐行きさん"是日本人对19世纪末前往东亚和东南亚地区从事性工作的日本女性的称呼。
❷ 1919年10月2日的《满洲日日新闻》援引满铁的调查数据称，当年共有26135名日本男性和22260名女性居住在大连，并称，哈尔滨的日本女性居民比例更高。1915年满铁的北满调查报告称，日本女性的数量是男性的两倍。1920年9月7日的《满洲日日新闻》称满洲地区的日本居民总数为：73440名男性和69149名女性。历史学家木村健二举出1910年朝鲜政府采纳的当地日本人口数字是92751名男性和79792名女性（1989，12）。我查阅的《京城日报》（朝鲜殖民地的重要报纸）每年公布的数字一直到20世纪20年代初大约一致，女性数量增长缓慢。中国和朝鲜的城市有许多未经注册的女性性工作者，而满铁的调查是基于家庭单位（一直到20世纪20年代，18岁以上的日本女性的未婚比例是50%—60%），所以这些女性没有被算在朝鲜和满洲的官方数字里。因此有些当代评论者认为，在朝鲜殖民历史的头十年（1910—1920年）和中国东北地区的城市，日本女性居民的比例比男性稍高一些。这是日本殖民史上独特的一段时期。日本官方调查数字则显示男性比例稍高。
❸ 1916年至1925年间的《京城日报》有个常规栏目叫作"日本女性与殖民事业"（例如1921年10月8日那一期）。1921年9月21日的《满洲日日新闻》报道家，日本女性能够独自将满洲的边界扩展到从华北到蒙古的广阔地带。该报1922年4月16、17日的系列报道探讨女性和资本主义发展，称"殖民地的女性比男性更加适合做资本家"。

业包括法官、律师、银行家、警察局官员和侦探等。

虽然访问过日本殖民地的欧美人惊讶地发现大量女性占据了行政机关的职位,有些还身居要职,但是,日本男性帝国主义者总嫌殖民地女性过于独立、情欲过于主动。甚至大连和首尔地区有传言说,她们同时拥有好几个丈夫和情人(MNNS,1920 年 11 月 18 日),或者干脆拒斥男性(CK,1914 年 4 月)。❶20 世纪 20 年代末期之前,殖民地女性不希望依靠男性,所以她们在奉天和大连建立了由理发师、护士和性工作者资助的信贷联盟(MNNS,1920 年 2 月 1 日、4 日)。女性殖民者的经济和政治影响力使得当时有些人认为,日本现代女性主义不是由欧美开创的女性主义刺激产生出来的,而是来源于帝国边缘的日本独立女性的奋斗(MNNS,1918 年 5 月 17 日;KN,1923 年 6 月 6 日)。

毫无疑问,日本男性吹捧女性是帝国主义先锋的话语隐含着一个悖论,对日本女性在亚洲大陆的命运也是一把双刃剑。一方面,比如教师和护士,她们要承担帝国劳动力的感情和生育方面的工作,与被殖民者打交道,通过女性参与或经营的小店来照顾从事性工作的朝鲜和中国女性。❷另一方面,由于工作性质特殊,她们会被贴上歇斯底里的标签,因为她们浸染了"太多朝鲜人和中国人的气质"。所以,同化政策的实施者是日本女性,但人们却指责她们丧失了日

---

❶ 参见 1916 年 1 月的《朝鲜公论》,据称,4 名住在首尔的日本女子拥有多个情人,包括朝鲜人、中国人和俄国人(其中一位女子居然有 70 个情人!)。据《满洲日日新闻》1921 年 5 月 23 日的报道,1920 年大连的女性离婚率是日本本土的 3 倍多。
❷ 晚近的马克思主义女性主义研究将生育和情感劳动当作最根本的人类劳动形式。参见 Neferti Tadiar(2009)的颠覆性著作以及 Leopoldina Fortunati(1995)的著作。

本性,和被殖民的亚洲人过于相似或亲近。后藤新平的免疫学现代性要求,日本的身体与亚洲的病原体之间保持适当的平衡,如果病原体太多,帝国的免疫系统就会崩溃。

相较不受污染、头脑清醒的殖民地精英和商人男性主体而言,亚洲大陆的日本女性则被认为易受污染、脑筋糊涂,像一块肮脏的海绵一样吸收"非日本因素"。一旦女性形成歇斯底里的特点,病因则是道德缺失:她们从亚洲的他者那里"患上"或"染上"欲望和身份认同(Fuss 1995,107—140)。因此,在殖民地,朱迪斯·巴特勒所说的"女孩的女孩性"催使具有元歇斯底里特质的日本女性与被殖民者更加亲密地接触,满足同化殖民政策的日常要求(1993,7)。但同时,这不可思议的双刃剑使得日本女性获得了男性殖民官员所刻写的歇斯底里特质,这种特质包含着反日本性的负面特质,女性常常因此而关进精神病院,更悲惨的则在日本本土的家长制社会中嫁人,然后被锁在家里。

现代日本性学话语中的病原学强化了对女性的符号化,剥夺了女性的主体意志,她们的道德和精神特质无力抵抗他者。中村古峡是当时重要的性学期刊《非正常心理学》的编辑,他记录了一些在千叶大学的诊疗室里观察到的歇斯底里患者案例,有些人原来没有学过那些语言,却一夜之间开始说朝鲜语、法语和汉语(1930,17—19,31)。中村很快成为日本最有名的歇斯底里症专家,他的文章常常刊登在大众文化的女性杂志上。他关于歇斯底里的系列连载出现在了1929年至1931年的《主妇之友》杂志上,并于1932年集合成册出版。这些文章代表了"二战"前最具影响力的歇斯底里研究,值得我们进行考察。

中村在文章开头说,歇斯底里不是先天遗传的疾病,而且,极少是由女性的独特心理特质引发的(1932,1—2)。不过,他从未提及男性歇斯底里症患者。他反复宣称,歇斯底里的病因绝大多数是资本主义现代性本身,主要是"频繁接触未知人群"(3)。他对现代世界的分析重复了性学中的厌女症话语:"歇斯底里混同了她们的欲望和他者的欲望……这种欲望的交混近似于带着同情、移情和感激等自由生发的情感。但实际上,这些自由生发的情感乃是内在的自我中心主义,而歇斯底里的特征是外在的、积极的自我中心主义。"(4)

《歇斯底里的疗法》第二部分描述歇斯底里的一些症状,一开始是"注意力骤然转移至他者,伴随着强烈的爱憎"(Nakamura K. 1932,7)。他起先把第二种症状看作病因,后来又当作自恋的表现:"歇斯底里症患者总是试图吸引他人的注意,这也就是为什么她们会经历一个快速的转型阶段,获取他者的欲望,将其内化,然后占为己有。"(7)歇斯底里症患者很快意识到,她们的周遭环境不能积极地反映她们的欲望,所以,她们会寻求其他途径,在新的环境中寻找被爱的感觉。因此"他们很容易恋爱,纵情声色"(8)。中村结束这段序言时说,歇斯底里的基本形态包括"1. 好奇心;2. 虚荣心;3. 模仿心",导致歇斯底里症患者必然会混淆"幻想与现实"(8—9)。

该书是当时日本男作家关于歇斯底里最有分寸的论述❶,但它所

---

❶ 参见石角良之助的书(1927),该书把歇斯底里当作一种纯粹的生理现象,强调"无处安放的子宫"的特征,这与野庄汤木(Nosō Yugi 1930)的解释类似。性学家和优生学家泽田顺次郎 1916 至 1930 年间发表的约 10 本书也是对歇斯底里采用本质主义的解释。例如可参见他的《变态与犯罪》(1925)。

论述的核心主题——流浪，易受他者干扰，模仿他者的语言和习俗，过度性欲化——与20世纪20年代日本的其他著作相一致。这本书的主要内容是，将新兴的"新女性"和"摩登女郎"这两种都市主体性与女性的性方面的堕落联系在一起。这种对女性的诋毁是与日本当时国内的气氛相一致的，到了1930年，又和传统"日本文化"的保守话语结合在了一起。这些歇斯底里症的所指——流浪，模仿他者的语言和习俗，过度性欲化，过度独立而缺乏道德和主体自觉——都被组织进了殖民地边缘的另一种权力机器，产生不同效果。我已指出，殖民地边缘关于歇斯底里的描述暗含着性别因素的冲突，但是反而没有日本本土明显的厌女症话语。现在我们就把目光投向那些变异的殖民地文本。

接触与感染

歇斯底里原先只用来描述日本单身女性殖民者。其描述的广泛程度要求我们改变原先理解女性表征的框架，将日本的性学与心理学话语机制拓展至整个殖民帝国。如前所述，日本本土治疗资产阶级歇斯底里的方法是呆在家里或医院静养（Nakamura K. 1932, 134—142）；殖民地的疗法则是反其道而行之，因为社会上鼓励工人阶级和农民阶级女性出门打拼，拥抱外圈的资本主义和殖民主义生命政治。

森刚士是1914年至1918年首尔总督医院的精神科主治医师，后来负责领导新建的首尔精神病院，他常常在《朝鲜公论》上发表关于歇斯底里的文章，他认为那是女性殖民者远离日本本土的后果。他在1916年9月和10月的杂志上，分两期发表文章，认定歇斯底里是"现代文明的疾病"（CK, 1916年9月, 148—150），是现代发展进程中不断增长的精神和物质需要的主要结果。他先批评欧洲性学的本质主义（部分原因是因为，晚近的研究成果表明歇斯底里对男女均有影响［148］），他谴责欧洲学者纠结于淫乱的女性。这里，我们看到了一种自信的语调在谴责欧洲性学，并拒绝对歇斯底里做生物学解读。前一篇专栏文章介绍了以前的种种医学解释，然后说，日本殖民地的歇斯底里与欧洲的伪科学描述大相径庭。

在这篇题为"歇斯底里的症状与疗法"的文章的第二部分，他暗示说，歇斯底里症状的标准定义应该是日本殖民地**女性**的精神和物质处境，女性突然变成他的殖民地精神权力/知识的首要对象（CK, 1916年10月, 132—136）。文章中，森提出歇斯底里是一把双刃剑，女性被交替表征为过度和缺乏男性常规精神特质（思辨能力，克制性欲，情绪冷静，体魄等）。这些因素被视为"精神休克、迁居、奔波、流浪的现代状况"，换言之，殖民地"大多数女性的社会状况"（132）。森认为，在外人看起来，这些女性可能像是"异常独立、叛逆的性格类型……不服从任何权威"（133）。他报告说，这些日本女性实际上遍布朝鲜，大多数男性帝国主义者将她们视为"强悍、坚韧和独立的女性"，但实际上她们非常脆弱，需要医疗看护。

森的分析将歇斯底里部分归结为殖民资本主义社会中的工作女性的特殊症状。大多数去亚洲闯荡的日本女性都来自农民或下层阶级，她们一直在贫困线上挣扎。其中有许多人利用殖民者的优势地位，较便利地获得资本和商机,做一些小生意、社会工作或性工作。当然,这需要和朝鲜人、中国人及东南亚人打交道,而很少有男性会和他们产生友谊、情感和婚姻。

男性殖民者显然对女性与亚洲他者的亲密关系意见不一。例如,在《朝鲜公论》1916年3月的一期特别报道中,一群男性医生和专家讨论了他们对"殖民地女性"的看法(CK,1916年3月,85—92)。所有男性都同意,朝鲜和满洲有许多漂亮而有能力的日本女性。然后,他们(歇斯底里地)互相倾诉,生活在殖民地的女性多么有活力、会做事情,与日本本土的温顺女性形成鲜明对比(87)。其中一位作者叙述了殖民地人群的一个共识,即日本在亚洲大陆的帝国主义扩张根本离不开她们(88)。但是,离乡背井的现实造成情欲的"放纵"和普遍的道德沦丧。另外,这些女性"视男人为玩物"(89)。她们虽然只顾及自己的享乐和利益,却能在任何地方找到自己的"私"欲。对享乐和利益的追逐导致她们和中国人、朝鲜人产生亲密的商业、友谊及情欲关系。由于她们本性"自私""善变"和"敏感",所以她们"是执行我们的同化殖民政策的理想工具"❶。可是这些男性还担心,随着日本女性在亚洲深入展开工作,她们很可能迷失自我,而被"殖民氛围"所"同化"(87),出门在外的女性禁不住诱惑。一位男子大声发问:"就算她们有许多成功的例子……我们不是很容易看到殖民地正在使女性走向沉沦吗?""难道不应该采取措施治疗这种歇斯底里

---

❶ 这只是当时日本与亚洲人同化的性别特征之一。但要注意,这不等于"日本化",因为该文哀叹这些女性通过同化丧失了"日本性"。

吗？"（91，90）这就是它明确的意识形态双刃剑：殖民地状况再生产出歇斯底里，而同时，歇斯底里支持、增殖并强化日本的殖民帝国主义。歇斯底里症患者理解被殖民的他者，且容易受他们影响，成为男性殖民者与被殖民群体之间的联系和中介。但因为歇斯底里的感染性，日本歇斯底里患者很快与被殖民的他者混同起来，有些男性殖民者就会觉得这很危险。患有歇斯底里的殖民者的"敏感、善变和自私"品质被认为是在创造一个殖民权力的平行结构，实行更见成效的同化政策，而不是从上至下、父权主义的征服政策。然而，同等权力的平行结构缺乏父姓权威，所以很难掌控，容易使得歇斯底里的感染性失去控制，从而威胁男性殖民者的统治架构。❶

《朝鲜公论》有篇关于殖民地生活的揭秘报道栏目，颇受欢迎，名字叫"奇奇怪怪、变幻莫测、时隐时现"（CK，"Kiki kaikai hengen shutsubotsusen"，1913年9月），通常是石森诚一撰写的关于歇斯底里的调查性报道。报道借用了传统的通俗小报手法，1914年夏天发表的三篇报道描述几位"离巢"太早的美毒妇们的故事❷，表达了日本男性殖民者的性心理矛盾。一方面，石森看上去兴奋地为那些女性所诱惑，但另一方面，他嘲笑她们是殖民主义可悲的牺牲

---

❶ 本章我主要借鉴的是经典的女性主义精神分析，歇斯底里通常解释为对"象征界认同"的拒绝。这方面最好的著作是 Cathérine David-Ménard 的 *Hysteria from Freud to Lacan*: *Body and Language in Psychoanalysis*（Ithaca, N.Y.：Cornell University Press, 1989），译者是 Catherine Porter。我借鉴的另一篇重要文本是 Jane Gallop 的 *The Daughter's Seduction*：*Feminism and Psychoanalysis*（Ithaca, N.Y.：Cornell University Press, 1982）。

❷ 关于"毒妇"等形象的重要研究著作是 Christen Marran 的 *Geisha*，*Harlot*，*Strangler*，*Star*（Minneapolis: University of Minnesota Press, 2005）。

品，这种嘲笑就像男性去势心理在独立女性引人注目的形象上的投射（Doane 1989）。石森写道，他既"吓破了胆"，又"意乱情迷"，因为他要去调查这些"性感而神秘的女性……留情于朝鲜和满洲任何一个角落"（CK，1914年6月，115）。

他所调查的其中一位女性叫作"金齿龟"，她10年前来到殖民地，很快赢得"朝鲜和中国的生意往来"（CK，1914年6月，116）。她显然参与了一些捞钱的项目，比如伪造、恐吓和诈骗等洗钱行为。她的色相——无论俄国人、中国人、朝鲜人和日本人都会上钩——为她和银行家和商业资本家打交道起到重要作用（116）。她利用这些关系建起自己的小小帝国，她买得起汽车、成箱的军火等极其昂贵的物品（118），消费日本和朝鲜的小白脸（117）。据说她曾在酒吧枪杀过人，石森称有人见过她开枪（118）。暴力和诱惑的组合使她在首尔和釜山的赌场成为令人敬畏的角色。

石森先在首尔游荡，然后前往大连，他为读者提供了关于日本享有盛誉的殖民地城市详细的民族志调查。他对首尔的报道将读者引向殖民地腐败的地下黑市，中国军阀和日本诈骗团体在里面整夜赌博、喝酒。这些人由女司机带进地下黑市，根本无视朝鲜当局警察和日本宪兵。日本人在大连和当地的中国、俄国罪犯展开了激烈斗争。石森描绘了认同与欲望之间的复杂结构，导致殖民者与被殖民者之间的区隔变得极为流动。这份调查报道讲到好几例日本女性被殖民的男性买春；日本女人喜好"黑一点儿的男人"（CK，1914年7月，112）；日本男人为这些女性所陶醉，他们幻想着帝国边缘地区出现一个女性无所不能的世界。在此，石森称为"歇斯底里的金齿龟"的过度强大的女性改变了民族和种族权力架构。她的男朋友包括中国人、朝鲜人和日本人❶，肤色较黑，和她那白色的妆容和肤色形成鲜明对比。有人瞧见她逗弄她的情人，在他们脸上涂泥巴，好让他们显得粗犷些，而石森开玩笑说，他们不是那种"感伤的类型"，"不喜欢诗歌那种东西来助兴"（111）。她的黑色情人们当然不是柔弱感伤的男子，但他们仍然受她摆布。

《朝鲜公论》1916 年 6 月一篇题为"男人在女人身上寻找什么东西？"的文章认为，殖民地女性和日本"内地"的不同，"独立、善变、与被殖民者交流密切"，她们颇具魅力："如果这叫作'歇斯底里'，那么我们应该尊敬而不是鄙视它"（78）。这位男作者继续说，"所谓的歇斯底里看来是殖民地发展的重要因素"（79）。该杂志 1913 年 5 月的一篇文章描述一位"歇斯底里的"女性来到殖民地，参与非法的金融活动。作者形容她是个"荡妇"，又是一位"新女性"，自恋、短发、有男子气，然后使用诸如"流浪""飘荡"等性学词汇。他总结，这类歇斯底里的女性从日本本土来到殖民地，她要么做生意暴富，要么堕入花街柳巷（112）。

妓女与女强人的强烈反差强化了与朝鲜人、中国人接触和感染的联系。重要的是，这两组二元对立源自同一个原因：歇斯底里的生命政治主体化。无论歇斯底里的人成为精明能干的女商人，或是沦落到妓院，两者都被视为有助于日本帝国主义。不管帝国主义男性怎样在道德上叙述这些结果，他们全都承认，抢夺市场的"事业"和卖淫、买卖人口的"就业"都是日本在亚洲扩张的组成部分。

---

❶ 《朝鲜公论》（1914 年 7 月，111）描写她的日本男友高田的脸色"黝黑"。

殖民主义性学返回本土

田中香涯(1874—1944)与羽太锐治、泽田顺次郎,都是日本大正时期最重要的性学家。田中1921年开始主办颇具影响力的性学期刊《现代性学》,并且每年自己出书,发表长篇论述。很快,他成为日本社会大众了解歇斯底里、施虐癖和自恋等方面信息的主要渠道。❶ 他1929年开始专门写心理学原理方面的文章,介绍"性"的历史,涉及诸如日本殖民者与东亚被殖民者之间的通婚、东亚"女性优越主义"的传统文化、日本吸血鬼的历史、施虐癖、超意识❷和吃人等话题。他关注这些问题的部分原因是,他曾经在台湾殖民地负责领导一批学习卫生学的台湾学生,时间是从1897年至1900或1901年,受后藤新平领导。后来他回到日本,沿袭后藤的观点,并未中断他对日本殖民政策的支持,比如他认为日本的民族和种族构成是东亚诸种因素的复合体,日本殖民者必须善于尊重各个殖民地的"生命原则",同时要通过卫生和科学机构来改进殖民地。和20世纪头30年的几乎每一个日本男性行政官员一样,田中坚持认为,在东亚尊重生命原则,也就是要发扬和改进日本伟大的色情行业。作为一个在台湾工作过的日本精英,田中当然热情支持当地的卖淫执照制度。

歇斯底里与日本19世纪70年代起对性工作者的本质化相似,

---

❶ 齐藤光(2002)在《现代性学》重印本上的二十页评论是目前唯一关于田中的研究资料。Greg Pflugfelder 关于日本同性性爱的权威著作也有关于田中的一些有趣讨论(1999)。

❷ ESP, Extra-sensory Perception 的缩写。——译者注

两者常常被联系在一起，而建构起这种联系的是那些在殖民边缘工作的性学家和医生。我已经引用过森刚士的一些话，他是朝鲜殖民地最重要的日本神经学家，不过，把亚洲各地的日本性工作者符号化为歇斯底里的罪魁祸首则是田中香涯。当时他在台湾工作时写的材料很少留传下来，"一战"后，他却成为日本本土最受欢迎的性学家之一。

田中与陆军军医总监森林太郎❶持同样观点。田中一直批判欧洲性学，将其称之为"基督教的道德宣教"。他在1923年出版的畅销书《女性与爱欲》中花了很大篇幅讨论卖淫制度，尖锐地反驳克拉夫特·艾彬（Krafft-Ebing）批评性工作是"文明毒药"的观点（271）。他并不把性工作界定为低贱的情欲现象，而是坚称历史上每一个帝国都有卖淫管制制度，日本也不例外。他说，艾彬所捍卫的基督教帝国本身就可以追溯至卖淫制度（296），基督本人也买过春。根据田中的说法，这证明了"基督教国家的伪善"，他们"阴毒地陷害日本是最大的卖淫国度"（292）。如此一来，欧洲人有着"人类的动物本能的幻觉"和"日渐骚动的国家中，现代文明所造成的情欲驱力"的扭曲观点（308, 297）。由于"每个人背后都蕴藏着难以抑制的驱力"，他说"国家越是要镇压这些驱力，这些驱力就越是疯狂"（304）。他从历史经验中汲取证据，古罗马、叙利亚和神社合祀运动时期的日本都试图要消灭性工作，但全部失败了。最后，田中否定了压抑假说（即文明发展程度越高，则性压抑的程度也需要相应提高，以保

---

❶ 森鸥外的本名，他既是医学家，也是著名的小说家。——译者注

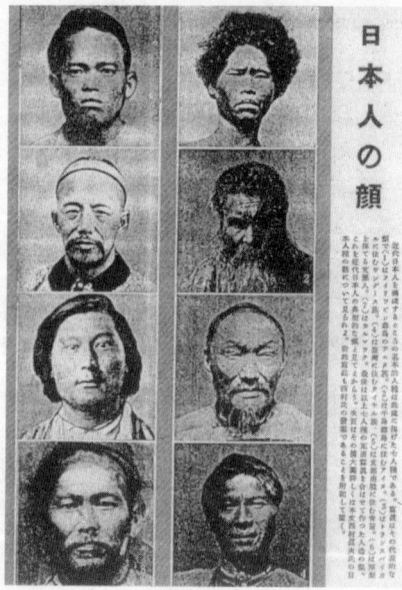

> 帝国主义混杂性。七种亚洲人组合而成的日本典型脸孔
  来源：《科学画报》1927年12月

持社会的总体稳定），呼吁"科学管理性驱力"，如果没有了情欲享乐，也就没有了"人生的乐趣"，"现代文明"也就失去了希望。

在 1925 年一篇题为"爱欲狂"的著名文章中，田中简要叙述他对歇斯底里和性工作的思考。他花了大约 20 年研究这个课题，包括在台湾的经历，以及在德国为期一年的研究。《爱欲狂》的前三章处理的是女性性工作者这个"棘手问题"。田中宣称自己"毫无保留"地支持卖淫执照制度。他的医学和哲学思想观点是，人类情欲不单单是生育功能，性工作在发达资本主义社会承担多种功能："虽然现代社会鄙视性工作者，但她们既满足了年轻男子的性欲，又创造大量商业利润"（7）。他 20 世纪 20 年代撰写的所有言论都批评一夫一妻制，因为这种制度无法满足所有男性的欲望，也无法满足一部分女性的欲望。他认可婚姻的部分社会功能，即抚养儿童，但他主要致力于批判欧洲性学的压抑理论，探究日本帝国如何建构的问题，以涵盖性学方面的某些根本原则。

田中和其他鼓吹男性异性恋欲望的日本性学家大同小异。但他的论述尤其粗鄙，他在《爱欲狂》一书中花了整整两章来解释，为什么卖淫执照制度不会对女性产生什么恶劣影响。他承认，大多数女性从事性工作是出于"社会经济"原因。现代资本主义导致巨大的贫富差距，贫穷的家庭别无选择，只能把女儿送入火坑。另外，日本有些绑架者专盯年轻而无知的女孩儿，把他们卖到国外当性奴（1925，36—37）。女性转向性工作有多种"外在"因素。田中讨论"内在"因素时，先警告说"妓女就是妓女，天生就是妓女"这种看法是悲哀的"现代社会偏见"。不过他觉得，确实也有一些女性是"天生的卖笑女"。他写道，这种女人性欲永远无法满足，她们心理上需要每天和各种各样的男人发生性关系。换言之,这种人患有"典型的女性性欲亢奋症"(22—23)。另外,她们躁动而永不满足的特质"近似于歇斯底里的症状":"患有歇斯底里或女性性欲亢奋症的女人不会满足于和丈夫一个人性交。由于她极端强烈的性驱力,这类女性不得不每天离开家,寻找其他性满足的途径。"(23)

他虽然没有坦率地支持歇斯底里的性欲亢奋症患者从事性工作,但他强烈暗示,妓院是她们的理想归宿。而且,尽管田中说了两遍"性驱力旺盛的女性没有生理性疾病",但他在《先天妓女》一章中引用了几家妓院的调查数据,说有30%的性工作者患有性欲亢奋和歇斯底里"病"(1925,36—37)。换句话说,虽然健康的性驱力只是许多现代女性的实际状况,但是,如果这种状况演变成病理性的症状,那么依据卫生学的生命政治条件,妓院是收容这些歇斯底里和性欲亢奋症患者的好地方。他建议说,这些女性应该从事服务于更加开化的、非基督教的文明的相关工作。因此,妓院相比精神病院,乃是更合适的选择(39)。

田中有两篇文章提及女性的情欲问题,但遗憾的是,他关于女性自慰和性高潮最详细的讨论文章在《人类性欲的黑暗面》(1922年)出版时被全部删除了。大部分情况下,他对女性情欲力量的痴迷并未促使他关注女性享乐的生理学原理。他讨论"女性性欲"最详细的是《女性与爱欲》一书(1923年)。不出所料,其中半数文章的主题是女性的歇斯底里。他展开讨论时用了两个论点:第一,男人和女人"平等"地通过刺激敏感部位而唤起性欲(初状态;11);第二,他反对关于荷尔蒙和敏感部位的客观"科学"探讨,这些探讨导致了人们对女性生理和心理缺陷的误区,而许多误区是从欧洲性学那里产生的："认为女性的性欲比男性弱,这种看法是错误的。"(10,11)他接着花了十页篇幅澄清这样一个事实,即女性的生育功能和性驱力之间没有直接关系:"甚至四五十岁的女人性驱力还是很旺盛……就算丧失了生育功能,性欲还能持久下去。"(15,18)他进而说,婚姻有损于女性的性生活,而单身女性拥有更理想的性生活:"大多数女性和丈夫做爱没感觉。"(23)他解释说,婚姻的"糟糕状况"证明了女性性欲亢奋症日渐增多,抑郁的妻子们会去造访"旅馆男孩",屡屡发生"性倒错"的状况。

虽然田中的著作明确反对欧洲性学的性厌恶和厌女症,但很明显,这种反对意见是为了建立日本式的、非基督教的对性的操控,这种操控更为现代、科学和文明。从19世纪八九十年代开始,日本女性半强迫、半自愿地移民至中国和东南亚从事性工作,然后,台湾、朝鲜和满洲的日本殖民地开始建立卖淫执照制度,日本的歇斯底里性学话语是在为帝国主义操控大众性欲问题而辩护。殖民边缘缺少"贤妻良母"的国体权力结构话语来遏制歇斯底里,所以,叛逆、绝育、经济上和情欲上不依靠男性的歇斯底里女性形象助长了某种程度的政府管制,这种形象甚至成为了那些在亚洲大陆生活的日本女性的模范榜样。歇斯底里症假设的情绪波动和过度敏感常被用来当作和"被殖民者真诚沟通"(KN,1921年9月8日)的理想心理状态,因而,被认为是发展日本帝国主义的积极因素。

第四章　顽固的农民和奇异化的朝鲜

不管它主观意图如何，客观上讲，东洋拓殖株式会社是在吸血。

——《朝鲜与满洲》，1912年6月

日本资本家在如此短暂的一段时期内偷窃朝鲜土地的普遍程度和暴力程度史无前例。

——金永苏（Kim Yong-Sop——音译），
《日据时期的地主制度与农业经济》

剥削直接生产者的方式是最残忍的野蛮手段，其动机是最见不得人的贪婪心。

——卡尔·马克思，《资本论》第一卷

殖民主义不是一部会思考的机器，也不是一具会思辨的身体。它是自然状态的暴力，唯有遇到比它更强大的暴力时它才善罢甘休。

——弗兰兹·法农，《全世界受苦的人》

空手道小将

许多日本帝国主义者有过和所谓"不屈的朝鲜人"打交道的经历，具体的接触方式则各有不同。例如，19世纪80年代初，日本小商贩用武术来强迫朝鲜人购买他们的劣质商品。这些市场流氓依靠黑帮老大和日本领事馆的支持，成为1876年《江华条约》日朝自由通商后第一批渗透至朝鲜农村地区的日本资本家。1885年完全掌握朝鲜农村的市场准入权之后，为非作歹、自由放任的日本人建立商业联合会，以便集体向领事馆和日本本土的政客施加压力，争取获得更多的保护和更便利的赚钱途径（Takasaki 2002）。日本领事官员基本上愿意支持商人的所有要求，但他们禁止日本赌徒设局敲诈手无寸铁的朝鲜农民。19世纪90年代初，领事馆不愿意支持金融诈骗，虽然他们想要帮日本商人打败朝鲜和中国商人（Kimura 1989, 95—97）。他们除了默许日本人使用柔道对付"不屈的朝鲜人"以外，还公开支持一伙叫作"竞轮商业团"的日本商人，这些商人威胁射杀朝鲜的乡下人，因为他们不愿意为日本的廉价商品和假冒春药支付高额费用。面对日渐兴起的抗议声，日本政府被迫屈服，于1898年解散这个商业团，而驻朝领事馆拒绝执行这个政府命令（Uchida. J. 2005, 39）。

武术与商业欺诈的结合使我们想起罗莎·卢森堡的主张，即资本主义总是"使用武力作为永恒的武器"。资本积累本身就是纯粹的武力。1895年中日甲午战争的胜利不但让日本拿到了台湾殖民地，还从中国商人手中抢得了朝鲜，从此日本商人在市场上大显身手。日本领事官员既不愿意限制竞轮商业团和其他作为战争延续的商业活动，又开始放松之前对信贷欺诈的严格管制。除传统经济以外的手段，比如柔道和空手道，现在又增添了现代的剥削手段，如信贷欺诈和赊销。随着新世纪的来信，空手道小将逐渐脱下道场武士服，换上英式西装成为派头十足的帝国主义者，成为资本主义银行家和地主。

不安分的移民

朝鲜的第一代日本拓荒者和村冈伊平治很像，贫穷的活跃分子在东亚的各个通商口岸为了自己的前途而放手一搏。尽管明治政府一开始对朝鲜就有总体规划，但帝国精英们失望地发现，1876年后唯一愿意去朝鲜拓荒的日本人是臭名昭著的投机分子、人贩子和商业诈骗犯。不过，精英阶层还是全力以赴，试图吸引勤劳的日本农民去为帝国主义做贡献：朝鲜农业。日本政府为农业移民抢占离通商口岸最近的优势土地，然后为他们提供自由通行证。日本当局预先提示那些投机分子和其他资本家说，他们能在朝鲜"一攫千金"。1883年颁布了《关于在华和在朝日本人的管理条例》，该条例称，政府将驱逐那些不受当地欢迎的投机分子回国。然而，正如木村健二所指出的，东京通过的新条例并未阻止不安分的日本移民涌入，领事馆欢迎任何日本人来朝鲜（1989，24—25）。

到通商口岸以外地区活动的日本地主出现于1885年之后，空手道小子和高利贷团伙以索债的借口侵占朝鲜人的土地。日本资本利用"友善"的高利贷政策，抬高赊买日本商品的借贷利率，迫使朝鲜自耕农最终沦落为佃农。随着中日甲午战争以后的贸易升温，许多日本投机分子一夜暴富，成为空头地主（Uchida J. 2005，35）。这种状况一直延续到1905年日俄战争时期，当时朝鲜是日本的受保护国。许多人呼吁日本将朝鲜全面吞并，所以，帝国精英开始严肃考虑农业移民的全盘政策。当时大多数日本人心里瞧不起去朝鲜种田，就像18世纪的英国帝国主义者们轻蔑地称呼他们自己的农业移民为"去刨土的家伙"一样（Williams 1994，4）。

1907年2月，前台湾总督兼三度日本首相桂太郎着手提出建立一家金融机构，帮助农业移民移居朝鲜。随着日俄战争结束，桂太郎愈发对以军事为主导的殖民统治感到不满。他认为，军事费用占用了大多日本国内资源，而驻扎殖民地的军事人员常常轻视商业和实业。这种态度阻碍了日本从新的领土中获取利润，所以急需一种以商业和人力资本为主的政策导向。毕竟，军事力量已经镇压过台湾的反抗势力，然后1898年以后退出主导地位，这种殖民策略被证明是成功的。为什么不在满洲和朝鲜殖民地复制后藤新平的成功策略呢？

桂太郎向日本帝国主义的主要政策团体"台湾协会"提出自己的想法。他发表演讲的对象包括日本帝国的几位重要角色，朝鲜总监兼前日本首相伊藤博文、陆军大臣寺内正毅和满铁总裁后藤新平。桂太郎回顾了过去10年台湾协会扶持的一些成功活动。他首先祝贺设在东京的协会学院成功培养了大批殖民官员，然后请他的听众们设想一下，如果同样的政策在东北亚实施开来，将会创造多少财富。当中国苦力在南满辛苦地为日本殖民地建造时，桂太郎开始把注意力转移到拉康所说的"能指劳动"（labor of the signifier），因而把协会的名字变更为"东洋协会"（Yamane 1976，201—202；Lone 2000，140）。

东洋协会立即着手实施其意见，1907年10月在首尔开设了第二所培训学校，以满足殖民地对会说朝鲜语的日本官员和商人的需求。然后，亚瑟港❶开设了一家较小的学校，第四所学校于1910年在大连建立。桃太郎和后藤新平并未满足于台湾的优异成绩，他们希望东洋协会能够在亚洲大陆有更大的影响力。毕竟，军事和商业成就虽然有口皆碑，但是那些能干的、能够让朝鲜贱民学习的日本模范公民还不愿意移民至殖民地。日本需要一个金融和宣传工具来加大移民力度，东洋拓殖株式会社❷应运而生。

东洋拓殖把英国的东印度公司拿来作为自己的榜样，满铁两年前也曾这么做（Kimijima 1973，41）。❸当时没人察觉到一个明显的悖论，即一家移民机构居然以一个殖民剥削的公司为学习楷模。果然，朝鲜总监伊藤博文表达了对大规模日本农业移民的保留态度后，日本国会于1908年通过了东洋拓殖的公司章程，按照新的章程，公司的宗旨有两个：一是榨取利润，二是协助日本农民移民朝鲜。

榨取利润和协助移民，这两项事务之间的冲突成为日本殖民主义的一个根本性悖论，朝鲜殖民地尤其体现了这一点。东洋拓殖用

---

❶ 旅顺的旧称。——译者注
❷ 以下简称"东洋拓殖"。——译者注
❸ 满铁和东洋拓殖同为东印度公司的仿冒品，前两个机构常被拿来做比较，东洋拓殖稍逊一筹。参见《满铁与拓殖》，载《朝鲜与满洲》1911年12月，第10页。

了两年时间，从负责安置日本农民的机构转型为东亚最大的土地持有者。用金永苏的话来说，那些公司董事是在大规模窃取朝鲜土地。虽然学者们倾向于论述东洋拓殖在行政方面的低效危机（Duus 1995；Kurose 2003），但我想从中探寻一种本体论欲望，这种欲望驱动着帝国资本主义以各种方式去猎奇。在朝鲜，反殖民斗争阻止了大规模引进日本农民的计划，促使殖民政策转向，这个转向反而极大地迎合了日本投资者和持地资本家们的欲望。

日俄战争以后政治图景变化巨大，最初印证了桂太郎、儿玉和后藤三人的想法。他们三人强调，日本必须立即派大量移民至朝鲜和满洲殖民地，那里需要大量殖民者来落实日本的战略新优势。儿玉希望有 50 万名移民去满洲，以威慑俄国军队发动新的战争，而后藤则希望日本农民去满洲和朝鲜等"落后地区"经营更优越的商业模式。截至 1908 年秋，日本政府采取的是"满—朝移民集中论"。不过，朝鲜土地上的斗争使他们的美梦破灭了。

1907 年 5 月，东洋协会秘书长小松原英太郎来到朝鲜考察，确认是否能够在朝鲜人中间安插一些日本农民，以便更好地发展朝鲜农业。他的调查结果并未支持输送移民朝鲜的计划。小松原重申，通商条约限制了日本人购买朝鲜土地，他还预言，那些已经买了土地的日本人也没有意愿去耕种它，他们满足于收取朝鲜佃农的田租。他视察发现日本商人普遍的腐化堕落状况，日本地主就像好吃懒做的寄生虫，他感到有些悲观，朝鲜的殖民化进程竟然开头如此不顺。他敦促殖民者和当地官员牢记，日本的目标始终是"改善农业发展局面，深化日本人民和朝鲜人民的友谊"（Duus 1995，305）。

充满欲望的去殖民化运动

小松原和其他东洋拓殖成员虽然亲眼目睹了一些苗头,但他们1907年返回东京以后,对于最近发生的朝鲜第一次大规模起义运动的原因迷惑不解。起义军的攻势蔓延至1909年2月,1907年夏和1908年达到顶峰。东洋拓殖如果之前大规模安插日本农民到朝鲜农村,那么,面对朝鲜如火如荼的反殖民运动,肯定会发生大量伤亡。朝鲜人坚韧的、有组织的反抗运动震惊了日本军事高层,而后者还沉醉在1905年击败俄国的洋洋自喜。关于起义本身已有详细的研究(Kim C. 1967;Kang C. and Iinuma 1982;Shin 1991);这里我想强调的是,反殖民的欲望反而驱使日本帝国主义采取更为复杂多样的方式来进行政治监控和榨取利益。我已在第一章中揭示了对中国劳工的欲望生产的奇异化,这种奇异化导致日本大量使用中国的廉价劳工,减少使用日本工人,以便快速积累资本。在日本最大的殖民地,朝鲜,去殖民的本体论力量同样导致东洋拓殖转化为一个如巨怪和吸血鬼一般、拥有大量佃农的地主,本章开头《朝鲜与满洲》杂志的题词所评论的就是这个现象。

东洋拓殖一开始运作,在日本和朝鲜的资本家就对其口诛笔伐。自由贸易主义者在《东京经济杂志》上表达他们对政府干预市场行为的不满,不断攻击满铁和东洋拓殖。截至1910年春,东洋拓殖已放慢移民计划,而该杂志的编辑谴责政府不信任市场的力量,缺乏商业头脑。据该杂志称,东洋拓殖的管理层的"失败咎由自取":"管事儿的人都是军事和行政官僚。"(1910年4月16日,648)❶

---

❶ 引自 Moskowitz 1974,96。

机构臃肿的东洋拓殖大多由心狠手辣、不肯罢休的商人组成，他们1876年便开始在朝鲜开拓市场，而朝鲜的日本商业界对东洋拓殖也多有诟病。商业界的利益隐藏在许多殖民地刊物内容中，其中有一份刊物是著名的位于首尔的月刊《朝鲜与满洲》。自1908年创刊之日起，其作者群就不断谴责东洋拓殖。一篇分为两栖连载的文章介绍了东洋拓殖的商业领导人，一位笔名为"喜马拉雅山人"的作者写道："东洋拓殖肯定有许多骗人的地方。就笔者所知，这是一家无能、无为的机构……人们唯一能找到的'拓荒'成绩是它的名字。"（1910年1月，80—81）这位作者介绍东洋拓殖的高层人物时，笔调尖酸刻薄。第一任总裁宇佐川一正据说："虽有30年的军队经验，却异常无能。副总裁吉原三郎大致上很糟糕。从上至下，那些员工只会吃皇粮。"（81，84）这篇文章的第二部分中，作者区分了日本殖民者和东洋拓殖官员之间的阶级差异："不同于在朝鲜老老实实挣钱的普通日本拓荒者，宇佐川和吉原等东洋拓殖的蠢货根本没有拓荒精神——他们活在自己的世界里。我很怀疑那些人是所谓的'发展朝鲜的英雄。'"（COM，1910年3月，60—62）

朝鲜的另一份主流刊物《朝鲜公论》与总督府有联系，所以不能像《朝鲜与满洲》那样公开批评。但《朝鲜公论》也认为有必要处理公众对东洋拓殖"失败"的普遍焦虑。该刊1913年5月这一期的主题是"东洋拓殖的混乱现状"，作者先是承认满铁和东洋拓殖是日本帝国主义在亚洲的商业灯塔，接着说："公司最近的商业中心正在背离人们对它的期望。众所周知，他们的主要宗旨应该是帮助日本农业家在朝鲜拓展市场。我们殖民朝鲜最重要的目的是同化当地人，如果没有拓荒者，这根本完成不了。"（1913年5月，2—3）编辑开篇希望日本殖民者降低他们的期望值，隔了两页，则直接讨论东洋拓殖的失败问题。该刊编辑直接质问公司领导层"无视当初设立公司的宗旨"，东洋拓殖"证明自己是殖民事业的耻辱"："我们只能揣测失败的原因，不过，移民协助主要处理的是人事关系。遗憾的是，该公司的领导层主要来自军队和银行。"（5）

许多关于东洋拓殖的报道都显示出对军人干涉商业的强烈质疑。虽然日本军队的战绩广受肯定，但人们普遍认为军队轻视贸易和金融资本。自东洋拓殖1909年在首尔建立总部起，宇佐川担任5年的总裁期间，他30年的军旅生涯就饱受质疑。东洋拓殖无视"直接移民朝鲜"的宗旨，所以一事无成。

被奇异化的朝鲜

事实是，东洋拓殖在创立刚开始几年间非常活跃。另外，学术界一致认为东洋拓殖的角色，用卡尔·莫斯考维兹（Karl Moscowitz）的话来说，是"朝鲜最大的佃户地主"（1974，3），不过，它拿到这么多地的原因众说纷纭。有证据表明，东洋拓殖的殖民猎奇发生过重要变化，从强调移民转移到强调以地租和高利贷的形式榨取朝鲜人的剩余价值。这一转换的效果可以在历史文献中找到（Kang C. and Iinuma 1982；Weiner 1994；Kurose 2003）。最重要的是，朝鲜农民的佃租急剧上涨。1918年殖民地总督府的土地调查表明，40%的朝鲜人没有土地；如果加上那些只拥有一丁点儿土地、还是需要依靠地主种田的人，那么这个数字将增加到55%。虽然数字的准确度还有待讨论，但大多数学者同意，截至1930年，日本总督占有朝鲜大约55%的土地。第二个重要结果是，东洋拓殖事实上放弃了移民政策，而造成这样一种局面，日本最高领主待在城市里坐等收钱，而把乡村留给朝鲜佃农和亲日地主。与其相关的另一个问题是，如果东洋拓殖要扶植发展的话，那些日本农业拓荒者会有什么反应，人们关于这个问题的理解有一个转变。1907年末最详细的一个提议是，计划第一年移民1万人，第二年2万人，第三年3万人，之后每年1万人。1908年，东洋协会的野田宇太郎告诉日本国会的一个委员会说，截至1920年，日本务农者将达到35万至50万人（Aoyagi 1923，659）。

然而，在1911年的1235份移民申请中，东洋拓殖只接受了160份。截至1920年，只有3921名东洋拓殖赞助的农民移居朝鲜。1914年，野田已经是东洋拓殖的副总裁，他告诉记者，他的公司无需回应经营"失败"的批评。他冷冷地说，他们负责的是东洋拓殖的股东们；如果分红减少，股东们就把资金投到别的地方去。野田承认，鼓励日本人移民朝鲜是一项重要任务，但这对公司股东们来说，利润率太低："在一个像朝鲜这样刚开发的地方，首要原则是增加投资回报率……如果利润不及日本本土高，那朝鲜永远发展不起来。"（引自Duus，301）

一位研究东洋拓殖失败的移民项目的韩国学者认为，政策转向的原因与朝鲜人民的反殖民、争自由斗争大有关系。金勇纪（Kim Hyun-kil——音译）说，朝鲜人坚持不懈、一日不停的仇恨注定了日本农业移民计划的失败（1971，73）。东洋拓殖不是第一个资助农业移民的官方组织；第一个组织诞生于1907年至1908年间，那时东洋拓殖连名字都没有。那些试图移民朝鲜的日本人报告值得我们加以重视（Aoyagi 1923，668—672）。即使日本拓荒者没有遭受肉体上的攻击，那些村庄里的朝鲜人也会在精神上孤立他们，而这些日本人抛弃了本土的一切，只身漂泊异乡。这迫使当局修订同化政策，好让日本人从朝鲜人聚居的乡村转移到更靠近日本军队和警察基地的地方，或者是转到城市社区。当地媒体的第一手报道至今仍然存在。❶

1912年5月，《首尔每日报道》的两名记者在各地调查那些受东洋拓殖资助的移民，调查结果刊登在6月21日和22日的报纸上，部分内容提前刊登在了《朝鲜与满洲》杂志，题为"访问东洋拓殖移民"。日本移民诉说了他们"悲惨"的生活。他们说自己生活在对朝鲜邻居的恐惧之中，并且，对东洋拓殖也没有好评，他们称它是"冷酷的当家"。记者吹嘘说，这是日本读者第一次发现移民生活的真相，没有经过首尔的东洋拓殖发言人"花言巧语"的过滤，那个发言人"几乎是在颠倒黑白"（COM，1921年6月15日，13）。通常是五至七个日本家庭聚居在一起，和其他朝鲜家庭形成空间上和语言上的隔离。他们抱怨说，居住的房子像狗窝一样差，而财产税比日本本土还要高，倔强的日本人拒绝任何关于现代农业技术的指导，而这正是他们来到朝鲜的初衷之一（14）。几个日本家庭承认，他们刚刚放弃务农，准备把土地租给朝鲜佃农，像东洋拓殖一样做地主。他们告诉记者，他们不觉得转做地主有什么"见不得人"，但每年收租的时候，就会和朝鲜人发生冲突，那些人"就是不给钱"。这篇报道的

---

❶ 有些日本殖民者为了反驳关于温顺的朝鲜人的官方论述，开始发表一些亲历者自述。其中最有名的之一是《朝鲜孤旅》（Ugaramon 1914）。这个信息来自 Helen Lee 出色的博士论文（2003）。

结尾是，几位诉说他们对朝鲜人和东洋拓殖的怨气。其中一位移民抱怨道，东洋拓殖每年依据大多数移民的抵押贷款收取5%的利息，但他们什么事情都没做——就像个银行（14）。

日本移民与东洋拓殖之间的关系有两层意思，日本移民没能挣到足够多的钱来为自己的拓荒行为找到理由，而东洋拓殖则无法向它的股东们交代，所以两者都抛弃了现代化和文明启蒙的目标，转而直接剥夺朝鲜人的土地和劳动。青柳纲太郎对日本移民转型的描述也反映出《首尔每日报道》的采访所揭露的悖论，移民们自觉指出，他们成为地主道德上没有什么可指责的，他们只是想踏踏实实挣钱，在严酷而陌生的殖民地存活下来（Aoyagi 923，33—37）。日本移民觉得，地主和佃农的法律契约关系无论在金钱还是现实生活方面都比较牢靠。当然，这些契约不过是马克思所说的"合法抢劫"，地主收取的田租高达农民收成的45%—75%。朝鲜佃农常常要把他们收成的3/4交给地主，因为东洋拓殖颁布了新的法令，契约早在农作物成熟之前就已经签订好了。有些东洋拓殖扶植的地主收租率高达90%。❶显然面对这么高的租税，朝鲜农民不得不去找日本银行或者朝鲜和日本高利贷者借钱，最终结果是，越发深陷于帝国资本主义的魔爪之中。于是一幕幕惨剧发生了，债台高筑逼得农民把女儿送入火坑，或者把儿子卖到

---

❶ 朝鲜土地经济研究所在《朝鲜土地租佃制度研究》（Pak 1966）一书中引用的数字是90%，引起广泛争议。该研究所还说，朝鲜佃农"不论收成好坏"都要上交固定的田租，这与东洋拓殖的内部档案不符。参看东洋拓殖株式会社（1939，40—41）。埃德温·格雷葛特（Edwin Gregart）1994年的权威著作研究的是朝鲜殖民地的土地所有制，质疑了朝鲜土地经济研究所的许多过分言论。但是，他并未否认东洋拓殖在10年内拥有的土地总量增长了3倍。

日本去打工，有时甚至整个家庭都卖给了日本地主（Kim Hyun-kil 1971，104）。

当然，许多人反抗日本人的占领，参加游击队运动或者进行各种秘密破坏活动。贱民的军事抵抗运动总是由多种原因而形成，但被捕的义勇军侦讯报告表明，他们有一个共同的目标，那就是将侵略者赶出家门，不让他们抢夺自己的资源和剥削劳动人民的血汗（Kim 1967，卷1）。被问及是否害怕时，32岁的康萨木（Kang Sa-mun——音译）回答道，日本在朝鲜执政并不合法，他们是在偷窃"朝鲜的森林、河流和土地"（Duus 1995，226）。朝鲜起义者甚至在日本军队的宣传品《朝鲜暴徒讨伐史》中传达了他们的愤怒之情（Chōsen Chōsatsugun Shireibu 1913）。没有一位被捕的起义者相信日本人的宣传，即日本侵略朝鲜半岛是出于发展经济、传播文明、加速现代化的仁慈目的，他们反而会认为，如马克思的本章题词所说，资本主义殖民运动"剥削直接生产者的方式是最残忍的野蛮手段，其动机是最见不得人的贪婪心"（1977，928）。

重新思考福柯的生命政治概念也许有助于我们理解朝鲜人的普遍贫困状况和绝望之情，以及这一惨剧促使他们中的一些人拿起刀枪甚至赤手空拳参加起义的原因。毋庸置疑，日本移民自由地来到朝鲜以后，殖民主义生命政治改善了他们许多的贫困处境，有些人不再耕田，转而收租去城市里享乐。还有一个明显的事实是，日本股东和东洋拓殖的管理层腰包鼓了起来，如川岛（Ken Kawashima）所说，土地征用和财产转移造成"朝鲜农村社会关系断裂"（2009，26—27）。反殖民主义学者川岛和金勇纪详细介绍了朝鲜农民的悲惨境遇，他们"逐渐成为流浪的、一无所有的农民，只能用自己仅剩的身体当作出售的商品而付出劳动"(27)，这两位学者认为，我们不应该忽视福柯生命政治的另外半句警言：任其死亡（laisser mourir）。虽然日本殖民者试图收买一些朝鲜贵族，以"改善生活"，但1909年义勇军被血腥镇压之后，朝鲜殖民生命政治的总体效果是提升了日本殖民者的生命质量，同时，任被殖民者死亡,或者竭力压榨他们的身体直至过劳死。篇幅所限，在此我只举两个例子。姬英宋（Insong Gill——音译）证实，日本在朝鲜的所作所为不但为日本人提供了生活资料，提升了生命质量（尤其是从1920年开始，那时殖民政府将朝鲜生产的绝大部分大米送至日本本土，后来的输送量高达本国大米需求的40%），还帮助殖民者从朝鲜人的身体上剥削利益。姬英宋使用人体测量学数据表明，在日本人生命质量提高的同时，朝鲜人的身体却自20世纪20年代中期起开始萎缩，因为日据时代朝鲜人的卡路里摄取量下降（1998，124—126）。张勇杨（Chung Young-Iob——音译）所说的"日据时代朝鲜人食物消费量的绝对减少"导致朝鲜人60年代的身高刚刚恢复至20世纪头十年的水平（2006，291）。

第二个例子是劳动者收入实际减少。如果我们把一小部分都市职业精英剔除，那么日据时代朝鲜人的工资收入实际上是在倒退，仅为1910年水平的87%。虽然每年工资上涨3%，但物价上涨抵消了工资增长。与缩水的实际工资相反的是,劳动生产率却提升了7%，其间的差价正好落入了日本企业的口袋里，许多日本企业的利润率高达30%至40%（Chung 2006，276—280）。朝鲜流动人口中的失业者和贫困阶层逐渐增多，而剩余价值劳动市场却因为民族歧视政策而压低工资水平，朝鲜人的贫穷与殖民者的压迫催生了劳动生产率的提高——在赤裸裸的生命政治经济中，日本人的生命质量提高了，而朝鲜人，则任其死亡。

无可争议的是，最初几年负责制定东洋拓殖政策的军队领导层是当时最了解 1907 年和 1908 年朝鲜反日运动的一批人。首任总裁宇佐川的一些密友曾经直接参与镇压起义。我认为，事实并非如日本媒体所说，军人缺乏商业头脑，恰恰相反，军队最清楚朝鲜的治安环境和反日暴力情绪。那些政府官僚还停留在 1907 年鼓励移民的那套旧观念中，只能用谎言和政治宣传来勉强对付日益高涨的反日情绪。而事实是，朝鲜人开始意识到，用法农的话来说，"被殖民者只能在暴力行动中、并且只能用暴力的手段才能争取汽油"，"新生的种子，必须在移民腐烂的尸体上萌芽"（1968，86，93）。

反日抵抗运动始于 1907 年春，在数位游击队领袖遭到逮捕后，结束于 1908 年年末至 1909 年年初（Iwanami Koza 1992）。东洋拓殖 1909 年 1 月在首尔设立办事处，并着手初步调查帮助日本移民落户朝鲜乡村的适宜办法。然而，东洋拓殖面临的治安条件日益恶化。军队报告和殖民地媒体反而透露，有一股日渐蔓延的抵抗势力显露出前所未有的武装起义倾向。虽然义勇军基本上被消灭了，日本人所说的朝鲜"暴徒"却一直持续到 1909 年。作为回应，1909 年 10 月，愤怒的军方针对全罗道义勇军残余兵力发动焦土式进攻，代号为"平定南方"。东洋拓殖获知日本军方和媒体相关报道，他们肯定知道朝鲜的抵抗力量绝非孤军作战。

报纸《京城新闻》针对民众对首尔至釜山的新建铁路抵抗运动，开始每月报道朝鲜"暴徒"所造成的破坏。该报引用警方简报，称抵抗运动从1909年1月末兴起，止于5月初（"Bōto shutsubōchi higai ichiran"，1909年5月11、12、27日）。一个月后，该报惊讶地承认，游击队领袖遭到逮捕的消息并没有降低抵抗运动的力度（1909年6月26日）。实际上，原本采取武力手段的抗议活动也开始越来越暴力化，例如，500名失地佃农在首尔的日本宪兵队门前游行示威，威胁烧毁宪兵队大楼（Keijō Shimpō，1909年6月8日）。数月后，《京城新闻》10月31日的周日社论呼吁对朝鲜人进行迅速而无情的镇压。该报编辑声称，"和平的治安环境"正遭到威胁，"西方人和朝鲜人缺乏我们日本国民的人格自尊和素养，这没什么好大惊小怪……（但我们不容）今天朝鲜农村那样反动、顽固的暴力事件继续蔓延下去……暴徒数量不减反增"。

殖民资本对欲望的形式吸纳

把朝鲜农民主体化为头脑发热、顽固守旧的人，这是一种典型的殖民主义话语。虽然日本统治者花了很多年时间来生产所谓的"朝鲜性"❶，但这种主体化过程发生在朝鲜成为日本保护国时代（1905—1910年）的初期。残酷镇压和清洗朝鲜抵抗力量的一个方面，是把"朝鲜性"看作中国苦力所不具有的品质：毫无根据地自高自大、血腥暴力、顽固守旧。鉴于朝鲜人的这些国民品质，帝国统治者决定伸张"大义"，

---

❶ 当时关于朝鲜的面向日本普通读者的介绍性书籍有许多，有代表性的是清水橘郎的《朝鲜事情密谈》（1895），用萨义德的话来说，"报道"朝鲜（参看萨义德的著作《报道伊斯兰》。——译者注）。

告知朝鲜人两件事情：一，他们和日本人有着共同的种族和文化历史；二，日本是唯一一个实现现代化的非西方国家，所以朝鲜人应该追随日本。他们不应该仇视，而应该感激日本同胞来做他们的监管人和指导老师，教给他们现代政治的管理技术和现代资本主义的武术。

朝鲜的两份日语月刊始终在讨论下面这个问题：朝鲜人能够为日本帝国所同化吗？《朝鲜与满洲》和《朝鲜公论》杂志各有对策：前者认为，日本人和朝鲜人的接触应该限制在一定限度之内，并禁止异族通婚，而《朝鲜公论》则主张威权主义的军事统治，并于20世纪20年代鼓吹日朝通婚。不过，这两家刊物都已意识到，经受最初出人意料的顽强抵抗之后，日本殖民者应该大幅度调整殖民策略。

东洋拓殖的领导层很快适应了朝鲜人的反抗，并将其奇异化。他们搁置由日本农民主导来对朝鲜农业进行昂贵的现代化大发展，转而尽量保存原有的乡村体系。他们肆无忌惮地剥削朝鲜人的剩余价值，以至于东洋拓殖变成马克思所说的"异化统治政权"，强制实行高额田租和高利贷。用金勇纪的话来说，日本殖民者"研究了朝鲜土地情况……然后从朝鲜傀儡政府和乡村结构内部获取投资利益最大化"（1971，7）。

因此，殖民资本主义的形式吸纳要求巩固乡村领域的前现代权力结构，趁机利用传统"两班"贵族精英的斗争来驾驭19世纪末酝酿产生的阶级冲突，以维护他们的地主权益，镇压农民运动（Matsumoto 1998，25—26）。根据金永苏的研究，"封建农业体制根据资本主义管理原则来运作……所以与过去相比，'地主—佃农'关系作为一种制度极大地增加了地主和资本家对农民阶层的剥削"（引自 Pang and Shin 2005，146）。东洋拓殖的实际做法是，把乡村中的阶级冲突引向对殖民者和资本家有利的奇异化方向。浅田乔二借用马克思的"形式吸纳"概念，他分析说，日本殖民化进程把乡村的阶级斗争转化为了资本主义支配下的"殖民—被殖民"结构（1968，第一章和第三章）。布鲁斯·卡明斯（Bruce Cumings）总结道，去地域化的日本移民不断地争夺土地，加上1912年总督颁布法令允许土地私有化，这导致"土地日益集中在少数人手里"，造成"世界罕见"的佃农惨剧（1981，43）。

让我们重审那头将朝鲜奇异化的双头怪：一个头是东洋拓殖株式会社，通过土地测量和调查来履行其经济和生命政治权力；另一个头是日本军队，其驻兵控制整个殖民地。这只双头怪是日本帝国为了应对朝鲜人民寻求独立和正义的事业而制造出来的。福柯的箴言"人口知道它想要什么，但不知道什么在作用于它"，解释了这种将朝鲜奇异化的生命政治取向（2007，105）。但还有另一种更加复杂的奇异化。日本空手道小将的去地域化欲望控制着殖民地的运行模式，东洋拓殖这家商业资本公司把下层阶级的日本移民组织进他们自己的霸权计划中，最终两方面势力融为一体。

20世纪第二个十年，欧洲列强由于"一战"而亟需吗啡和海洛因，日本制药公司因此大捞一笔，而一种新的奇异化技术在殖民地出现了。日本商人贩卖的吗啡1916年和1917年才在首尔和釜山出现，而"一战"后大正制药等日本制药公司急需开拓新的市场以销售他们利润很高的吗啡制品。所以，朝鲜总督介入进来，采用必要的"非经济力量"来打开殖民地药品市场。1919年年初，他们突然开始打击鸦片和烟草业，而把吗啡制品流通合法化。短短数年，有10万名朝鲜人吸食吗啡上瘾，这一策略可谓一箭双雕，一方面平抑并削弱了被殖民者的力量，另一方面为殖民者赚取大量利润（Kurahashi 2008，24）。❶

---

❶ 约翰·M.詹宁斯（John M. Jennings）称朝鲜殖民地泛滥的日本毒品是"鲜为人知的瘟疫"（1995）。

附录1 朝鲜人挨打；我，日本殖民者，挨打

1919年3月1日的朝鲜独立运动是日本帝国统治半个世纪以来最大的威胁。朝鲜人尊称为"三一运动"的抗议运动起先聚集在首尔，然后很快蔓延至各个城乡。经过10年严酷统治,似乎朝鲜人驯服了，日本殖民者尽情剥削朝鲜土地、劳动和生活，他们面对突如其来的群众动员感到猝不及防。和10年前血腥清洗朝鲜南部地区一样，日本军队这一次的反应同样无情，粉碎和平示威，逮捕人数高达4万人，杀死大约7万人（Pak1920；Kim1967）。

日本精英为应对游行抗议活动，重新拾起那套曾经在台湾和朝鲜都使用过的帝国主义二元对立范畴（文明/野蛮，理性/非理性），斥责这次的游行是"野蛮"而"盲目"的（CK,1919年4月,4—8）。指称朝鲜人不愿接受日本文明开化的另一个新词是"愚民"。愚民不是日本人在20世纪头十年循循善诱教导的那些淘气小孩或野蛮人，而是朝鲜的成年人，他们固执地拒绝承认日本付出巨大牺牲提携朝鲜进入现代化世界（33—34）。镇压行动极大地影响了日本的国际形

象，等到游行快被日本军队平息下去时，《朝鲜公论》的编辑开始把目光转向现实中的愚民：游行运动的朝鲜男性头目。1919年5月的社论"朝鲜暴动与总督政策的改善"总结了这些顽抗的男性领袖："称他们为现代人太过了，但这些知识分子的确为暴动提供了思想资源。其他人参与是因为被这伙人所威慑……这些男性知识分子使用了一些催眠、迷惑大众的招数。暴力、非理性的观念早就传输到了良民脑中。"（2—3）根据《朝鲜公论》的说法，这种迷惑人的招数是欧美思想中的"民族自决"观念。这一思想起源于欧洲，最近又被美国总统威尔逊所提倡，现在又被朝鲜男性知识分子拿来机械地重复，污染了正派的、热爱日本的朝鲜公民："（民族自决）造成了首尔光怪陆离的现状……这是我们殖民地时局混乱的主要原因，还干扰了我们开导和教化朝鲜的核心任务。我们要重新专注于自己的任务，不要让西洋思想生搬硬套地影响到我们的朝鲜良民，他们应该认识到我们为他们所做的一切善行。"（3—4）《首尔每日新闻》的社论也明白宣称，需要将朝鲜妇孺从那些迷糊的男性知识分子中"拯救"出来。游行本身就证明，现在朝鲜妇孺和文盲男子比任何时候都需要日本人的照顾和教导（KN，1919年3月7、8日）。有些殖民者甚至认为，血腥镇压和平示威游行是必要的，"救出善良的朝鲜妇女，免于遭受朝鲜不良男子的迫害"（KN，1919年8月19日）。

这些殖民主义文本怀着畏惧心理推卸责任，其实根本站不住脚。众所周知，独立运动秩序井然、行动平和，大部分人都同意，所谓暴力事件都是**殖民者**这一边的污蔑之辞（Moriyama S. 1992）。日本殖民媒体当时报道这些和平而规矩的游行图片恰恰戳穿了日本的指责，朝鲜男性知识分子并非是吸食日本人鲜血的野蛮人，朝鲜女性也不是被迫加入游行的。另外一个公开的事实是，朝鲜女性在反日运动中扮演了相当重要的角色❶，这也是朝鲜妇女运动的滥觞。数千名朝鲜人在为期数月的"平息"运动中遭受杀害，这一事实反过来证明了殖民者和被殖民者之间，究竟谁才是野蛮人。不过，由于这些文本都是在讲日本帝国主义者的老生常谈，所以我想暂且放下，来看一看他们究竟做了哪些事。朝鲜男性暴力代替了日本人的压迫和暴力，朝鲜女性奋起反抗日本殖民主义的勇气被颠倒和转化为对这些殖民者的呼救，日本媒体社论中的推卸责任和颠倒黑白，这些心理活动究竟是怎么运作的？

斯皮瓦克（Gayatri Chakravorty Spivak）强调19世纪英国殖民主义在印度推卸责任和颠倒黑白的相似结构。《贱民能够说话吗？》（1988）也许是对殖民主义话语分析最著名的文章，她在文中解构了英国殖民者关于寡妇殉身（sati）的话语，她说，英国殖民者的家长作风相当于是"白人男性从褐色男性手上救出褐色女性"（297）。另外，她分析了帝国主义家长作风坚持要从褐色男性所控制的传统文化中拯救印度女性，这是一种意识形态暴力，她尖锐地指出，这种殖民主义话语可以联系到弗洛伊德分析的那个口误"一个孩子在挨打"（296）。我想，斯皮瓦克在这个思维跳跃中想要捕捉到的是，殖民话语结构与弗洛伊德理论中的幻想有着同构性。

根据精神分析理论，一旦原来的对象被置换而主体无法把握到时，幻想就出现了。然后，当创伤性冲突（比方说，突如其来的反

---

❶ 参看《京城日报》1920年11月6日，以及1919年6月至1920年5月的《朝鲜文摘》。另可参见Choi（1998）。

殖民抗争）威胁主体时，幻想就会再生产出来。幻想的心理功能是转化、颠倒，以及把可能威胁到主体健康的创伤性冲突情欲化。幻想模拟创伤经验的方式是，用幻想的"场景"进行替换，这一"场景"让心理恢复过来，重新组织那些威胁性损伤，虽然对（男性）主体来说这种方式更加安全而情欲化。心理的"舞台调度"否定了通常所谓的主体、对象与欲望言语行为之间的差别，主体能够利用并居于幻想的任何一个位置之上。❶

弗洛伊德的文章《一个孩子在挨打》发表于1919年，与"三一运动"同年。这篇文章描述了他父母的一些幻想，内容是一个孩子在挨打。在分析的压力下，家长细分成了三个不同身份：（1）我父亲在打我憎恨的那个小孩；（2）我正在被我父亲打；（3）一个孩子在被打（Freud 1963）。拉普兰奇（Jean Laplanche）和J. B. 庞塔利斯（J. B. Pontalis, 1986）在他们影响深远的文章中这样解读，幻想不是在幻想内部认同一个固定位置；相反，认同分布于主动、被动和场景言语行动这三个位置之中："幻想不是欲望的对象，而是欲望的场景。在幻想中，主体不是在追逐对象或其符号；人在一系列图像中捕捉自我……所以，虽然主体一直在幻想中存在，但可能是以一种去主体化的形式存在。"（26）因此，幻想不是主体所"拥有"的某种东西，而是在认同和欲望产生的场景中，主体成为谓相（becomes predicate）的地点。齐泽克（Slavoj Žižek）认为，欲望作为象征界

---

❶ 参见 Butler, "Phantasmatic Identification and the Assumption of Sex", *Bodies That Matter*, 1993, 93—120.

律法和物质对象之间的中介,"构成了我们的欲望,成为欲望的坐标;也就是说,它事实上'教育我们如何去欲求'"(1997,7—8)。拉普兰奇和庞塔利斯称,欲望"奠定了经验的可能性"(1986,24)。

拉普兰奇和庞塔利斯沿袭弗洛伊德的观点,认为欲望的心理机制是帮助主体处理那些威胁其主体健全结构的外在威胁。幻想还支配着其他心理机制,因为只有它能够提供主体的防御机制,阻止潜在的分裂和瓦解因素。这些机制包括,以受虐癖的心态面对外在威胁,生产出享乐因素;以投射和否定的方式颠倒外在威胁,置换为窥淫癖的第三者角度;以及我上面提到过的,将外在威胁情欲化,让主体相信,那些威胁实际上是错位的爱欲和认可。从日本殖民者看待"三一运动"的心理角度分析,欲望颠倒了朝鲜独立运动的反殖民威胁,神奇地将反日情绪转化为拥日情绪。斯皮瓦克说,不同位置之间的滑动(即幻想的逻辑),以及"主要的"防御反应和思维颠倒都类似地存在于英国帝国主义针对印度进行"文明开化"的辞令之中。

根据拉普兰奇和庞塔利斯的理论,性虐待的场景设置(不同于情欲**行为**)有时能够展现这些原本不可能的权力颠倒。那么,我们之前看到的主动与被动、殖民者与被殖民者之间的颠倒不限于日本帝国主义时期的危机阶段。由于日本帝国主义的外在威胁一直存在,而且住在殖民边缘的许多日本人日常生活也存在危险,所以,有多种幻想的方式来处理这些威胁。20世纪20年代初开始,殖民地报纸对涉及捆绑、角色扮演和SM的性丑闻感到困惑不解。《满洲日日新闻》一篇题为"是小偷还是性错乱?"的专栏文章描述了一个事件,一位名叫门崎春子的中产阶级女子在大和旅馆出了事情,有两种可能,要么是被小偷洗劫,要么"参与了色情游戏,施虐者扮演小偷的角色,受虐者扮演被偷窃的受害者"(MNNS, 1924年3月18日)。虽然一个普通小偷不太可能进入戒备森严的大和旅馆,但文章称,门崎显然是被闯入房间的小偷绑了起来,然后偷走了钱包。文章还说,门崎并没有因为这件事情而感到不安,反而"精神愉悦",所以可能这又是一起角色扮演强盗和良民的色情游戏,"旅馆中这类事情越来越多"。《京城日报》在1922年6月11日报道了一起类似事件,扮演捆绑游戏,角色是士兵和良民,这次发生在首尔高档的朝鲜旅馆。

我们业已简略地看过了《朝鲜公论》通俗报道记者石森诚一的一些文字。他被称为殖民地最受欢迎的记者,文字充斥着意识形态幻想,这些幻想将日本帝国主义的深刻矛盾加以符码化。首先,石森向我们展现了意识形态幻想的主要功能,即让帝国主义主体去认同和想象自己与各种他者交叠,在幻想的层面把他者奇异化。石森以男扮女装采访殖民地"真实生活"而著称。他所使用的某些装扮(暗含着对这些人的身份认同)包括,在大连假扮华北劳工,在首尔假扮流浪老人和日本性工作者,在满洲和俄国假扮正在追踪俄国罪犯的法国侦探,在大连假扮俄国老人。他为了在首尔假扮贫困的日本移民工人,满脸涂上黑炭,以便让别人相信他是日本底层人民(CK,1915年8月,150)。其次,他虽然是日本"教化"朝鲜和满洲事业的狂热支持者,却喜欢揭露帝国的"黑暗面"。他向读者许诺,将指出殖民地世界的"软肋"(151),他说这个世界中"过度工作的身体异常虚弱,但情欲的胃口却很旺盛",人们像"俄国小说里的肮脏人物"(1924年1月,122,123)。他吹嘘自己将揭示首尔、釜山和大连的"真人真事",讲述他们的"腐朽之奢华"与"同福楼拜小说如出一辙的道德败坏"(1913年10月,107)。这些日本殖民帝国的真人真事包括：殖民政府中的自由主义者变成了"色魔"，专门在晚上危害女性（1915年9月，111），贫穷的中国和朝鲜性工作者为了钱可以厚颜无耻地"在他们父母面前和你做爱"（1915年8月，114），现代日本职场女性生活离经叛道（1915年10月，97），女性殖民者向男娼买春（1914年6月，117），臭名昭著的日本毒妇将朝鲜裔、华裔和日裔男性受虐狂"色鬼"揽入自己的毒网（1914年7月，109）；朝气蓬勃的日本青年沦落为日本知名城市的惨淡牺牲品（1913年10月，81）。第三，石森的系列报道"奇奇怪怪、变幻莫测、时隐时现"，强调了殖民地世界的幻境（1914年4月，87；另可参看1914年10月和1913年12月）。1914年10月的专栏导言称，由于作者自己处于梦境之中，所以读者也应该随之一起让"想象力自由驰骋"。

阅读石森系列专栏的日本读者被诱使去认同一组非常普遍的性别与种族主体：法国人、俄国人、朝鲜人和中国人。意识形态幻想中有着复杂而矛盾的身份认同，我们很容易从中看到场景设置的类似性。但因为意识形态幻想是针对某些试图瓦解主体的威胁的情欲化反应，所以石森最常用的身份认同是中国人和朝鲜人。此处，幻想的意识形态作用是掩盖、转化和替换被殖民者所构成的种种威胁。或者换一种说法，意识形态幻想以奇异化的形式将底层冲突情欲化。意识形态的这种情欲化作用因被理解为一种猎奇的反应，一种次级的、寄生的情欲化手段，用来限制和反驳被殖民主体争取自由的本体论欲望。意识形态想象对帝国主义主体性颇为有益，因为一方面它能够遏制明显的社会冲突，让日本帝国主义者继续相信朝鲜被殖民者需要他们以及他们的高级社会形态；另一方面，它能够拓展帝

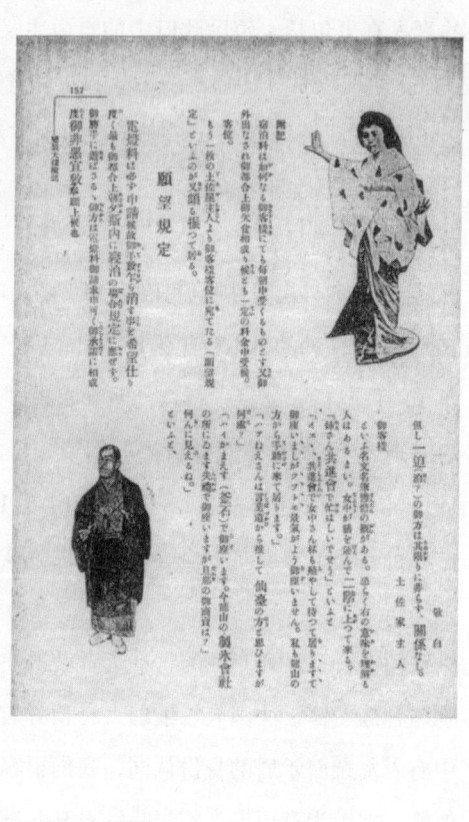

> 石森诚一装扮成大连苦力,首尔的日本性工作者,釜山的中年男子
> 来源:《朝鲜公报》1914年1月、1915年8月

国主义主体的身份认同,生产出一套真正普遍的身份认同。

关于殖民者与被殖民者之间关系的 30 幅素描中,有一篇是石森分两次连载的"血泊中的爱情故事"(CK,1915 年 3 月和 5 月)。这个故事说的是一位年轻的朝鲜艺人李云姬(Li Hyungi——音译)爱上了一位名叫白井健三郎的日本商人,他恰好是石森的"好朋友"。石森是日朝通婚的热情支持者,他开玩笑说,这是"同化政策最有效、最愉悦的实施方法"(1917 年 11 月,117),他还在文章首页思考起情欲的问题:"性欲超越种族和权力的一切界限。谁也不能干涉我,就算我爱上一个朝鲜人或一个乞丐。"(1915 年 3 月,105)石森坚定地支持殖民地的情欲现象,他坚称,浪漫的爱情只有在朝鲜才"真正自由",人们不会被"日本的封建婚姻家庭制度所束缚,那种制度没有一点儿热情"(106)。还不只是殖民地的"自由"情欲,石森说李和白井"超越了任何爱情的定义"(107),他们的感情"偏离常规"。有传言说,白井对李有时很粗暴,有时又很温柔。"极端粗暴"与极端温柔,两者之间的颠倒关系"真的吸引"了石森,他一听说这个故事就急忙决定把它写下来。

白井"容貌俊美",但让他在首尔红灯区出名的不是相貌,而是他永不满足的性欲和"动物一般"的力比多能量。李是他的理想伴侣,她同样相貌姣好,痴迷于性事。不过,石森报道说,她特别迷恋白井的暴力,常常两个人相处一晚后,第二天脸上、胳膊上有许多淤青(1915 年 3 月,108)。白井和李的肉体魅力,加上他们在性方面的"怪异、暴力"特质,才让这个故事称得上是"血泊中的爱情"(108)。

1915 年 5 月最后一期专栏的导言中,石森写道,白井极不情愿地答应了日本家里的包办婚姻。每年白井回到朝鲜,和李继续沉浸在"享乐的梦想乐园"（109）。但是，她没有白白等待他，她性格"一点儿也不像朝鲜女人"（98），因为"她克制不了自己的性欲"。在这方面，她更像"一位堕落的18世纪东京市民"（98）。但殖民地再造了"江户风味"，所以最终李"并不例外"（99）。与白井每年一次的团聚无法满足这位朝鲜女性，她饥渴地寻求与殖民者发生性关系，尤其痴迷于日本男人。这最后一篇专栏描述她和一个日本相扑选手滥交，她"把整个人扑在他身上"（99）。该文称，这是"歇斯底里"的早期症状，她在酒吧里对着人群大喊大叫："我不是贪钱的女人！我不是那种女人！"（99）人们很快知道了她身体上的烧伤和割伤都是"性虐待—受虐"行为造成的。文章的结尾是李的自杀，"血泊中的爱情"谢幕了（101）。

石森的许多报道把朝鲜女性对日本男性的痴迷给自然化了，颠倒了客观上的被殖民女性与男性殖民者之间的关系。他还常常塑造日本男性面对朝鲜主权和虐待行为时的被动受虐气质，这是对殖民地发生的欺凌行为的幻想性颠倒。他褒扬日本男性与朝鲜女性之间的感情，这不但错置和奇异化了殖民者与被殖民者的根本性冲突，还忽略了这样一个历史事实，即在朝鲜头十年的殖民史期间，日本人和朝鲜人的接触极为有限，红灯区例外。主要的接触发生在日本**女性**与殖民地男女之间。❶ 不过，石森还是刻画出一块殖民空间，

---

❶ 学者们还在研究朝鲜人与日本人通婚的普及程度（日文的表述是"相互結婚"，朝鲜文的表述是"naeson kyorhon"）。1919年3月1日反日游行发生后，官方开始鼓励通婚。1920年4月28日，朝鲜的王世子李垠与日本的方子女王举行结婚典礼。然而，通婚政策变成法律要推迟到1921年1月末（KN, 1921年2月2日）。此后，两国通婚的登记数字从1925年的404例增长到1935年的1038例，1937年的数字猛增。从1925年到1937年，朝鲜殖民地（转下页）

在这块空间中，朝鲜女性和中国女性一直为日本男性所诱惑。情欲与社会冲突发生的真实条件被颠倒了过来，而这正是意识形态幻想所必需的梦境。需要指出的一点是，把对抗性的冲突转化为另一种事物，这一颠倒类似于田边元（1963）所说的"绝对辩证法"，即日本帝国神奇地把一切抵抗力量都转化成肯定的同一性身份。

石森在某些场合表现出被动姿态来面对强势的殖民地女性。这既是以金钱和权力对女性挑逗，又是一种放弃权力的欲望标记。在若干地方，这与同一个人同时拥有虐待和被虐倾向联系在一起，有时甚至是作者本人。我业已指出，从心理分析角度看，意识形态幻想的运作机制核心是虐待与被虐之间的滑动，主体游移于挨打的受虐者、鞭打的施虐者与超然地认同鞭打行为本身的观看者这三个位置之间。日本殖民帝国主义的权力运作有着多重因素，所以日本本土的性学SM（虐待与被虐）话语明显有殖民主义的先例存在。也许，这就是为什么关于SM现象最具权威的专家不是别人，正是田中香涯。他曾经在台湾殖民时期的台北工作长达四年，在后藤新平手下负责指导台湾的医学院学生。虽然田中那个时期留下的文字很少，但他的殖民经验极大地影响了后期创作。

田中的畅销书《爱欲狂》以他标志性的对现代文明的批评开头："今天，虽然人们可以宣称，从外表来看，现代人显得文明而高雅，

（接上页）的日本男性娶朝鲜女性的数量要比朝鲜男性娶日本女性的数量多，此后，朝鲜男性娶日本女性的婚姻模式居多（Ch'oe 2000）。我的研究表明，1910年至1921年间，殖民者与被殖民者之间的通婚主要是朝鲜男性娶日本女性的模式，这与欧美的殖民主义模式完全相反。检索《朝鲜与满洲》和《朝鲜公论》两份杂志，我发现在20世纪头十年，大约80%的两族通婚是日本女性与朝鲜男性结合。

但是在本能和性的层面，我们仍然完全受制于过去所谓的原始性。原来原始的东西直到今天也不曾消失，现代人一直在努力掩盖它。本书就是要揭开这层伪装。"（1925，1—2）田中强调性的生育以外的功能，以此来解释他为什么要做揭秘工作："性学的大部分研究集中在妇科，我的观点则是，绝大部分性的功能与生育无关。"（6）最重要的是那个涵盖所有非生育情欲行为的功能：性虐待与受虐。

田中提供的论据是动物世界的残暴性。他从动物世界中看到，"残暴与情爱"同时存在（1925，12）。施虐与受虐的行为连最低级的生命形式中都找得到，于是他问道："性驱力五千年来未曾被教化，那为什么施虐与受虐行为在人类世界比动物世界少呢？"（12）实际上不是这样的，施虐和受虐能在"任何一种男女关系中找到"（13）。无论是斗嘴、打架、主动或被动的冷战和逃避，他都能从中找到施虐与受虐因素。"大部分把性虐待看作很恐怖的事情，但是性虐待和残暴的行为不过是一种色情游戏，用来维持男女之间、强势与弱势之间的感情。"（13）田中解释说："残暴能带来最高程度的性快感。与一般看法不同，实际参与的人不会觉得有什么残暴。这是男女交合非常普通的一种方式。男方和女方生活在'和睦的冲突'状态之下，而不是去寻求扭捏的和谐关系。"（13）

田中并未一味地张扬帝国主义权力架构的情欲化，即男人支配女人、强者支配弱者。他还警示说，虽然欲望只能通过暴力地虐待（施虐癖）或遭受酷刑和强奸（受虐癖）来得到满足，但是，双方伴侣和家庭存在一个危险。也即是说，一旦恋爱关系凝固为纯粹的、确定的施虐/受虐两端，那就会出问题。比如说："男人有时喜欢施虐，有时喜欢受虐，假如女方不习惯这种角色变化，男人就会到外面去寻找满足。我们不应该再回避这样一个事实，那就是，男人喜欢放纵、错乱的性生活，其中包括施虐和受虐行为。"（16）他在第一章的总结如下：

与其把人类看作有道德、有资产、有文明的生命，不如看作爱欲狂。由于文明世界的各种限制，本能被压抑了，从它的原始状态分散开来。人类的特点是，总是要想寻找新的冒险、新的刺激，这就是我说人类是"爱欲狂"的原因。人类必须寻找自然冲动的释放出口，这不过是他们正常的变态表现。（17）

田中在该书的第五章和第六章引用了弗洛伊德、萨德和他自己的医学记录，以及中国和日本古典文献，但是他的SM主张却被他自己对现实生活中夫妻的建议多多少少给抵消了。虽然调查结果让他相信SM是现实的本质，但他把SM当作一切异性婚姻问题的万金油，这是行不通的。他发问："如果一个男人是虐待狂或受虐狂，而女性正好对应，那为什么他们还是无法拥有幸福的性生活？"（1925，91）而实际上，因为施虐癖的本性总是要"造成尽量多的暴力和痛苦"，"所以最终施虐的一方还是要到婚姻家庭之外去寻找性满足"（92）。另有一些受虐癖男女，他们需要的"痛苦太过强烈，不得不去其他地方寻求满足，有时甚至导致死亡"（93）。

换言之，文明社会的结构无法承受"自然欲望"表现出来。战争这种临时手段能容许性暴力自由地表现自我，但田中想不出其他长久之计，除了卖淫。卖淫能够填补现代文明的压抑性（1925，94）。鉴于审查制度的限制，虽然田中有机会公开支持女性施虐癖/

受虐狂与男性进行性交易，但他根本提都没提。女性只有两种选择：要么默默在家忍受，要么自己出去卖春，"施虐癖和受虐癖都能由此得到满足"（96）。

　　日本殖民统治台湾初期，田中支持建立卖淫执照制度，但当时他还没构建20世纪20年代那套现代性学。19世纪90年代末，田中、后藤新平和其他人更关心的是殖民地财政收入和刺激当地市场对日本性工作者的需求。换言之，他们作为地位显要的殖民地官员，协同生产了为殖民资本服务的生命政治主体性。这些日本女性性工作者、歇斯底里病人、中国劳工、朝鲜失地佃农以及日本皮条客，他们是为日本资本主义在亚洲大陆生产利润的主体力量。但伴随着对本体论欲望的多重奇异化处理，这些主体性还带动转化了崭新的资本积累的权力机制，对欲望的情欲化以及对政治经济剥削的奇异化，两者构成一种新的辩证关系。透过石森的疯狂主体分裂和田中"正常的变态表达"，我们已经看到了这种新模式的些许特征。我把这种新模式称为"神经政治"，下面我们就来考察一下。

第二部分

神经政治

第五章　一切坚固的东西都现代男女了

> 大都市麻木的精神是那些变动不居的神经互相刺激的首要结果……就像纵欲的生活让人麻木一样，因为神经刺激到了极点，以至于没法做出别的反应。所以，不那么有害的刺激元，通过其快速频率和相互冲击，也会迫使神经做出激烈反应，以至于神经破裂，丧失反应力。
>
> ——西美尔（Georg Simmel），《大都市与精神生活》

> 我的神经就像使用过度的砂纸一样迟钝；现在只有耀眼、古怪、奇异的东西能刺激我。
>
> ——谷崎润一郎，1918 年

> 百货商店老板使用尸体当作展示服装的人体模特；然后他们把人体模特卖给危险的人贩子。俱乐部老板用活人来进行性交表演，但这些女人不可能活太久。如今每一例死亡都标明了价码。
>
> ——酒井洁，《降灵魔术》

人体模特

1928年春,色情而猎奇的大都市媒体谣言蜂起,传说百货商店橱窗里摆放的服装模特不但有活人,还有被谋杀和制成标本的女体。考现学家(modernologist)❶今和次郎在他的《新版大东京旅游指南》中冷冷地说,"模特女孩"最先出现在银座,而无政府主义者八木明子(Yagi Akiko——音译)则在女性杂志《女性艺术》中谴责这种现象是女性身体商品化的最新表现(Silverberg 2007, 61)。同年,低俗的色情猎奇者看待这个现象的角度则更富想象力。野马次郎的色情猎奇集《变态爱欲研究》(Hentaiteki ero no Kenkyū, 1930)一书刊登了一些谣言,称活体橱窗模特是一些被绑架和奴役的女性,她们自由出卖自己的劳动力,"自愿"遵从老板的命令,在工作日一动不动站在那里。用马克思的话来说,这种"颠倒,实际上是生与死的颠倒,实际上是资本主义的特征之一"(1977, 425),这种颠倒的舆论倾向在1929年金融危机之后更为严重,当时利润率大幅下降,在东京的景观社会,资本需要新的、侵蚀身体的剥削手段。

著名的翻译家、绘画家和散文家酒井洁,在他1930年出版的画册《异国风景》中把模特女孩解释为殖民资本主义社会中出现的"先锋女孩"。其他流行的称呼包括"摩登女郎""潮流女孩"和"恩格斯女郎",后者用来形容那些新潮的左翼女性(1930, 53)。酒井说,消费者很快便厌倦百货商店里的陈旧展示,他敦促"三越"等百货

---

❶ "考现学"(modernology)是今和次郎生造的概念,指专门考察当下社会现象的学问。——译者注

公司采用更加"生活化"的装饰。酒井开玩笑说,使用真实女体作为服装模特,这将是"有史以来发扬'女性工作'最理想的一件事情"(3)。不过,最早提及使用活体模特的言论出现在1927年上海发行的月刊《爱欲》,该刊由酒井和著名的色情猎奇活动头目梅原北明合编❶。杂志文章称,活体模特是亚洲"女阴崇拜"悠久历史的延续。酒井的文章把对女性性器官和身体的迷恋当作是"东亚宗教"的一个关键部分,他还从南方熊楠的著作中获知,这也是印度密教和性仪式的核心步骤(*Kamashastra*,卷2,1927,116—154)。他文章的结尾是,亚洲古代对女性身体部位的崇拜在现代资本主义的拜物教中得到延续,"随着橱窗模特的兴起,女性崇拜的仪式在当代得到延续……虽然女性尸体展示出来有些奇怪,但如果回顾一下对美丽的女尸及其性器官崇拜的悠久历史,我们就不会大惊小怪"(164)。

色情猎奇的畅销小说作家江户川乱步1928年至1934年间出版的小说为那些谣言推波助澜。1931年发表的《盲兽》中,一位盲人艺术家跟踪、勾引然后肢解了东京的漂亮摩登女郎们,把她们的尸体做成雕塑。他是一名广受欢迎的按摩师,于是利用自己的身份与女性亲密接触(他的按摩生意异常红火,因为他融入了一些口淫、轻微的SM和催眠手法)。他盯上的第一位顾客是浅草的一位歌剧演员,名叫水木兰子,然后勾引了一位咖啡店老板娘和一位想寻求刺

---

❶ 梅原和酒井1927年9月在上海时创办《爱经集》杂志(*Kamashastra*,名字取自印度关于爱和欲望的古典文献总称,《爱经》是其中最著名的一本。——译者注)。梅原曾数次违反书报审查制度而遭到逮捕,所以,他以为上海会更加自由些。他没有中止在东京发起的订阅服务,每月发送两三千份《爱经集》等刊物。1934年以前,会员制可假借学术交流的名义躲避审查制度。

激的年轻寡妇。若干次按摩服务以后,他邀请水木去他的雕塑工作室,把她逗弄得神经刺激而麻木,然后引入他的"密室"。这间房间以20世纪20年代末在浅草这个东京的商业地区兴起的游乐宫为模型装修而成,地板可移动和倾斜,整间房间摆满了用石膏、橡胶制作的充水的女性身体部位(47—49)。屋内一片漆黑,这位女演员发觉,房间的触觉感受经过精心设计,用来增强盲兽的"知觉现象学"(Merleau-Ponty 1964, 129)。她进入这片内觉空间后,什么都做不了,只能踩上去、落空、吞咽或游移于神秘的巨大物体之间:一个个乳房、嘴唇和肚脐。不可见的触觉和听觉感受让这位成功的女演员逐渐陷入退化或堕落的叙事之中。这种心理的沦陷感,退回到拉康(1966)所说的无组织的"身体碎片"状态,让她回想起之前接受的催眠按摩,以及主客体分离以前和母体融为一体的状态。

前室中人性冰释的状况有助于水木适应密室中将发生的事情,一座摆满SM器具的地牢。接下来的二十页内容充满千奇百怪的"痛苦的花朵""温顺的小狗"等日本亚文化语汇,最终,水木半被迫、半自愿地哀求他把她肢解掉,盲兽同意了。盲兽将水木的尸块重新组装起来,"制作完成一桩谋杀",尸块卖到百货商店当作室内服装模特或橱窗模特,商店经理和顾客都赞叹她们"活生生"的样貌。小说结束时,共有七名女性惨遭盲兽肢解,然后拿去展览,赚来的钱用来投资装饰他的密室。由此女性谋杀案生产出了"现代化效应"(关于商品化进程中的性别暴力,参看Bowlby 1985)。

数宗谋杀案的女性死者都是来自于贫穷的乡下地方,来到大都市东京闯荡。维拉·麦琪(Vera Mackie 2000)和密里厄姆·西维尔伯格(Miriam Silverberg 2007)的研究表明,这些独立女性的公共形象改变了公共空间形态。《盲兽》向我们展示了，新的殖民宗主城市的资本主义权力结构能够通过刺激与麻木的方式来剥夺这些独立女性的身体，然后根据其需要重制。这部小说还描述了新移民在中心宗主城市面临的种种机遇与危险。1913年至1928年间，东京人口翻了一番，从250万人增加到500万人，刚刚进入城市的移民往往直接从形式吸纳过渡到新的、更强大的实际吸纳阶段。在形式吸纳的生命政治中，劳动者只在某些时间段从属于资本，而实际吸纳的侵蚀性则更强。

回顾一下我在《序言》中的讨论，马克思将实际吸纳定义为资本主义对生命的全方面征服。人们不单在市场上出卖自己的劳动力，连休息时间也要臣服于商品化社会结构。正如奈格里（Antonio Negri 1991）所说，实际吸纳所在的那个社会本身也被资本主义吸纳了。资本逻辑侵蚀到原本不受侵犯的领域，这意味着，资本主义以新的形式跟踪、刺激、攻击和抢劫主体本身，主体的规训将一点点地瓦解社会本身。不幸的主体将遗传凶手的基因，即商品资本。所以，实际吸纳征服了人的原本自然的认知和感官神经系统，使之臣服于资本主义，我称这种捕获行为的权力结构为"神经政治"。

1924年发表的短篇小说《人间椅子》中，江户川乱步想象了神经政治对身体的侵蚀方式，以及随之而来的人体肢解。小说里有一名在小工厂工作的工人，他废寝忘食地专心制作一张椅子："老实说，这是我的全部生命，一点儿都不夸张，每一根木头纤维都连接着我的灵魂。"（1956，7）终于，他对这件物品迷恋至深，以至于决定把自己埋在里面，变成一把"人椅"。他稍微一碰这件物品就全身神经紧张刺激，他怀疑自己是不是"慢慢变疯了"（8）。但他逐渐丧失了人的理性,沉浸于本雅明(Walter Benjamin)所说的"物的快感"之中,最终,他主动把自己变成了物本身。

被猎奇的神经系统

浅草是东京的一个娱乐区,那里到处是电影院、剧院、游乐场、西洋镜和速食店。邻近的吉原则是传统的红灯区。浅草所生产的娱乐快感来自于资本积累的两种手段:在殖民边缘征收剩余价值,以及在日本本土剥夺积累,其极端表现是,"一战"时日本向欧战各方出口赚取大量利润。这些积累推动日本的都市空间成为技术媒体的舞台,其发达程度当时只有伦敦和巴黎才能媲美。浅草和大阪的新世界一起成为日本宗主城市的"神经乌托邦",小资产阶级和工人阶级消费者可以以低廉的价格购买到时兴的娱乐刺激。无政府主义诗人添田哑蝉坊在他著名的《浅草底流记》一书的序言中记录了新的商品形式对身体的侵蚀(Asakusa Teiryūki 1928;另可参看Silverberg 2007,184—189)。他这样形容东京的神经乌托邦:

> 在浅草,所有东西都暴露在原始状态
> 所有的人类欲望都在赤条条地舞动
> 钱财是东京的心脏;是人市场……
> 群众的浅草是一间铸造场,所有的传统形式到了这里都熔铸成新形式。
> 一切阶级、一切种族的人潮汇流在一起。
> 汇流的节奏异常奇怪——那是神经在流动。(Soeda 1982,3—5)

这首诗歌时急时缓的节奏捕捉到了浅草的神经美学，那里新技术媒体与眼花缭乱的广告碰撞在一起，抓取消费者的注意力。1925年东京就有了广播，1927年出现了留声机和电子扬声器，1929年则出现了"有声"电影。如果说，在生命政治中，劳动只是在形式上从属于资本，工人的工资低于他们所付出的劳动，那么神经政治则要求，工人们必须将工资**返还**给资本主义，在休闲时间消费他们刺激的好奇心和麻木的精神。在电影院，在西洋镜放映厅，在廉价的歌舞表演场所，在游乐园，甚至只是走在大街上，就会迎面涌过来大量广告和流动小贩，人们的欲望被组织了起来，去**用心观看**那些新媒体商品（参看 Beller 2006）。

赤神良让（1892—1953）是研究资本主义剥削新形式这方面最重要的理论家之一。他的《猎奇社会的面相》出版于1931年7月，当时出版商新潮社是为了辅助著名的猎奇指南《现代猎奇尖端图鉴》而发行的，赤神的这本书言简意赅地介绍了新兴的"直接社会"。他详细描述了印刷和视觉媒体吸引读者从属于资本的各种手段，那些新奇的销售广告的目标就是要"殖民"人的注意力（1930，80—94）。消费者"最深层的思维和幻想"都与图像商品混为一体，"资本家利用这个来赚取利润"（265）。赤神描述"发达资本主义"如何侵占消费者投向新鲜刺激商品的注意力，具体内容我将在下一章展开。实际吸纳用娱乐刺激和意识形态引导来消耗掉形式吸纳支付的工资。幻想以及震惊造成的麻痹所构成的神经政治模式生产出一种人类欲望，这种欲望卖给工人。于是工人同时又是消费者，用工资来购买快感，伴随这种快感而来的是一种意识形态引导，教你如何做一名新的权力结构下温顺的消费者。人类劳动以情欲生产的方式在生命政治中被剥削和猎奇，而神经政治的手段则更为严酷，它剥削和猎奇的是官能刺激与麻木作用下的情欲。资本寄生于欲望与视觉享乐的流动过程，然后狂热地用廉价刺激物与意识形态灌输来猎奇和交换它们，实际上，一种新的神经政治权力结构吸纳了人的整个神经系统。赤神理论化地表述为，视觉商品入侵人类感官的过程就像"一场化学战"，损毁神经系统就像"让我们吸食毒气上瘾……有什么防毒面罩能抵抗这种攻击吗？"（267）

添田哑蝉坊的诗作如同《盲兽》和赤神的"毒气战"一样，向我们展示了所谓的"浅草效应"如何把人的官能反应降至零度状态，然后打成碎浆，再铸成新的模型、新的形象。《浅草底流记》中的消费者就像《盲兽》中的水木一样，从消费行为与改造计划两方面获得快感。如同铸造场将钢铁"熔化、重新铸模"，神经政治资本主义把人的肉体与神经熔化并铸入工业化环节。另外，以前驱动熔铸过程的劳动生产与娱乐消费市场是两个不同的环节，而在神经政治剥削生产中，劳动生产直接渗透于娱乐消费之中。通过添田的分析，我们看到，这些"新形式"不是从一个偏僻的熔铸厂运到浅草的娱乐消费区，而是在这个"人体市场"中，生产与消费合二为一，人的思维精神与感官刺激的欲望生产直接被剥削掉了。在生命政治剥削的形式吸纳过程中，作为劳动力的生命能量乃是价值原料和实体，而在神经政治中，原料更为深刻，浸染了整个人的感官系统。添田所说的"神经流动"或者换一个词，"神经力"，是驱动神经政治母体的能量之源。

19世纪及20世纪初的神经科学观点是，若人体官能过度刺激，神经活动就会超过负荷，此时神经元释放出"神经量"（Q_n），以保持体内平衡。人体发现过量刺激，或者刺激时间过长，则自动释放神经量，以防止器官遭到损伤。不过，释放神经量的同时，人体防御机制本身的储量也就降低了。所以，如果外界刺激相当大，那么人体器官将陷入进退两难的窘境。技术媒体加速了刺激过程，在都市空间中生产出各种新的心理／生理效应。西美尔1903年的文章很早便探讨了这种神经政治侵蚀人体的现象，他说，现代都市的技术媒体环境无疑正在改造人体神经系统，使之堕入极端麻木至极端刺激暴力的漩涡之中。

浅草的社会学家和民俗学家权田保之助是最早分析资本主义改造身体与享乐的日本学者之一（Harootunian 2000；Silverberg 2007；Yoshimi S. 1995）。权田早就发现，"一战"后日本的城市化和固定资本产权集中现象，导致生产失去了都市空间中的核心地位。1923年时，权田提出，浅草地区原来最重要的社会层面是生产，以人为中心生产出物品，服务于人的使用价值，而现在，"在资本主义经济逻辑的新形式中，人的需要，或者说以人为中心的社会需求完全丧失了……剩下的只是金钱逻辑。以利益为衡量标准的当代社会中，不是'人'决定'物'，而是'物'选择'人'。或者说，赋予'物'以权力衡量'人'的，乃是资本利润"（1974，卷4，66）。权田在1920年便认识到，浅草大规模生产的廉价快感是资本主义大公司的产品，把同质化的、"工厂流水线一般的快感"卖给工人。不过他还有一个观点：日本资本主义生产的快感是同质化、商品化的，但浅草的新兴小资产阶级与工人阶级正在创造一种新的人体快感，一种只属于都市娱乐圈的快感。他揣测，大规模商品的集中化生产将孕育出新的使用价值。而他接下来15年的研究工作就是理出"民众娱乐"的具体内容，寻找大众需求社会改造的乌托邦欲求，在他看来，这种乌托邦憧憬可能出现在浅草等娱乐消费场所的快感之中。

《民众娱乐论》(1931)是权田的主要著作，也是太平洋战争以前进步主义社会科学的重要文本之一，他撰写此书的目的是要在大众娱乐中找寻核心代理人。权田将20世纪20年代末的日本看作是国民财富殷实的大好时代，"资本主义的完成期"(1974，卷2，183)。权田略显遗憾地写道，虽然出现多种正面因素，但"另一方面，人们普遍认为，'物质与金钱'的现状压抑着社会大众。处于所有这些商品的重压之下,我们怎能创造美好的人类生活呢"(184)？权田试图理解的是，在这个资本主义的新阶段，人们为了娱乐而付出的代价似乎就是生命本身，这类似于他以前所说的"消费者内心自杀"(引自 Harootunian 2000, 170)。放弃自己的生命，这是进入怪异的资本主义世界的入场券，资本主义为日本提供了前所未有的财富积累，同时也剥夺了消费者的"生命"，生命在此定义为非异化的娱乐，以及生产服从于使用。前所未有的财富与显而易见的损失，这一对矛盾促使权田去反思发达资本主义时代及其消费空间的"民众娱乐"究竟为何。为了应对1931年的富裕景象，他在《民众娱乐论》一书开头回忆了1923年9月关东大地震之后东京的社会生活，那场地震造成市内75%的建筑毁坏，16万人死亡。权田称，震后两个月乃是"变态状态",最可悲的是,人们堕入"没有娱乐的存在"状态。我们将看到，对缺乏真正娱乐的震后城市东京的这些描述，等到20世纪20年代末摩登女郎和摩登先生统治东京街头时，将用来指称他们的**变态**主体性。

该书的下一章节介绍学术界研究"民众娱乐"的三种取向。他大概是想掩盖欧洲自由主义社会科学的痕迹，把三种学术取向定为：娱乐的"客观性""能量过剩论"和"娱乐休闲论"三部分，后者认为娱乐是为资本再生产健康的劳动者（1974，卷2，188—190）。权田简单介绍了前两种论点，然后开始猛烈批评最后一种"娱乐休闲论"，他说，这种理论"支持资本主义的观点，为生产而生产"，剥夺了民众真正的娱乐，反而喂肥了"大资本家"（190）。他以自己标志性的历史人类学观点收尾："游戏出现的时间早于工作"，"历史地看，艺术早于经济发展"（202—203）。他认为，当代资本主义的大多数活动都是出于"后来的目的"，而非为了活动本身的意义或快感。因此他想知道，究竟有没有一种重新组织欲望与快感的方式，而社会学家会去想象，在财富积累支配社会经济以前，还有另一种社会活动形态。

这一章的最后，他提醒读者不要误解他的观点，他不是在宣扬我们之前看到的零度人性论。零度人性类似于阿甘本（Giorgio Agamben 1995）所说的无人性的"纯粹生命"（vita nuda）。权田解释说，1923年大地震之后，东京市民的精神状态正是这种空无内容的原始性。他在此提及"变态状态"像病菌一样传染了民众，生命降低为受"绝望的、兽性的反射运动"所驱动的纯粹冲动，而这种冲动不应该在一个理性而文明的社会存在（1974，卷2，204—205）。他毫不掩饰地批评著名性学家田中香涯和中村古峡的观点，他们二人试图将"变态状态"理解为资本主义实际吸纳条件下都市主体的普遍性心理状况。权田尖刻地骂他们是"变态心理学中的逻辑不通学派"，试图辩护甚至宣扬诸如女性性欲亢奋症和恋物癖等原始反射："我们绝不想掉进陷阱！"他的章节总结重复了他的名言，即民众应该重塑娱乐,不要把它当作"资本主义生产或扩大商品领域"的手段,而是要直接"制造人类生命"本身:"娱乐先于社会产生,过度娱乐制造了我们的世界"(211)。但是明显可以看出,他试图隐瞒变态心理学对他的影响:对人类社会欲望和快感的先验命名恰恰接近于日本性学权威田中香涯和中村古峡的思想。

我们从该书的下一章中可以读出,权田没办法在民众娱乐的主体中找到具有规避变态状态能力的人。地震后的各种娱乐活动虽然帮助东京市民摆脱了变态状态(桥牌协会、三味线团体、短歌诗社等),但还不足以担当重任。所以,权田讨论在新的资本主义社会秩序之下,东京街头大量出现的唯一能够"打破生产主义限制"的人——摩登女郎和摩登先生,这时他的语气强硬多了。他承认自己被这些"怪物"所"吸引"和"震惊"(1974,卷2,241),但他还是把他们贬为原始的、本能的变态状态。1923年的纯粹生命即1931年的(活着的)疯狂生命。

权田是当时左翼中少数严肃思考着这些新的主体性问题的人。马克思主义批评家大宅壮一对摩登女郎和摩登先生嗤之以鼻,他说那些人"没有一点儿深刻的想法"(1930,192),完全受各种肤浅的欲望驱使,去追逐廉价的刺激。权田在他书里最有名的章节"近代都市与娱乐"中反问道:"如果我们要问哪里有近代生活的主体,答案很清楚,这一主体应是最纯粹的一类人,他们弃绝了生产和劳动生活。"(1974,卷2,243)在资本主义社会中,拒绝生产生活,而寻求生命解放,这种定义之下的现代主体只能是摩登女郎与摩登先生。权田认为,这类主体代表了大众文化与娱乐相结合的美丽新世界,想到这里,他嘲笑大宅壮一等教条主义的左翼人士,这些社会理论家居然排斥他们，真是"令人遗憾"。

哈鲁图尼恩令人信服地解读了权田的一种信条，即"现代生活创造了街道，街道生产出各种各样不寻常的生活方式，这些生活方式由断裂的、多样化的人性，以及与生产分离、由消费主宰的休闲活动所组成"。很明显，权田担心的是，这些新的主体性只是现代商品的复制品，用德勒兹（Deleuze）和加塔利（Guattari）的话来说，是"无限解码的流体"，在浅草的娱乐消费区四处流动。原来镶嵌于某块空间、依据地域而动的东西，在现代资本主义中释放和拆散开来。吉见俊哉认为，权田的方案是把"民众娱乐"与都市娱乐中心捆绑、结合在一起（1995，36—41）。20世纪20年代，权田的社会哲学没有别的落脚点来阐释大众娱乐，固定资本的技术投资能最有效地引发现代娱乐。但新出现的变态主体试图逾越空间的界限而散播开来，也即居依·德波所说的"商品的生产世界"（1983，66）。权田面对这些超级现代的主体性，痛苦地克制住自己的浪漫民粹主义，贬损摩登女郎与摩登先生被商品化现象所"蒙骗"，对消费主义产生了依赖性。（关于摩登女郎，可参见 Sato 2003；Silverberg 2007；Saitō M. 2000。）

权田算得上是社会科学研究者中的文体大家，他关于摩登女郎与摩登先生的描写堪比现代主义诗歌。他在结语中详细解释自己对摩登男女的严厉批评。他承认，早在18世纪日本就有人"完全排斥"类似于浅草这样的"生产力意识形态"，比如排斥吉原的红灯区和浪漫化的"江户浮世"，但他说，当所有这些日本前现代社会阶层欢聚在吉原地区，他们都是"平等"的（1974，卷2，246—247）。他无视性别因素，将18世纪江户消费的平民化效应与1930年左右的消费主义严格等级秩序做对比，在后一个时期，现代生活理想模式完全是游戏与娱乐，但这只属于富人阶层。他坚持把摩登女郎与摩登先生放在小资产阶级中来讨论，却把这一现代的超级主体看作富裕贵族，也为他谴责摩登男女是"必要的罪恶"做了铺垫。不过，这是他唯一一次关于摩登男女的严肃讨论，他不会如此贬损他们。权田写道："在当代日本，封建阶级结构已经崩溃，所有的残余势力已被一股新的潮流所清洗，这股潮流要求解放所有人、所有时代、所有地方的生活。拒斥任何正常的、服从于经济生产的生活，这形成了一种社会模式，而变态风气来源于这种社会模式。不必再用'吉原'这样的专有名词来鼓吹变态风气。现代生活形形色色的变态欲望无处不在。"（247）（我此处的想法是受了哈鲁图尼恩的启发 [2000，171]。）

权田终于明白过来，这些"变态风气"的主体已经具有超人一等或低人一等的能力来"解放、超越空间的限制"，因为他们已经与商品结合到了一起。我们设想一下，倘若权田读过马克思，他会想，如果商品能够说话，那么它会从东京街头摩登男女口中说出洋泾浜英语、磕磕绊绊的世界语以及非汉化的日语。这就是为什么在权田的道德世界中，这些摩登男女被非人化了，权田把他们看作"怪物商品"。另外，"变态"或"不正常"这个道德表述是用来代表整个资本主义下的现代生活，"变态"象征着整个现代世界。这样，权田回到了震后东京的"变态状况"。刚才说过，那时人们为"纯粹本能"所驱使，堕入"没有娱乐的存在"状态，几乎不能称他们为"人"。而现在，这种表面上生活的"现代原始"本能存在状态丧失了真正的娱乐。它激起的是阿多诺与霍克海默（Theodor Adorno and

Max Horkheimer 1972）所说的商品"拜物教性质"，现代原始崇拜把物当作神一样。最终，虽然权田在《民众娱乐论》通篇坚持声称，他不会掉入陷阱去宣扬政策导引民众去消费正当的娱乐形式，但是，文本的结尾违背了作者本意。大概可以公允地说，权田错失了他为日本大众做贡献的良机。权田本可以将这种主体性——怀着"超越资本主义生产的娱乐"乌托邦追求——组织到左翼政治之中，可他还是把娱乐本质化，认为这与生产环节具有直接关系。他拒绝承认，当代资本主义驾驭着商品化的娱乐方式，把摩登男女碾成了碎片，稀释并移置了浅草的大众娱乐消费中心地位。相反，所有的都市街道都"浅草化"。在第一部分我讨论过，自由放任的资本主义生命政治中的生命建构了日本帝国主义。由于生命是以自杀的方式进入这新的资本主义形态，这里我们将看到的不是生命的解放，而是异化的"第二生命"的解放，它是由商品化的欲望以及消费主义梦想所驱动，这种解放巩固了日本帝国主义。

现代性学

真正严肃对待商品化对日本市民神经系统影响的研究方案并非来自左翼。虽然（权田不断批判的）田中香涯和中村古峡对资本并未表明态度，但今和次郎的民俗学和市场调查方案，也即日语的"考现学"（世界语译作 modernologio，英语是 modernology），赞扬视觉商品与人的接触距离之缩短。今和次郎相信，资本主义具有正面的、开化的作用，可以影响守旧的日本人。资本主义的供需定律，加上它对传统社会结构的去地域化作用，可以要求或强迫传统文化实践做出改变，或者干脆被淘汰。我将在下一章讨论考现学，下面我们回到那两位重要的性学家。

探讨都市资本主义新主体最详实的是大众文化性学。主要期刊有《变态心理学》和《现代性学》，介绍和研究了恋物癖、施虐癖、受虐癖、窥淫癖、恋尸癖和歇斯底里等神经政治的表现，这些表现被当作商品资本主义的正常表现。值得注意的是，不单这两份杂志，还有许多其他大众文化性学杂志（日本性学杂志繁荣期自《现代性学》1922年创刊起，持续至大约1935年）并没有把"变态"这个词当作对人的蔑称。社会没有标识和监管那些变态的人，而在日本性学话语中，情欲方面也没有和某些特定身份联系在一起。相反，那些人被视为现代条件下的特定产物，权田一直在探索理解他们的正确途径。遗憾的是，权田只能用经济决定论的马克思主义和自由主义社会学这个框架来解释这些主体反应，但没有成功。而中村古峡、田中香涯以及其他非欧洲中心主义的日本性学家的理解手段则丰富得多，他们不会贬低后来在30年代称为摩登男女的主体性效应。日本主流性学的自由主义具有宽广视角，像我们之前看到的南方熊楠一样博采世界各地的相关知识（南方熊楠对田中和酒井洁影响很大），它是一个话语源泉，把变态表述为"一战"后日本现代资本主义都市的自然结果，由此制造出，或用福柯的术语来说，**生产**出这些主体性。

新情感，新娱乐

在讨论田中自然化歇斯底里与SM这些新的情欲方式之前，我想先指出一点，现代日本性学的起源主要包括我之前所讨论过的殖民地医生所撰写的著作。森林太郎（森鸥外的本名）1907年至1916年间担任日本陆军省医务长。在日本文学史的叙述中，森鸥外（1862—1922）是现代"私小说"的先锋作家之一。但作为本名的森林太郎，承载了科学家与医生的双重身份。19世纪80年代他在德国学了四年卫生学、医学和心理学，然后在陆军省迅速晋升，最终成为陆军省医务长。福柯指出，性别不应该被认为是染色体的硬性规定的主人能指（master signifier），而是"复杂政治技术"的"一套特定部署在身体、行为和社会关系等方面生产出的效应"（1980，127）。日本性学对这一政治技术的贡献之一是森林太郎的现代卫生学权威著作《卫生新编》。

1908年出版的这个文本引用了一些曾在他主编的医学杂志《卫生新志》上发表的材料，包括他和军队研究人员的研究报告（其中许多研究是为了提高日本军队的免疫学水平，包括向军营附近的"慰安所"设施建设提供建议），还有关于欧洲最新的卫生学研究方面的译文。《卫生新编》一书中，他使用这些译文来介绍欧洲的科学理论，旁征博引，批判性地考察古希腊、古罗马、印度教、琐罗亚斯德教科学和哲学，然后将它们地方化，最终引向日本和中国的科学与医学。森林太郎利用他的拉丁文、德文、中文和英文能力，令人赞叹地总结了世界各地关于卫生学和性学的知识。在我看来，森林太郎为日本军队撰写的文本，以及南方熊楠的作品，都充满自信地批判了欧洲性学的情欲恐惧症，为日本下一个十年的性学设定了基调。

和森林太郎、南方熊楠一样，田中香涯也是一位欧洲性学的积极批评者，他称欧洲性学是"基督教道德教条"。在《女性与爱欲》（1923）一书中，他提出，这种道德措辞使得欧洲人维持了一种"人类具有兽性性本能的错误观念"，还错误地认为"现代文明和物质文化助长了人的冲动"（308，297）。田中称之为现代国家的虚伪性，现代国家试图压抑发达资本主义自身一直在激发的东西：新情感，新娱乐。田中建议，与其虚伪地否认现代民族国家没有激发人的基本欲望——正是这个借口导致第一次世界大战的悲剧发生——日本政府还不如为情欲提供宣泄的出口，他敦促日本领导人要宽容现代人的性表现和性欲望。他的一句名言是"每个人内心都有不可压抑的冲动"，他觉得日本作为一个非基督教国家，有优势去领导世界各国接受新的情欲。他给出的历史教训是"国家越是压抑欲望，欲望就越是张狂"（304）。因此，他在《女性与爱欲》中呼吁日本对"性冲动"立即采取宽容的科学态度，如果没有了性欲，也就丧失了"人生的乐趣"，那么所在这个社会就够不上文明（305）。他关于培育性冲动的建议让我们想到他早年出版的一本书——《人类性欲的黑暗面》（1922），该书卖出超过2万册。此处，他敢于挑战困难，探讨现代性学的诸多领域，包括受虐癖、受虐癖、恋物癖和恋尸癖。他写道,现代个体在任何时候都应该有尊严地接受各种情欲表现(6)。

鼓励都市主体去参与SM、恋尸癖和恋物癖等行为，以此作为现代生活的一个自然方面，这乃是田中《现代性学》的办刊初衷。他后来说，内务省的书报检查制度不断干涉，导致了《现代性学》的夭亡，1922年5月创刊，到1925年6月就停刊了。但其短暂的办刊时间并没有影响它成为研究情欲与神经活动各种新模式的流行信息的最重要的学术刊物，江户川乱步、南方熊楠和梅原北明都是该刊的读者。田中成为一名大众性学家，这源于他给中村的《变态心理学》杂志供稿，这份杂志始于1917年，于1926年终刊。他是该刊两位关注"现代性欲"问题的供稿人之一，但他比北野博巳（Kitano Hiromi——音译）更胜一筹的地方在于，他征引了高质量的医学档案，还探索了20世纪20年代的性现象与18、19世纪日本某些诸侯国的情欲现象之间的关系。

"一战"后，日本出现了好几本性学方面的新杂志，中村的《变态心理学》是其中之一，这些杂志构成日本都市"大众性学热潮"的一个组成部分。其他杂志包括北野自己主编的《性的研究》，这是他1919年12月离开中村的杂志以后新办的；秋山义雄（Akiyama Yoshio——音译）与泽田顺次郎合办的《性》，创刊于1920年1月；还有泽田的合著者羽太锐治创办的《性欲与人性》，创刊于1921年10月。我们应当留意这几本杂志之间无法弥合的差异，尤其他们各自对"变态"的解读。文化史学家菅野里见（Kanno Satomi——音译）称现代日本性学中的欧洲中心主义、情欲恐惧症流派为"艾彬学派"（Kanno 2005，82），"艾彬"指的是德国性学家克拉夫特-艾彬（Krafft-Ebing）。北野没有明说哪些日本学者属于艾彬学派，但欧洲中心主义性学的反对者显然包括中村和田中。

田中尊重北野《性的研究》的自由学风，其中也包含与他一起在《变态心理学》杂志共事的学者们的功劳。不过，他和中村公开批评《性》和《性欲与人性》杂志，毫不留情地骂它们淫秽色情、矫情做作、道德观因循守旧（Saito T. 2002，8—9）。自《变态心理学》杂志创刊之日起，其撰稿群就不断攻击泽田顺次郎和羽太锐治合著的《性倒错理论》。该书依靠艾彬的著作《性心理学》（*Psychopathia Sexualis*）的两个译本，基本上是在做阐释工作。泽田和羽太合著的经历一直延续到20世纪20年代末,他们两人和田中一起,常被认为是这个时期最重要的三位大众性学专家。羽太(1878—1929)1912年赴德国学习医学,获得行医执照后,立即返回日本,实践他所学到性学知识,在东京的根津地区做一名妇科医生(Frühstück 2003,106)。这位艾彬学派的明星学者自1915年开始出版了数本畅销书,其中包括《通俗性欲学》(1919)、《普通性欲学》(1920)以及《变态性欲研究》(1921)。他的作品反对那些反欧洲中心主义性学家,比如森林太郎、中村、田中等,但在20年代中期以后,羽太自己也不那么靠近艾彬学派的理论,并开始严肃地回应中村的批评文字。羽太1929年春和政府卫生部门惹上了麻烦,他因为贩卖"王中王"假冒春药而被吊销行医执照,春药生意耗尽了他大部分积蓄。在政府展开调查前夕,他于1929年8月自杀,他研究情欲的一生,最终以感情爆发的方式结束(Saito H. 1997)。

艾彬学派的另一位重要人物泽田顺次郎被曝伪造学历推销自己的书和杂志,他谎称自己在医学院学过神经学和医学。他实际上曾经学过文学,其他学习经历则尚不清楚。中村常常取笑他是"诈欺师"。虽然泽田说自己曾在好几个地方行医,但他的性学杂志和著作中都没有出现过自己诊断过的病例。现在研究日本性学的学者如果只用羽太和泽田等艾彬学派学者的材料,那未免太过草率。

当时的许多文本表明,"变态"和性学相关著作主宰了"一战"后的日本大众文化。一位名叫冈田光郎的记者在东京的《读卖新闻》上自1921年4月29日起分三次连载一篇报道,题为"性学书籍兴起的信号"。他说人们"不但面对书店里的性学书籍和杂志看得眼花缭乱,读报时不可避免地还要读到大量相关广告",冈田比较"五六年前"的状况，那时只有羽太和泽田的《性倒错理论》。1919年时，中村的《变态心理学》会主张反对"变态"和现代情欲表现；田中从一开始便是受人瞩目的该杂志撰稿人之一。中村主张"变态"的普遍性，并试图将其彻底自然化，而田中1922年出版的《现代性学》深化了中村的观点。田中在他杂志的第一期编者导言中承诺："以严肃、学术的态度研究性学"，"我们将以开放的心态编辑每一期杂志，尽量不受当下性学的谬见和道德教条的干扰。性学研究不应该贬低某些人群，而应当启蒙和澄清关于性的全部知识"（Hentai Seiyoku, 1922年5月，2）。

借助中村的《变态心理学》的影响力，田中新办的杂志大张旗鼓地开始报道这个正在生产新的神经状态和情欲表达的帝国主义社会，而这些现象只能在"变态"的普遍状态下才可能存在。在田中的杂志和书中，日本读者看到了各种新式的快感、热情、焦躁和疲惫，这些心理状态都是日本都市的现代资本主义所诱发出来的。田中与当时日本的一些性学家、社会学家和医生一道，以复杂而同情的方式在《现代性学》中处理去地域化的快感，而这些快感曾经震惊和麻痹了权田，最终将他推向法西斯主义。《性》杂志和羽太、泽田等群体的立场是将"变态"表述为特殊的、非常态的东西，而田中的杂志则将神经反应设定为都市资本主义的产物，摩登男女则相应地是帝国都市的"常态"。尤其是田中所推崇的那些变态方面，比如受虐癖、歇斯底里和恋物癖，这些都被视为正常、甚至有些俗套的现代资本主义条件下的情感状态。

田中发表在《现代性学》的系列文章最明显地将"变态"的四个方面予以普遍化，这些文章后来结集成书，于1928年出版。这本

《趣味大众科学》称，动物世界有着同样的变态现象，以此将"变态"的各种表现建立在事实的基础上。他讨论趣味与娱乐的前提是，他一贯强调把人类放在类人猿的世界中看待，这是他整个20世纪20年代一贯延续的想法："生物学家不断提醒我们，我们人类也是动物，我们的心理还没有怎么进化。我们必须认识到，在心理方面，猿猴祖先的痕迹还非常重。"（1—2）这意味着，人类大部分时候并非理性行事，"人类就像动物一般对外界刺激做出反应，用逃跑或进攻的方式来与外界刺激较量"。虽然人类享有猿猴一般的力量，但是人类有时也会逃避威胁，就像猩猩一样。黑猩猩和大猩猩则不同，它们大部分时候都会主动向外界威胁发动进攻。

与我们的祖先不同的是，逃跑和进攻这两种根本反应建构了一系列的次级反应，这些次级反应在更高级的神经层面直接演绎：歇斯底里和受虐癖是恐惧的表现，施虐癖、恋物癖和窥淫癖则是进攻的复杂表现方式。换言之，所有的神经主体性的现代表现都只是"动物性的再现"。其结果是，世界上不存在与低级生命形式没有关系的文明道德（1928，14—15）。现代生活表面上正常的交流行为导致人们误以为人世的运转有秩序、有逻辑，但在社会危机或战争的时候就会被打断——田中说这是常有的事——人们按照"本能的人"行动，"比如，一位军人进入敌境后，他很自然就会强奸女性和射杀人群"（15）。

我想现在来讨论一下中村古峡，他是性学领域将"变态"自然化的第二位主要人物。在深入讨论之前，先要澄清"变态"这个概念的指涉范围。南方熊楠和江户川乱步等重要大众知识分子在同性情欲理论和实践方面要开放得多，但田中无疑认为同性之间的情欲是"性倒错"。而像中村，他不会显露出对同性情欲的恐惧，或称其为"变态"；相反，同性情欲的符码是日本主流反艾彬学派的"性倒错"大能指的一部分。在田中的主要著作《人类性欲的黑暗面》（1922）和《爱欲狂》（1925）中，性倒错的能指主要是指偶然的行为，而非某种本质性的身份。但应当指出，如我们在本书的第一部分所见，大多数同性性行为和歇斯底里行为发生后，都潜在地会将行为人的身份定为"同性恋者"和"歇斯底里症患者"。这与施虐癖、受虐癖和恋物癖不同；这些情欲无法被还原为特定身份。

中村古峡（1881—1952）和大多数20世纪二三十年代的日本心理学家和精神学家一样，比如弗洛伊德学派的学者大槻宪二，学习专业都是英国文学。他1905年从东京大学毕业。夏目漱石的讲座激励了他从事写作，拿到学位后他出版了一部小说，然后在《朝日新闻》做了四年记者。他花了将近10年才拿到大学学位，因为他有一个患有严重心理问题的弟弟在家里需要照顾。弟弟1908年去世。而弟弟在世时，中村一边照顾他，一边探究弟弟的各种精神症状，尤其是人格紊乱和梦游。令他震惊的是，当时"变态心理"方面的信息在日本非常少，于是他建立了国内第一个精神病协会。依靠著名的精神病学家兼大学讲师森田正马和神经病学家古野龙之介（Kono Ryunosuke——音译）的协助，中村1917年6月开始担任日本精神病协会的主席，同年10月，协会出版了内部月刊《变态心理学》（Oda 2001, 9—17）

创办刊物的同时，中村还开设了日本首家心理诊疗所，地点是品川的御殿山地区的一间小屋，当时品川还属于东京的郊区。第二年，即1918年，森田正马自己在东京的世田谷开设了第二家心理诊疗所。中村花了数年时间让诊疗所步入正轨，从1917年冬季开始，中村对外宣布，他帮助几位歇斯底里和严重神经衰弱患者取得了一些治疗成效。20年代心理诊疗所开始在日本各地出现，中村使用当时所谓的"森田疗法"，结合梦境分析、集体讨论和记日记、种蔬菜等自我治疗方式（Oda 2001，18—19）。诊所注重的是康复，而中村的疗法基本上是他读医学院和1928年取得行医执照时的方式。1931年，他在千叶开设了一家大型歇斯底里治疗与研究中心，该诊所附属于千叶大学医学部，中村在那里教了10年书。

日本精神病协会发行刊物，每月赴东京乡村地区发表系列演讲，召开影响广泛的年度国际会议，这些活动迅速吸引了日本最著名的精神病学家、心理学家、性学家、犯罪学家、性学史家以及文化人类学家加入进来。协会成为南方熊楠的精神家园，他会参加集体活动，并在内部刊物上发表文章。《变态心理学》被誉为引进德国心理分析理论的功臣，还引介了催眠和梦境分析技术。该刊的头两年率先开展精神分裂、通灵术、SM、梦游犯罪、吸血鬼、第三性、回魂术等学术话题。江户川乱步、梦野久作等人创作的色情猎奇小说中几乎每一个主题都在10年前的《变态心理学》中出现过。

羽太和泽田1915年将艾彬引介给日本民众，由此开启了关于"变态"的社会讨论。两年后，《变态心理学》则竭力捍卫关于"变态"的另一种不同看法，并坚持了九年，直到中村决定去医学院任职，于1926年将刊物停掉。中村坚决反对羽太和泽田的恐惧心态，他们两人把"变态"限定在某些特定身份人群身上，而他则在杂志创刊号的编者导言上宣称："每个人都有变态心理……我们用'变态'这个词是相对'正常'而言的,即惯例的例外情况;或者说,是相对'一般'而言的特殊情况。我们绝不会说'变态'是'病态'。"(Hentai Shinri,1917年10月,1—2)参与这场关于"变态"的大讨论时,中村解释说他创办这个刊物部分原因是,他自己亲身经历抑郁症和神经衰弱等"变态"现象。换言之,该刊对**所有变态方面**的首次学术研究不会采取他者化的手段,像羽太和泽田的著作那样给某些人群冠之以可鄙的主体**身份**,并称呼他们为"变态"。变态心理一视同仁地影响着每一个现代人,主编本人首当其冲。

将"变态"正常化

相比艾彬学派,《变态心理学》杂志更能代表"一战"后日本国内弥漫的自由主义思潮。而自由主义的目标之一是启蒙大众。为此,该刊与日本精神病协会在城市和乡村举办了无数讲座;早期的讲座中会进行催眠技术的演示,听众有生以来第一次接受催眠。它传达的信息是,听众进入催眠状态,说明"变态"现象真实存在:"变态"就是我们! 但这可不只是卖弄技术而已,这些讲座与演示是一种启蒙工程,引导大众以新的角度思考善与恶、对与错、犯罪与清白等问题。尤其是关于犯罪问题,日本精神病协会的成员们普遍认为在都市社会中犯罪是多种原因造成的。欧洲犯罪学着重研究犯罪的遗传和种族因素,而日本精神病协会则采纳进步主义的立场,认为犯罪的主要成因是资本主义工业化和东京都市的特殊环境。

中村经常到东京都警视厅做报告,精神病协会成立两年后,他担任了警视厅的付费顾问。接下来几年间,与《变态心理学》及其子刊《性学研究》有密切联系的几位性学家也接受雇用,成为侦查犯罪案件的顾问。由此,中村和田中去本质化"变态"的观点影响力远超一般的大众文化读者群。我们很难去衡量它对司法意识形态的影响,但将犯罪与变态去主体化的这一信号导致人们潜移默化地开始接受资本主义都市社会难以根除的犯罪与不公正的现象。中村的协会提出的新观点是,人作为社会的、世俗的存在,会表现出变态的各个方面,因为日本和全球资本主义社会本身性质就是变态。1930年他为日本犯罪学协会的十卷本丛书撰稿,将现代主体界定为三种变态模式不同程度的分裂,这三种变态模式分别是:个体变态、社会变态和普遍变态(Ippanteki; Nakamura K. 1930, 5)。

江户川乱步与权田将"原始"主体界定为丧失了所有"正常"人性品质、无力抵抗物化现象(因为商品资本主义侵蚀了人体神经系统),而中村与他们不谋而合。中村认为,现代主体经历某种形式的人格分裂,这是非常正常的事情。协会刊物所说的"人格分裂症",在中村20世纪20年代中期以后的文字中则成了正常的"双重人格",去掉了那个病理性的"症"字。在他1937年出版的关于多重人格的文集中,他警告说,资产阶级意识形态告知我们是"知识、情感与意志的统一体……不过,所有的学者和医生一致认为,每一个人都有着程度不一的分裂"(2, 328)。这可能导致某些人完全分裂为三重人格,"更普遍的情况是,导致现代人双重人格分裂"(3)。中村讨论了若干个"严重"人格分裂的例子,主角全都是女性。他试图处理他所设定的变态普遍性,一种全世界所有人都有的人格分裂与神经效应,可他只字不提男性案例。

我对日本主流大众性学中的田中和中村的文本提出了略带不同

的解读，他们两人坚决地反对艾彬学派的羽太锐治和泽田顺次郎情欲恐惧症式的观点，但田中和中村的自由主义宽容性也有他们明显的局限性。正如我们在本书第一部分讨论田中时所看到的，他们的明显倾向是将女性单独挑出来当作分裂的对象。许多情况下，他们一方面声称"变态"无差别地影响着每一个现代主体，他们的著作却单独将女性当作现代社会所分裂的重要主体。中村于1930年跃升为歇斯底里症方面的日本权威理论家和治疗师，但他们的敏锐观察却带有性别区分，往往认为现代生活对女性的影响要比男性来得大。田中的思想也是如此。不过，他们著作的总体倾向是把女性当作分裂的对象，而把男性当作分裂行为的主体和实施者。大众文化反思帝国主义社会对神经政治的影响时，这种二元对立的自然化表现非常普遍。甚至自由主义性学和心理学话语也普遍认为，女性无可挽救地遭受了现代"变态"的影响和破坏，而男性只是偶尔人格分裂。正如我下面将要讨论的，男性以及"摩登先生"通过影响女性的手段，遏制并管理他们自己的主体人格分离。不光是普世的现代和普遍的"变态"摧残着女性的神经政治，现代男性主体的某种独特类型也常常成为女性痛苦的根源。

第六章　革命色情与快感的衰退

  近年来女性读者数量日益增加,这一值得注意的现象影响了通俗写作,就像新发现一大块殖民地会影响整个国家一样。女性杂志的迅猛发展影响了整个文学制度,如同纺织业开拓中国市场影响了日本整个金融系统一般。

——大宅壮一,《文学的战术论》

  现代人面临日益加剧的生命威胁,电影则是应对的方式。人需要把自己暴露在震惊效果面前,这是他们面临威胁他们的危险的自我调整。电影回应了人的感觉机制的深刻变化——个体在大都市的街道交通中会体验到这一变化。

——本雅明,《机械复制时代的艺术作品》

资本主义杀人会社

上一章中我提出,"一战"后一种新的经济逻辑在日本都市空间中出现,这一经济逻辑的特点是通过侵占欲望身体来剥削剩余价值。详细阐述这一观点之前,我想先澄清两个问题。第一,这种新的经济逻辑是否只是全球性的现象,而与日本的东亚霸主地位和东亚地区的特殊性无关?第二,现代化理论者会强调,这个向着更高级的资本主义形式的转化是否只是反映了**生产关系**的科学技术意义上的改进,而与劳资矛盾所表现出的两股生产力量之间的对抗无关?

我对第一个问题的回答是"对",第二个问题的回答是"否"。我所依赖的思想资源是马克思主义哲学传统,包括20世纪五六十年代的法农和其他关于贱民阶层主体性的革命理论家,以及晚近的奈格里的"自主性理论"(autonomous theory)等。他们的观点是,以劳动的形式而存在的人类能量,和以欲望生产的形式而存在的人类表达,两者乃是资本主义的本质驱动力。自由资本主义意识形态和现代化理论反复宣传的颠扑不破的人类进步——机械技术、科学进步等——所有这些现象都是根本性的、本体论的活生生劳动的次级效应和再生结果。不言自明的历史事实是,倘若没有中国苦力的劳动,没有马克思所说的可怜的"中国工资",那么,自1905年开始的日本殖民地也就根本建不起来。几乎所有的建筑物都是他们建的,体现着他们的劳动根本属性。同样,倘若没有20世纪80年代起10万日本性工作者和活跃于东亚、东南亚地区的人贩子(以及在亚太地区各地工作的100万日本人)寄回本土的侨汇,那么日本这些地区根本没法承担帝国主义发展的费用——学校、医院、议会、警察局等。

因果关系是切实的。更为抽象一点的则是，倘若没有剥削这些及其他生命政治劳动主体的隐形剩余价值，那么日本资本没法进入下一个更高级的形态，而那个高级阶段要求更猛烈的消费主义和更复杂的商品化形式。更不用说，倘若没有生命政治资本主义对活生生劳动的剩余价值的暴力剥削，那就丧失了帝国主义资本开拓殖民地的驱动力，这里的殖民地不仅包括台湾、朝鲜和1910年起的关东地区，如马克思主义者大宅壮一1930年所判断的（本章题词），还包括迅速膨胀的日本都市消费读者群的感官神经系统。

为进一步探讨大宅壮一的观点，我想考察一下色情奇异的印刷媒体，当时这种文化不但统治了消费者的感官刺激（和更深层次的欲望），还开创了商品形态笼罩和吸纳整个社会的先例。色欲—奇异风格的作家、译者和艺术家不仅拒斥"为艺术而艺术"的姿态，甚至还逆转了这一观点，而原来的美学乌托邦观点认为只有远离市场交换和大众化的丑陋性才能创造出一个更美好的世界。梅原北明是色欲—奇异文化生产最重要的人物[1]，对他而言，打破性别、种族—民族、阶级压迫的乌托邦式社会转型只能在资本主义媒体内部实现，这一理想之实现是内在于物化过程的。梅原认为，新的印刷和传播手段在1923年关东大地震之后有了较大发展，同时，大众读者群迅速增长，中产阶级家庭平均每家订阅一份日报和三至四份杂志（Nagamine 1997；Frederick 2006），这为左翼活动家与解放运动家宣传思想提供了便利。大众媒体提供了以前无法想象的多种可能

---

[1] 对于色欲—奇异文化收集者情一郎来说，梅原"无可争议的是色欲—奇异现代主义的领军人物"（Jō, in Yonezawa 1994, 131）。

性，文化创造者可以直接将他们的想法传播给消费大众，他的这一观点成为20世纪30年代左翼文化生产者的基本共识。如果这些想法能够应用于吸引眼球的新形式，捕捉到现代人的好奇心——即驱使都市主体去用心关注并消费他们的商品，不经意间将他们的劳动所得重新投入到资本主义体系中——那么，其发展前景无可限量。比如，1925年，梅原从原来的联合主编金子洋文手里夺得新近出版的《文艺市场》杂志的主编权，他宣称将批判那些认为艺术高于商品化世界的清高之士：

在现实世界，艺术是一种商品，其价值由数字决定。不过，围绕我们周遭的都是那些执拗地鼓吹艺术与文学力量的附庸风雅之士，说什么在这个物化的世界只剩下文艺能够超越肮脏的金钱。《文艺市场》要告诉那些人：我们发起这份刊物有两个目的，一是打击对文艺的盲目迷信，二是推动文艺的超商品化。这不是要亵渎文艺。而是要点明真相：在发达资本主义社会，没有一样东西不是商品……不过，日本的艺术世界还在被那些陈旧的标签搞得稀里糊涂。显然，这违背了鼓励创新的商品化市场规律。究竟一件商品是好是坏、是高是低——让市场来说话！（*Arts Market*，1925年11月）

为了不让读者遗忘他的使命，梅原在几乎每一期《文艺市场》的封面内页都印上了这份拥抱资本主义市场的宣言。他的政治立场是，左翼和解放运动的宣传内容不必忌讳那些获利颇丰的煽情媒体形式。他看到了新的视觉商品的传播速度和效率，很快总结出经验：解放运动＝商品化。他还意识到，1923年关东大地震以后，现代情欲和灾难——由商品化和大自然造成的移置——是金钱与信息的来源。这个想法出现在了他的处女小说中，这部小说出版于1924年，很快遭到封杀，后来他一生与内务省的审查官员进行着不懈斗争。《杀人会社》使用日本"私小说"的文学符码，讲述了一位贫穷的年轻作家的故事，主人公苦心积虑地想创作出一部畅销作品。

小说以第一人称叙述开始，详细描述这位作家由于严重的神经衰弱遭遇写作瓶颈。他耽误了修改手稿出版的最后期限，一切必须重起炉灶（Umehara 1924，3）。在小说的第二页，叙事者以为有人来拜访过他，但结果只是一封电报，电报的神经政治谶语是："你全身，你全身的神经末梢狂野而刺激。"（4）叙事者突然爆笑，接着承认说："连我都觉得这事儿可笑。"但笑声没有持续多久："一切都太糟糕了。我的脑袋——或者说，我的小说草稿——在杀我，但我内心恶魔般的情欲最最糟糕。我原以为折磨自己能够提供些许写作灵感，随便什么糟糕玩意儿。但有什么呢？私小说？少女初恋？电影脚本？翻译作品？"（6）在这部开拓性的色欲—奇异小说中（Jō 1993，108），我们看到了外界媒体（以电报的形式出现关于叙事者昏乱的神经衰弱症状的诊断）与内在神经状态合二为一。另外，作家的神经中枢（"我的脑袋"）与他的手稿——包括我们正在读的这部日语小说——合二为一。商品完全将原来人与物之间的界限去地域化了。梅原描述的是一次暴力侵占人体神经系统的事件。

一位名叫"三太郎"的老同学突然来拜访叙事者，打破了他的困境。三太郎正前往上海，半路来探望他。三太郎贸然闯入叙事者的房间，神态狰狞；他满眼血丝，身材瘦削，因为吸食鸦片而精神萎靡。三太郎解释说，他正前往上海处理"杀人会社"的事务。三太郎不停地告诉叙事者，那里正要发生"大事情"，即公司以前在其他地方做过的事情。三太郎开始跟叙事者描述这家公司，叙事者逐渐想到，他朋友的色欲—奇异故事为他提供了畅销书的创作素材：凶杀、色情、贪财的公司史将是最好的故事题材。

三太郎已经在杀人会社工作了好几年，曾在日本和美国待过。他说他第一次被领入设在旧金山的公司总部时，就立刻明白过来，表面上这是一家提供多种服务的大型旅馆，"实际上他们每天杀三至五个人，抢光他们的钱财，然后把他们的血液排放到一个大池子里"（20）。他描述了一些杀人手段，叙事者简直不敢相信："这家伙完全是个变态，他到底在说些什么玩意儿？"（21）尽管如此，他还是让三太郎接着讲下去。

三太郎这样解释公司的理念：

通常人们想到黑社会时，总以为他们会有一套自己的理念，但我们公司不去想什么资本主义或民族主义之类的垃圾；我们纯粹是做生意。杀人会社的唯一宗旨就是牟利和杀人……其他公司会有工人组织罢工和政治演说，但我们公司只讲杀人和赚钱。别人讲什么革命或无产阶级解放，简直是弱智儿童。如果你把金钱和女人拿掉，我们一无是处——零……多数人和我想的一样，完全可以去杀人；这没什么错。像你这样的知识分子可能会管这种行为叫作"变态心理"；也许你说得没错，这就是变态。但这是人的第二本性。我刚开始在这家公司做事的时候，一半是出于好奇心；我痴迷于那些杀人和滥交。另一半是出于被迫。但现在魔鬼的那一面完全征服了我，是我的全部。这也是生活：世界越文明，越依赖杀人。这就是整个

文明世界的龌龊秘密。(23—30)

　　三太郎回忆起他刚进公司时,他被强制接受毒品和电击刺激,以唤醒自身的神经政治敏感度。这是他所谓的"日本杀人"的训练过程。他说加入黑社会的一次标准的程式包括许多带着面罩的男人、手持来复枪的警卫、震耳欲聋的军乐,以及一群面试官。三太郎很害怕他们会杀了他(53)。他回答完几个问题后,得到了一个公司内部名字"S403",然后依照规定的誓词发誓。重复完誓言之后,他才明白过来自己已经被公司录用了,一名他称之为"怪物"的高大男子向他展示了公司旅馆的庞大结构(64—71)。怪物似乎有着病态的幽默感,他把那些大房间依次叫作"地狱一号""地狱二号"等。"地狱一号"是平时杀人的地方。貌似这家公司绑架有钱人,敲诈他们的财物,然后杀掉,肢解尸体,把血排入水池。公司职员自己在"地狱二号"的餐饮区用掉一些血液和尸块,剩下的卖到其他地方,包括日本占领下的南洋地区的当地人。有两页内容(74—75)几乎被审查者删光了,内容应该是描写食人的露骨场面。

　　他们参观的下一个大房间是"女招待间",里面住着来自世界各地的美女,公司的男职员可以在里面为所欲为。第二天,三太郎收到公司通知,派他去纽约执行他的第一次谋杀任务(地点是麦迪逊花园广场的一次美国黑人集会)。不过,他被告知,离开前可以先去女招待间找点儿乐子。他向叙事者这样描述当时的场景:

　　　　我走进房间,到处是半裸的女人;还有人当众做爱!都是变态的情欲,你可能接受不了。我一坐下就有十个女人拥过来抱我。跟你说吧，当时我非常快乐……尤其是有个女人勾起了我内心的兽欲，让我欲壑难填。我想怎样就怎样，她们全都属于我。（81—82）

叙事者插进来说，他非常羡慕三太郎的经历，"所有读者也都很羡慕"（82）。

三太郎说，他拜倒在一位西班牙女郎的石榴裙下，她是一位芝加哥富商的女儿。她一开始用汉语跟他说话，因为她见他那么矮，认为他必定是中国人。（三太郎戴着面具，穿着一身黑，公司职员无论到哪儿办事都是这副打扮。）她告诉他自己的爱意，然后说，她是被绑架到旧金山的公司总部的。显然，一年来她被迫为公司的男职员提供性服务，就在这间她与三太郎发生关系的房间。她说："他们想来就来。一开始我怕极了，后来我不去想它。我不去用脑子想以后，就逐渐习惯这种生活方式了。"（87）后来她升格为舞女，只需偶尔跟男人发生关系。

三太郎赴纽约谋杀了一位参与黑人独立运动的美国黑人，然后回到旧金山，那具死者尸体则由公司运至上海，用于做实验。他执行完这次谋杀任务后，爱上了一个波兰女人，她"一战"时离开欧洲家乡，希望能在外面挣钱寄给家里生病的父亲。公司借给她钱之后，她被迫成为性奴。公司显然给她做了脑白质切除手术，因为她被迫与人性交时会不时地发出笑声和尖叫声。这时，公司命令一位新职员把她吃掉，三太郎告诉叙事者："他别无选择，只能照做。"（131）

三太郎注意到，不断有女人从女招待间消失，他正想弄清楚这是怎么一回事时，发现有个男人在和刚死掉的尸体性交（第138—140页有严重删节）。三太郎感到不可思议，他问这个恋尸癖者，为什么他不在女招待间和活人性交，而宁愿和死人性交。男人回答，他"厌恶那里的女人"（142）。他告诉三太郎："你可能觉得这是极其夸张的变态性欲，但我告诉你，恋尸癖就像人的其他欲望一样平常。我遇到的道德问题和其他性行为面对的道德问题差不多。"三太郎还是难以信服，他又问："如果你想要调戏女人，为什么不去女招待间，那儿的女人都是奴隶，随你调戏啊？"恋尸癖笑而不语。这时，三太郎回过来与叙事者对话："你可能也觉得这是变态中的变态。你知道，我加入公司之前也这么想，但现在我不确定了。"（143）

公司的杀人和绑架业务仍在全球各地继续进行。三太郎与西班牙女子的情缘结束了，因为女子被谋杀并被一位新职员吃掉了。公司业务给三太郎增加了不少精神压力。他对叙事者说，一年前（他已在公司工作五年）他渐渐觉得活在体内的是另一个人（282）。这时，他告诉叙事者他去美国之前在东京的一家新女性杂志做编辑。由于有过这份经历和情感，他逐渐产生了一个念头，于是对叙事者说："我想死的时候成为一个女人。"（306）突然他问叙事者："你想星期天和我一起自杀吗？"他解释道，公司有一个自杀俱乐部，公司职员、宾客和性奴能够在那儿一起自杀。第二十八章的末尾，叙事者惊呼："这家伙现在一切轻松了！我现在才意识到自己生活的世界多么狭窄，竟从未听过那样的事情。他的公司多么恐怖。"（309）

最后一章的场景设在俱乐部，那里正在举行一场名为"死之舞"的舞会。标准的俱乐部淫乱场面，负责伴奏的爵士乐手全都是裸女，许多女人站在巨大的蛋糕上裸舞，还有一些女人倒在地毯上，流着血。三太郎说，那里最漂亮的女人是中国人，至少有一位日本女性"走掉"时打扮成了高加索风格。俱乐部成员玩弄那些垂死或已死的女人，而有些玩牌输掉的女人则立即被杀害（314）。三太郎发现这就是自杀俱乐部。输牌就会死掉，而似乎三太郎正准备输牌。玩了几小时后，他还是没输，于是放弃了，他把一个中国苦力拉到门外，叫他把自己杀了。这个中国人给他一块巧克力，说里面加了毒药，但结果巧克力里面加的是鸦片，算他走运，三太郎绝望地染上了毒瘾，被迫继续为杀人会社工作，以换取毒资（315）。这一场景发生在两年以前，现在他和叙事者讲话之际，正是执行公务的间隙，他现在往返于上海、东京和美国之间。

小说的形式与内容如此震撼，我想最好的呈现方式是让文本本身说话。这部小说出版后很快被禁，大约有一百本秘密传播开来。世界文学史上很少有匹敌之作，20世纪30年代末的费迪南德·塞利纳（Fernidand Céline）、威廉·巴勒斯（William Burroughs）和丹尼斯·库普尔（Dennis Cooper）是我能想到的三位类似的创作者。从我所引用的部分就可以看出，作者将现代资本主义世界当作一种"变态"；这个词在不同的段落出现了超过20次。在这个变态的现代世界，还有更加严酷的变态，即三太郎所说的"变态中的变态"——恋尸癖、食人狂等，不一而足。

我试图在本书中为一种新的神经政治权力结构定位，这种神经政治权力结构剥削人的精神注意力、矫正人的欲望，而我发现，本书第一部分生命政治权力结构的关键人物在这里全都出场了，神经政治也在利用这些人物：中国苦力、被迫充当性奴的女性、皮条客、东印度公司和满铁这样贪得无厌的资本主义公司。殖民边缘所孕育的贱民主体回到宗主国中心，以鬼魅的形式再现那些劳动被资本所窃取的身体，人类生活的每一个部分都从属于资本。他们伴随着神经政治权力结构的诞生,并于20世纪20年代中期至30年代中期成为色欲—奇异媒体的关键人物。

讨论色欲—奇异媒体的一开始,我想先给出一些有代表性的文本。我们已经看过江户川乱步的虚构文本。在日本文化史上,1926年至1934年这段时期通常被比喻为"色欲—奇异—荒诞年代",常拿来与德国魏玛文化和美国的爵士女郎年代做比较。有人将其誉为日本"一战"后自由都市文化的延续与提升(Yonezawa Yoshihiro and Jō Ichirō;Silverberg 2007),也有人将其斥为和30年代末法西斯主义相关联的厌世主义与享乐主义,一方面文化保守主义拼命抨击,而另一方面为没有判断力的摩登男女和上班族提供了深层次的文化民族主义意涵(Minami Hiroshi;Kanno Satomi)。我对这两种观点都有所借鉴,并进一步提出新的观点。

日本当时的评论界对色欲—奇异文化也是意见不一。大宅壮一和权田等左翼人士斥之为肤浅的、庸俗的社会时尚,而赤神良让则严肃地认为这是发达资本主义的表现。另外,羽太的观点稍有不同。在第五章,我解读了社会学家赤神以及数位当时重要的性学家,并提出"神经政治"的概念。这里,我想回到赤神的《猎奇社会的面相》(1931),该书是对《现代猎奇尖端图鉴》一书的解读,也是当时流传最广的介绍色欲—奇异文化的文本。[1]该书忠实地记录了这超级怪异的资本主义社会的各个方面,其叙述框架是"色欲—奇异—荒诞",这是截至1930年年末最常用的三个介绍词。

---

[1] 菅野里见称,自1930年起,"猎奇"(bizarre)成为色欲—奇异大众文化中的一个特定符码,所以,我把赤神这本书的书名译作"The Illustrated Guide to the Contemporary Hyper-Bizarre"。

《猎奇社会的面相》对"色欲—奇异—荒诞"现象的介绍十分精彩，但这本书不仅是介绍而已，还征引和解读了当时的社会学、心理学、生物学和政治经济学理论，代表了日本在太平洋战争以前少数几次尝试理解超资本主义（hypercapitalism）对人类社会全方面的影响，甚至包括重组人类神经系统的"湿件"（wetware）❶。对赤神来说，解读色欲—奇异现象的最好方式是把它看作资本主义劳动分工的生动表现。资本主义劳动分工造成人们的抽象思维离事物的生产过程越来越远，而趋近于物质消费的拜物教，这是由现代资本主义普遍存在的物化现象造成的（1931，6—8）。人们不再把社会看作一个整体，而是追求和都市社会保持同一种令人精疲力竭、浑身不舒服的节奏，造成巨大的心理波动，从"抑郁症到酒醉癫狂"（7）。不过，这些情绪的极端波动不是单纯的人体反应；他们与现代都市中随处可见的机械技术操作过程具有同样的形态，人的情绪像机器开关一样随机转换。

赤神观察到，人体神经系统的湿件变得与机械技术的硬件越来越相似，所以他觉得有必要"把辩证法应用到心理作用层面"（1931，13）。应用辩证法来理解机械技术媒体与人类精神功能之间的新关系，这乃是"辨识经济价值生产的现代新形式"的第一步（13）。他注意到，最近信贷与金融投机行为逐渐控制了经济，这显然是资本主义新的价值榨取方式。但最新式的价值采集方式——赤神想在日本现代资本主义中使用色欲—奇异概念所分析的——是延伸至人体、"直接触

---

❶ 与机械或计算机系统的"硬件"相对，即指人的智能系统。——译者注

及感官系统"的资本通道。神经政治凭借工厂技术，以及"我们在电影院、购物、阅读杂志、或走在街上时"抽象而暴力的商品形式，侵占我们的身体，这意味着，人类无法再像19世纪那样对外界刺激做出反应。赤神的辩证法应用到人的心理层面，这表明，超现代的资本主义的一个主要方面就是，人类现在同时既是"超人"又是"非人"[1]（22）。

"现代资本主义的明星"——白领、学生、无产阶级（1931,9）——常有神经衰弱的症状变化，但赤神警告说，这一非人系统的唯一受益者是巨富阶层，他们可以免受现代资本主义神经刺激的侵害。巨富阶层在利润驱动的逻辑中能够保持冷静而理性的风度。这些超级资本家若不在"北海道滑雪"或"东南亚沙滩度假"，就会策划"强制劳动"等新的方式从大众身上榨取剩余价值。他们近期最成功的策划方案是直接从人体神经系统剥削价值。

赤神这本书的第二章《现代的原始主义》和第三章《好奇心》拓展了前辈性学家田中香涯和中村古峡的若干研究主题。在赤神看来，性学话语和羽太的色欲—奇异作品常常引用的现代资本主义的"第二自然"或"第二生命"能够将人类送回文明社会、法律制度建立之前的时代。当代都市丧失了更宏大而坚实的伦理责任感，取而代之的是快速变换的新鲜感和震惊到麻木的刺激感。与赤神同时代的权田也持同样看法。像当时许多日本人一样，赤神使用"现代原始性"（modern primitive）的隐喻来描述这样一个状态，

---

[1] 原文是"super- and subhuman"。——译者注

即超资本主义历史时期产生的第二自然或第二生命使得人类退化为纯粹受本能控制的生物。人类行为不再受善恶伦理规范和苦与乐的情感因素支配，人体神经系统被改写，都市人丧失了伦理和理性思维，剩下的只是条件反射般的现代原始性（84—85）。这些日本都市的原始主体只具有最基本的性欲和生存本能，"更高级的"发展与共同体文明意识明显缺失。现代资本主义夺走了一切人类文明成果，社会只受极少数人把持的"利润法则"统治，资本把人性变为生存系统的被动接收器，就像电影《黑客帝国》（1999）中的人类，只剩下一副躯壳。甚至这些仅存的人类本能也不断被"资本主义熔炉销毁"（Akagami 1931, 33）。发达资本主义为了生产出无法按道德行事的都市原始主体，它实施了一套赤神称为"非合理的合理化制度"。❶

在对人类本能的不断攻击中，唯一免受侵蚀的是：好奇心。赤神写道："追求新事物的本能冲动是现代资本主义唯一容许发展的东西。"（1931，78—79）他使用"荒诞"一词来描述现代都市人的好奇心的非理性逻辑。"荒诞"不像道德、物理学或工业主义，它"不尊重任何规则和规范"。他甚至反对语言本身，而只受图像的控制和吸引（58）。图像的转瞬即逝与传播速度极其适合好奇心的刺激与反应。只是一小撮人凭借规划和数字来执行资本主义控制（60—61），但这一事实被资本精英给掩盖起来了。资本主义控制的接受终端是"超越语言和理性逻辑"的领域，"荒诞"凭借"轮

---

❶ 恰好对应了阿多诺和霍克海姆的文章《用来欺骗大众的启蒙运动》（1972）。

廊与图像"的施力来统治贱民世界（58—59），这就好像本雅明所说的资本主义"连环幻象，人走进去的唯一结果是迷失自我。人因此而臣服于商品的操控，他享受着与自身的异化、与他人的疏离"（2008，101）。赤神认为，转瞬即逝的"体育、舞会、广告和电影"等媒体环境，足以证明图像商品是日本发达资本主义最重要的一环。

  诗人添田将资本主义实际吸纳描述为"铸造场"，它捣烂、碾碎人体神经和肌肉，重铸为新的形态，而羽太和赤神则将其过程比喻为人体的"屠宰场"。赤神称，资本主义割除人类的伦理与情感思维，使其面目全非。他详尽地讨论了这个神经政治权力结构下的"色欲—奇异"的严密运作。在好奇心本能的内部，赤神所说的"爱欲"（ero）获得了自主权力。但是，某些研究"色欲—奇异"的权威社会理论家和文化生产者用"爱欲"这个词时，它的指称与田中、中村和其他医生及性学家在现代性学阐释方面不尽相同。性学话语的中日复合词是"性欲"，它脱胎于田中所讨论的"现代性欲"，而广泛使用的"爱欲"则不那么具有人文意味，更多是出于商品逻辑。爱欲和现代性欲这两个概念都没有被看作个体的机体失灵，而是被看作都市社会的逻辑效应——价值虚无的商品侵占了都市社会中原本不受外界影响的人类领域，比如农村田地、资产阶级家庭和个体心理。爱欲和现代性欲一样，连接图像商品的外在世界与幻想、个体性欲的内在世界，爱欲即这两个世界的合体。不过，超越现代性欲之上，爱欲与如今后现代理论所谓的莫比乌斯带（Möbius strip）❶类似，人的内在被侵犯、剥削、投射到图像商品的总体平面上，居伊·德波后来于1976年称其为"景观社会"。人体身心的内在世界被侵犯和占领时，就会紧密而直接地从属于图像商品的刺激元，身心的防御机制消失了。赤神提出，在这种情形下人体官能唯一能做的是与入侵因子合二为一，逐渐清空原来活跃的、纯正的快感与欲望，取而代之的是异化的、商品化的爱欲。赤神写得很出色的章节《色欲—奇异社会学》详细讨论了这一点，值得此处大幅引用：

正如柏拉图在他的爱欲哲学中所说，人类凭借他们的想象力能够让"美"的完美理念得以显现。男性读者单凭"后期成像"就能感受到你拥有着一个女人。但你真的认为，这足以再现那些真的很漂亮的女人吗？为什么你觉得只有凭借后期成像的手段你才能捕获真正的女人？……

那里有一个美女，但她之所以那么美，是通过想象力的滤纸而造成的，理念先塑造了她。爱欲像底片一样将她投射出来，产生出后期成像。所以，当你再看一眼真实的女人时，你的注视就会穿透她，然后你就会对现实失望了。一旦你面对着真实世界，卸去想象力的辅助，你的爱欲将会抓狂。不过，这种失望将渐渐消退，爱欲逐渐会找到商品替代物。

人类受好奇心的驱使，搜寻最刺激的食物，他们搜寻的手段是

---

❶ 莫比乌斯带是一种拓扑学结构，用一个纸带旋转半圈再把两端粘上之后形成的样子，它只有一个平面。——译者注。

自己的瞳孔和视线；我们在此感受到最强烈的爱欲。我们在这里感受到最直接的爱欲冲击，如果我们只是被动地感受爱欲，那么爱欲就停留在野蛮而原始的阶段。不过，无论人类主动与爱欲保持怎样长的距离，现代生活的脉搏如此激烈，每个人都在寻求最强烈、最野性的震惊和刺激元。最终产生的爱欲具有兽性、性错乱、古怪而变态。发达资本主义将这些爱欲模式职业化，从中获利。咖啡厅、酒吧、舞厅、电影院、西洋镜、赌场这些地方，现代资本主义都在发动和利用爱欲。（1931，150—151）

赤神敏锐地分析发达都市资本主义中的异化欲望的核心作用，他显然是想要找到一种合适的语言来描述现代资本主义"吸纳爱欲为其服务"的现象。不过至少他成功地勾勒了一种新的价值生产体系的概貌，这种新的价值生产体系超越了剩余劳动剥削模式（工资劳动从属于生命政治资本的传统剥削模式）而直接运作于人类感知和注意力的层面。爱欲为资本工作，引导人的好奇心趋向于图像商品，逐渐被征服的原始好奇心迫使人们将注意力全部投射到商品上，引诱人们花钱消费。赤神认为，爱欲资本主义的图像商品必须变得越来越古怪、奇特、变态，这样才能不断诱发刺激和麻木效应，确保人类将金钱和注意力投入进来。后来，传播学批评家乔纳森·贝勒（Jonathan Beller，2006）一针见血地称之为"注意力经济"。通过赤神所谓的图像商品与人类心理的辩证法——两种原来不同的东西合二为———人类的认知行为变成同一过程的均质延续，"其结果是兽性、古怪和变态"。赤神的说法取消了图像商品与人类行为之间的区别，现代爱欲资本主义的终极目的是两者的辩证综合。

赤神在描述现代图像商品时，我们可以看出他的想法与电影艺术的发展方向是一致的。有声电影于1929年引进到日本，一年后，赤神写完此书。资本需要不断地引诱人的注意力，而赤神的描述正契合了电影的特性，电影是最成功的好奇心捕捉手段。虽然杂志也将商品注入感官系统，但电影更为强大，能让人将幻想误识为现实。赤神警告读者不要混淆"后期成像"的女人与真实的女人，"后期成像"的女人是男人"拍摄"下来的，然后根据他们的图像商品化想象而拼接起来，使她们看起来更加具有爱欲和吸引力。但他似乎也意识到，自己的提醒太无力，也太迟了。图像商品入侵到了人体最深层次的神经政治，这是一个无法逆转的过程，从此，人类认知的神经网络永远与现代资本的软硬件结合在了一起。

可怕的爱欲正在急速扩张。现代人的神经系统在新的资本主义冲击之下变得更加复杂，但同时，神经系统变得虚弱，更加依赖资本主义。由于对人体神经系统的控制使得人们易受外界影响和操纵，我们被诱使去寻求最强烈的爱欲。资本运作的丑陋之处就在于，它给我们驯服的欲望标上了价格。而其野蛮性吓得我们惊出一身冷汗，我们仅存的一点儿人性让我们意识到必须要逃脱这种野蛮性，否则我们神经系统负载过重，会走向疯狂。不过，由于我们的道德敏感神经比较传统，没有办法来抵御这种新事物的进攻。（1931，152）

不断遭受神经政治入侵的身体使得人类越来越虚弱。每遭受一次入侵，我们的神经系统抵抗资本侵蚀的能力就越弱。赤神所用的"令人厌恶、丑陋不堪、古怪、变态"等词语试图捕捉新型资本主义的

"变态"和暴力性,后者异常可怕,它虽然依靠抢夺人类能量和爱欲而存在,但贪得无厌地渗透进能量的神经核,使人愈加着迷于资本。这些入迷的人非常之依赖这种新型资本主义,不管付出多少代价,他们都要主动地付钱,以换取进一步受剥削。我们欲求越多,神经政治资本就从我们身上剥削的剩余价值越多。我们越是在这个体系内部消费,我们的个人追求与梦想就被越来越多的物化、同质的爱欲所代替。❶我们越是享受生活本身,我们就越是趋向于生命的死亡和人性的毁灭。这里,我们应该想到本雅明的分析,他说法西斯主义中,"人性在最高级的审美愉悦中体验到其自身的虚无"(2008,42)。这个变态帝国主义制度最合适的名称只能是"色欲—奇异"。

赤神在这一章的结语中解释了爱欲与异奇❷之间的实际联系(1931,152—153)。现代人无法抵抗震惊与刺激的强度(他们只能不断地接受),他们只能勉强去掩盖自己日益罪恶而变态的行为。我们看到了现代人的狡猾,无意义词语、嬉笑噱头、插科打诨,这些是当代社会在异奇中的典型体现。所以,"依靠资本主义和奇异文化的小丑",爱欲再度达到超载,以更新的强度入侵身体。

资本推广"异奇"的手段(赤神在其他地方举的例子包括暴力性的职业体育运动、赛车、相扑、电影和脱衣舞)无法完全掩盖自身的爱欲掠夺。它们反而加强了爱欲,拓宽了好奇和刺激体验的范围,

---

❶ 居依·德波在《景观社会》中写道:"观看者的异化与被观看的对象的利润之间的关系是这样的,他越是观看,就越是消耗自己的生命;他越是在需求图像中看到自己的'真我',就越是不了解自己的生存处境和自己的欲望。"(1983,30)
❷ 日本罗马拼音为 guro,即英文 grotesque(奇异)一词的简写,以下"guro"单独出现时均译作"异奇",以区别于"grotesque"(奇异)。——译者注

生产出居依·德波所说的"掠夺的繁荣"（1983，30）。"异奇"诱发爱欲，但并非以我们前面讨论过的那些性学家的手段；高科技赛车运动的"异奇"所释放出的现代人的爱欲史无前例。"异奇"所繁殖、中介的爱欲效用使人类变得更加疯狂和残暴。赤神没有像一般人一样把异奇当作色欲—奇异文化中的一种美学现象，而是把它当作重要的意识形态因素。异奇掩盖了神经政治对身体的侵占，将欲望替换为异化的资本主义图像商品的爱欲，同时，异奇扩展了爱欲的作用范围，往爱欲里面填充奇异的因素。一旦异奇加入到"无意义"，它就会摧毁所有指称社会意义的语言；小丑的表演噱头，或者高速撞车场面，使得媒体符号超越书写语言，指向纯粹的图像，最终指向电影。

梅原与革命小将

六年前，赤神提出观点认为，图像商品通过刺激消费者好奇心和吸引注意力的方式来剥削剩余价值，而六年后，梅原则希望好奇心的类似作用能帮助引导消费者的注意力转向社会进步方面的信息。他提出，无产阶级刊物《艺术市场》应该制造一些图像商品的内容及其符号意义，把自己的力量转化为图像形式。《杀人会社》的反资本主义和反种族主义主题是这一新兴媒体政治的最早例子。他确实说服了一些文化生产者，叫他们以新的形式发出声音，其中包括中野重治和村山知义，后者是MAVO美术运动的核心人物（Weisenfeld 2002）。

梅原北明从1919年至1921年在东京的早稻田大学学习欧洲文

学，后来他退学进入新闻界和解放政治运动。根据他的儿子梅原正木的说法，当时"解放运动"意味着抛弃20世纪20年代初统治日本社会的种种"封建因素"：性压抑、严格的种族—民族等级制度、阶级压迫（Umehara M. 1968, 1978）。北明（这个笔名的意思是"北方革命"）还是一个高中生时就开始参与激进政治活动，帮助家乡的工人罢工和工会活动。他在早稻田念书的时间全用来读书、参加罢工（与工人游街时穿着他标志性的小礼服，这是一种典型的达达主义姿态）、研究三K党等白人种族主义团体。他的儿子说，父亲北明通过研究种族主义团体，很快养成了对日本国内种族—民族歧视现象的敏感度（Umehara M. 1968, 224）。他做自由译者挣钱养活自己，1922年时，他花了六个月时间到日本西部帮助受压迫的部落。❶ 后来他与部落首领发生争执，部落首领不同意他疯狂的宣传计划，因此他返回东京，专心写作《杀人会社》。

他写完这部小说后，迷上了在早稻田读书时研究过的一本书，薄伽丘的《十日谈》。这本书是之后10年的色欲—奇异作家和编辑的必读文本，其日文版首位译者正是梅原北明。❷ 北明翻译出版薄伽丘成为了当时的一个媒体事件，他和他的朋友们后来在20世纪30年代初反复提及这件事。早些年，户川种骨和小泽贞三曾想要出版薄伽丘的全译本，但被内务省禁止。梅原意识到，他需要想些不

---

❶ 山口昌男撰写了迄今唯一一部关于梅原的学术研究著作（1994, 341—378）。秋田昌美《性的猎奇摩登》（1994）有一章专门讨论梅原。梅原在《爱经集》（1927年，卷2, 2）屡次引用自己的反种族主义著作。

❷ 1928年至1933年间至少有四本大众文化杂志的名字中包含"十日谈"三个字，包括《世界十日谈即论》《摩登十日谈》《十日谈图鉴》和意大利文刊名"*Decamarone*"。

一样的办法让这本书通过审查。他1924年凭借手头的法文和英文译本完成了翻译的初稿，然后他先邀请东京的意大利大使馆官员，以及几位著名的意大利作家，来参加他在浅草组织的聚会，纪念薄伽丘逝世500周年。参加聚会的有意大利驻日大使及其夫人、几位意大利官员、一位意大利作家、若干梅原的朋友以及几名艺妓。活动一周前，梅原在两家东京报纸上张贴广告，宣传这个聚会，并宣布他将出版自己翻译的前半部《十日谈》，凭借艺术界的影响力和意大利大使馆的名头来威吓内务省检查官。在聚会成功举办的晚上，意大利大使授予梅原特别文化奖章，感谢这位日本译者为意大利文化做出的贡献。梅原当时喝得酩酊大醉，顺手就把奖章送给了一位咖啡馆女招待（Umehara M. 1968，227）。

梅原靠着意大利大使馆的政治影响力和经济资助，于1925年3月出版了《十日谈全译本》，一个月之内售完首印6000册。批评界和读书界听到该书出版的消息都感到很兴奋，《朝日新闻》和《读卖新闻》两大报纸双双表示欣喜和震惊，他们没料到内务省会审查通过这本书。《读卖新闻》高呼："此珍本首次在日本出现。通常当局会严密审查并禁止色情文字。但这次非常罕见，审查者默许了梅原北明先生的《十日谈全译本》。"（1925年4月13日）

《十日谈》下半部出版的四个月前，梅原出版另一本畅销书，E. L. 威廉姆斯（E. L. Williams）的《伟大俄国革命史》（*History of the Great Russian Revolution*），与共产主义者杉井信夫合译，书中他对苏联的伟大历史事件赞誉有加。梅原震惊地发现，这本书也通过了检查官的审查。他用独特的笔调在《译者序言》中写道："删掉……！我们能说什么呢，译者完全没料到此书能够出版。天知道现在的审查者在想什么。现在最恰当的反应应该是欢呼吧？哇哈哈哈！我们的《伟大俄国革命史》不管怎样出版了。"（Umehara H. and Sugii 1925）梅原本人猜测，可能是审查者放松了警惕，他们没料到一本关于苏联这个新国家的直白历史会有什么销量。不管出于何种原因，审查者后来对梅原的这两本书非常恼火，准备实施报复。10月，梅原漫不经心地在首印6000册上市之前提交《十日谈》下半部送审，而内务省立即下令查禁此书。用梅原的话来说，"30名警察光天化日之下冲进我们印刷间，用6辆卡车搬走了全部6000本书。"（Arts Market, 1925年11月, 2）

梅原利用《艺术市场》的编辑身份宣传自己与审查者的对抗姿态。他在1925年11月的杂志封底上说，他热切期盼的译本被查封了，"出版已遭禁止！修订本即将面市"。他在今后数年屡次宣传和渲染《十日谈》下半部遭禁的事情，导致他自己两次坐牢。他的主要宣传手段是报纸上的付费广告。他在1925年12月21日《文艺时报》查禁事件新闻的边上刊登广告，冷静地描述整件事情，称审查者是"伪君子"。他的策略是公开羞辱检查官，力图刺激消费者的购买欲。但他的计划不限于此。《十日谈》上半部出版后，他通过意大利大使馆将该书寄给了大正天皇以及两年后继位的裕仁天皇。

梅原向大使馆的朋友抱怨政府查禁《十日谈》下半部的决策，并威胁于1925年12月发起新一波的薄伽丘热潮。他与内务省几轮交涉之后，同意将稿件再次修改后送审，后来检查官通过了他的修订本。1926年2月，梅原的上下两册译本合为一卷出版，部分由于是禁书，这本书卖得很好。除了一些纯粹的商业促销外，有几个报道也证实了该译本对大众文化的影响力（Yamaguchi 1994, 344—

354)。梅原本人写了他和朋友为这本书付出的巨大心血,并解释他希望此书畅销的原因。1927年10月出版的《艺术市场》"世界十日谈"特刊中,他说自己花了极大的心血将此书译成日文:"薄伽丘和几位革命小将一起在宗教和艺术领域合作,在危机年代成功揭露中世纪的黑暗面,展现文艺复兴的光明面。我们的目的同样是要针对'日本的黑暗面'展现光明。"

梅原——这位"革命小将们"毋庸置疑的领袖——随后七年间不断挑战检查官,直到政府将其强制打压下去。1932年,他躲入地下活动,逃到日本西部地区。两年后,他重新以日本帝国主义狂热支持者的面目出现在公众面前,回到东京依靠军队里的长期支持者,他成为了靖国神社的历史学家和档案管理员。除了《十日谈》出版时利用媒体造势以外,他还创造其他办法来销售他的书和杂志。也许其中最有效的手段不太为人所知,他用会员制的方式来销售科学和学术刊物。根据米泽嘉博的说法,"会员制是昭和初期出版销售色情书刊的最佳方式"(1999,66—67)。梅原利用会员制发行了他主编的另一本杂志,名为《现代/变态资料》。他在《艺术市场》和报纸上刊登广告吸引读者。梅原的儿子称,《现代/变态资料》在1928年的销量达到了3000份(Umehara M. 1968,234),而米泽嘉博的猜测数字是接近1600份(2001,32—33)。

梅原经常夸大杂志销量和读者影响,以此来激怒检查官,所以我们应该谨慎看待他提供的数字,他说,杂志出版的第二年,已有超过250位医生注册成为他的会员(Arts Market,1927年3月,2)。他儿子则将《现代/变态资料》的读者群分为三类:大学教授,军队高级军官,检察官和法官。作家和出版家大概可以算作第四类读者。梅原会刊登会员目录，请求他们续订新一期的杂志和书籍，我们由此知道一些订阅者的身份；内务省规定，每出一个新的刊名就要重新登记读者信息。1925年订阅了《现代/变态资料》的读者中，有一位名叫小笠原长生的高级将领，他是关东军的海军军官；梅原曾刊登过两次他的名字（Abel 2005，271）。

这个时期梅原主编的第三本杂志是传奇性的《奇异》，但他没能采用会员制的出版方式，因为内务省认为这本杂志毫无学术价值。所以，像当时许多大众文化出版商一样，他决定冒险碰碰运气，1928年11月他成功地发行了6000册。米泽称这6000册很快售完，原因显而易见。除了梅原的名气，看一眼图片（比如《现代/变态资料》中有很多裸女的图片）和杂志目录就能发现，里面有许多恋物癖和性犯罪方面的诱人内容。也许有人会怀疑检查官怎么可能让这样的刊物通过审查，但当时的大众文化刊物刊登色情、变态的内容太多太多了，疏忽是有可能的。更重要的事，检查制度的条例关于"性"的方面语焉不详，只是明确规定了已婚夫妇之间的性行为不能直接描写出来。米泽说，日本战前的书报审查制度盛行的是儒家文化，因而最关心神圣的父权制的家庭内容，只禁止夫妻房事和通奸的露骨描写。所以，只要没有夫妻房事和通奸描写，或者被其他情欲描写盖过了，那么，战前的书报审查制度就不会把它看作严格意义上的性描写（Yonezawa 2001，4—5）。❶

情一郎和米泽进一步分析了从爱欲到异奇的历史性转变，他们

---

❶ 由于田中香涯的关注焦点在于已婚夫妇的性生活，他三年后（1925年）停掉了《现代性学》杂志。

强调，如果图像和文字内容仅仅是"奇异"，那检查官很难通过法律程序禁止它出版。而"奇异"的弹性非常大，可以包括几乎任何内容。这正是梅原将新杂志命名为"奇异"的缘由（Kanno 2005，157）。这一策略标志着"色欲—奇异"成为一个固定用语流行开来。可以说，梅原的杂志是第一本严格意义上的色欲—奇异文化产品。从此以后，原先的一些文本被追溯为色欲—奇异，其中包括一些我前面讨论过的杂志，以及谷崎润一郎和江户川乱步的作品。这一回溯性的命名很大程度上归功于梅原的所作所为，他把大众性学、现代娱乐性行为、现代主义美术和新出现的情欲暴力现象结合了起来。"奇异"是最好的结合手段，而且当时正处于梅原正木所说的"性新闻"爆炸时期。菅野里见和情一郎均认为，这本杂志极大地影响了20世纪30年代初的低俗、色欲—奇异月刊，比如《犯罪学》和《犯罪文摘》（Kanno 2005，159—168；Jō in yonezawa 1994，131）。讲谈社的 King 销量高达100万册，也是一本低俗月刊，深受梅原的《奇异》所开创的情欲暴力描写的影响。❶ 梅原从爱欲到异奇的转变表明情欲蔓延到了原本与性无关的行为上，比如战争和犯罪。另外，异奇的焦点地位反映了好奇心的运作趋势，好奇心要迫使消费者投入注意力，然后购买炫目的商品。自然，这一转变的其他原因还包括，梅原想要逃避检查官的审查，在日益泛滥的性学杂志和书籍市场上抢得先机。他关心的是，爱欲如何受异奇的激发，尤其是在战争中。1927年去

---

❶ 媒体史学者佐藤卓己（2002，57）称，截至1934年，King 是东京15至35岁读者"最最"喜爱的月刊。King 1925年创刊，至20世纪40年代初数度更换风格，甚至涉足广播媒体。该刊于30年代初成为日本军国主义的吹鼓手，经常把士兵和坦克作为封面。

过上海以后，他这方面的兴趣愈加浓厚，并且他在上海出版了第一期《奇异》杂志。

梅原同时有好几件事要做，包括处理《现代/变态资料》的订户名单，以及和他的好友酒井洁一起远赴上海躲避检查官的干预（Yamaguchi 1994, 349）。他与酒井合作，筹划出版《奇异》的创刊号，继续翻译工作，还准备创办第二份杂志，这第二份杂志计划刊登包含中文的文章。这本杂志即著名的《爱经集》，他们希望借此"在中国掀起性学革命"（Kamashastra, 1927, 卷1, 2）。根据情一郎的说法，去上海的另一个原因是在那里玩女人和吸毒更加便宜。情一郎转述梅原的话，那是他们到达上海的第二天，梅原的朋友田中义一郎带他们去领略上海的夜生活："我们到了魔居，在密室里坐下，等着她们进来。一个女孩只有十六七岁，另一个则是经历过沧桑的中年女人。我很难描述她们有多漂亮，但她们都散发出一种中国风味——化过妆的雪白脸庞，带一点儿肉感。"（引自 jo1993, 125—126）

他们在上海除了消费价格低廉的中国女人，还利用那里低廉的印刷成本出版作品，其中一部名叫"巴尔干之战"，剧情发生在"一战"的德国色情小说（Balkan Krieg, 1926），小说作者名字叫作威尔海姆·麦特（Wilhelm Meiter），但梅原猜测这是笔名，小说可能是从土耳其文翻译成德文的。不管怎样，《巴尔干之战》于1928年5月出版，印出来的400册从上海发往各个订户。梅原评价麦特的文字是"战争环境中弥漫着的堕落道德氛围"。他的译本代表了日本现代主义潮流中结合战争与色情的首部作品，小说中的敌方女性央求打胜的一方士兵强奸她们，还有奸尸的场景，而梅原运用的笔调很轻佻，这种笔法后来反复出现在30年代的大众话语中。我们还应将其看作一种重要的大众文化，这是后来日本军国主义在亚洲犯下罪行的先兆。有鉴于此，我想翻译几页小说内容供读者参考。

小说分为两部分，第一部分的题目是"战争就是大狂欢"，第二部分的题目是"战争带来的放荡与残暴"。小说开头提醒读者，士兵的心理与平民是不一样的。

> 士兵走路与一般人不一样，他们只跟随军乐的节奏……
>
> 他们必然要被送上战场。每个人，包括他们自己，都预计会有可怕的事情降临到他们头上。但他们经历己方与对方士兵死亡的同时，还享受着地狱般的好时光。他们消灭最后一名敌人的时刻，发现自己非常享受这场战争的方方面面。他们特别享受带来的真正自由感，眼里燃烧着欲火，欢呼雀跃。据说，士兵在和平时期会忘记战时的自由，但实际上，战时的自由本能仍然遗存了下来，存在于他们与妻子、佣人和女儿之间的交流中。（Umehara H.1928，10，9）

开头一整段介绍了一位名叫艾特卡的年轻女佣人，她的主人是匈牙利男爵夫人海莲娜。小说描写海莲娜的宅邸像一个堕落的爱巢。另一位女佣叫作薇萝妮卡。她进入房间时，提醒海莲娜说，她们曾答应经常在沙发上互相安慰对方，薇萝妮卡问艾特卡懂不懂她的意思。后者还没来得及回答，海莲娜就开始自慰，两个女佣人看着她达到性高潮。性高潮过去以后，海莲娜说："现在我好兴奋……"（15）

海莲娜劝说两个女佣人聊她们以前与女朋友的性经历，聊着聊着，她们三人自慰起来，还互相爱抚；她们玩的是"巴黎式三人群交"。最后，人造阳具登场，"爱液流满了她们三人的身体"。第一章的最后一句是："无论是在战场还是在后方，战争无疑改变了人类本能和自由意志。我来为你讲述几个这样的故事。"（19）该书第一部分的故事里有性欲过剩的奥地利女性因为找不到士兵上床而与狗交和（第五章），还有一位鳏夫名叫埃斯特班，天赋超人，他的"家伙"长达17英寸。他与一位罗马尼亚军官的"好色"妻子上床，这位军嫂"常和各种男人厮混"，据说埃丝特班的性能力足以匹敌一匹"牡马"（14—17）。

小说的第二部分"战争带来的放荡与残暴"，描写的是打胜仗的军队占领一座巴尔干城市以后所实施的性暴力。强奸和其他性犯罪都有所描绘。第一章先声夺人：

士兵们涌入城市。所有的守军都被杀光了，征服者们在城里为所欲为。城里住着老人、小孩和一些病人，但还有许多女人。官兵们实施占领者的标准政策——奸淫每一个女人；反复强奸处女。如果女人胆敢反抗，这只会更刺激男人们的性欲。

不过，应该补充的是，没有一个女人试图反抗。她们反而充满欲火。士兵就算只看女人一眼，她也会立刻奉献出自己的肉体。她们整个就是放荡、无耻的女人。她们不但逾越了文明的界限，返归原始，而且还有一种提升的自尊感，许多女人不甘愿被动地让士兵满足她们。她们反而主动地陶醉于肉欲，变成士兵们梦寐以求的性伴侣……

后来军队准备出发侵略土耳其，城里的女人们央求他们再多待几天。士兵们不为所动，照计划动身出发离城，然后他们发现，有几个欲求不满的女人扮成男人混在队伍里,只求和他们这些强奸犯多待一会儿……

军队侵略土耳其北部地区时,混入军中的几个女人目睹了类似的惨剧,士兵们强奸了一个村庄里的四百多名女性,其中包括一百名黑人女性。(202—203,302,324)

我们有必要知道梅原和《艺术市场》对《巴尔干之战》的处理方式,因为这类关于色情暴力和战争惨剧的随意处理后来又出现在了《犯罪学》和《犯罪文摘》等低俗的色欲—奇异刊物上。这一主题还屡次出现在《现代/变态资料》和梅原的《爱经集》杂志上。例如,梅原在《现代/变态资料》的创刊号上印了四幅惊悚的腐尸图片,这些照片选自恩斯特·弗里德里希(Ernst Friedrich)拍摄的一组名叫"战争反对战争"的德国反战摄影集,出版于1924年。菅野里见称,梅原"无视原书的政治意涵,随意插入尖酸刻薄的图解"(2005,161)。类似的随意处理还有在1928年的《爱经集》杂志上,一组从"一战"照片上挑选来的八张惊悚图片(砍头、腐尸等)的图解文字。我认为,梅原对战争暴力的轻佻处理影响了后来的大众低俗刊物。我附录了1932年6月出版的《犯罪学》杂志两周年特刊上"战争与性地狱"的一张广告图片。

快来看!史无前例的出版奇迹!战争的黑暗面在原始、裸露的图片面前暴露无遗!大众性风俗的研究者们不容错过本期精彩内容。战争的恐怖与性的堕落能否改变压抑的本能?这些恐怖景象能否唤醒年轻处女的欲求,使她们撕破压抑的面罩?性虐待、性高潮、卖淫、

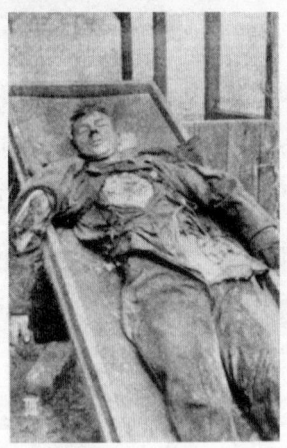

> 专门用来捕捉、殖民占领读者注意力的奇异照片
> 来源:《爱经集》,1928年1月

> 《战争与性地狱》,《犯罪科学》创刊两周年庆预告,1932年6月

荡妇，全部内容夺人眼球！

1931年"九·一八"事变后，一些日本军官开始定期为色欲—奇异杂志撰稿。例如，《犯罪学》1931年11月这期上面有一半作者是高级军官，他们习惯于淫荡、堕落的东西，尽职地解释日本侵略战争的必要性。同样在《犯罪文摘》杂志中，军官是1931年和1932年的重要撰稿群体，他们的名字出现在性犯罪、同性色情和恋物癖文章的旁边。学术界一般认为色欲—奇异现代主义与法西斯军国主义之间是冲突关系，但我认为，它们之间有许多重合和一致的地方。有一些色欲—奇异现代主义与帝国主义神经政治的结合，明显是梅原为了吸引读者眼球而做。但色欲—奇异现代主义不只是梅原一个人。《犯罪学》和《犯罪文摘》杂志上，军官叙述侵华战争的文字与变态性学的文章被排列在一起，这提醒我们，两者之间还有别的联系，我将在本书的第三部分详细讨论这个问题。这里先简单讲一下，《犯罪文摘》出版的头几年，目录页的框架是裸女的轮廓，这很说明问题。色情内容为日本空军和军备部的军官提供了一个叙述框架。菅野写道，这些低俗的色欲—奇异杂志为日本军队提供了言论平台，而杂志本身"没有背叛那些寻求色情内容的读者"（2005，162）。换言之，那些花钱刺激自己好奇心的读者获得了发达资本主义的一条历史经验，即打仗能刺激情欲。战争是本质上的色情原生物。

赤神最喜欢的奇异文化是撞车比赛、相扑和职业体育运动；梅原则把情欲化的战争当作他的奇异符号。《爱经集》的副主编酒井洁则喜欢鸦片和毒品作为奇异的象征。他与梅原在上海市去过许多次鸦片窑子。❶ 虽然他们描述上海的鸦片窑子时会提醒读者毒品"特别容易上瘾",但显然他们对毒品非常痴迷。对酒井来说,快速上瘾的特性与难以言表的快感,这两者的结合正体现了他所理解的"奇异",也就是某种与欲望不可分离的东西。抽鸦片是他在梅原的杂志和他自己的《世界十日谈》上撰稿时津津乐道的话题。酒井是将鸦片树立为色欲—奇异文化符号的重要人物,我们能从1930年至1934年的色欲—奇异出版物中找到许多**中国瘾君子**的形象,这些形象成为享乐的标志。

  酒井依靠他在上海的研究成果,于1928年和1929年与《艺术市场》合作出版两卷本的性与毒品史。第二卷的文字仿佛一件精心雕琢的艺术品,衬托毒品当作春药的柔美感官享受。他利用上海法租界里的二手书店的资料,完成了《性与毒品》,讲述抽鸦片对性行为的显著促进作用。大量插图与三百多页文字都在讲各种毒品对性欲的提升作用,酒井写道:"在亚洲,男女交合时常常会抽鸦片。鸦片会让性爱过程更加舒服,但结束以后,药效褪去,则会产生深深的失落感。另外,男方通常会把女方的容貌想象得比实际状况更美。"(1929,20—21)鸦片能让性生活更加"刺激、强烈",但它只会让吸食者欲求更多、更强烈的性爱。酒井警告读者:"抽鸦片和嫖妓,这两样加在一起能让有钱人一个月之内倾家荡产。"(211)

  赤神提出,赛车和职业体育都是明确的奇异文化,两者都掩盖

---

❶ 引自情一郎的私人通信。参看梅原1929年1月出版的《奇异》杂志(*Grotesque*,"Ahen kō",19—33),他在其中有篇文章,图文并茂地介绍上海鸦片窑子的三个等级。另参看酒井1933年出版的回忆录《九年夜话》他在书中屡次把吸食毒品当作春药催情。

了资本主义入侵现代消费者内部身体的事实，它们用一种商品化的爱欲来取代个人的、主体的欲望。梅原和酒井的"革命小将"在情欲化的战争和鸦片中找到了不同的奇异。但是，战争图像与致幻商品都是在掩盖神经政治的剥削过程和商品化爱欲取代个人爱欲的替换过程。两者都像烟幕（或闪光弹）一样，掩盖了发达资本主义中价值生产和剩余价值剥削的主宰方式，还进一步刺激消费者的好奇心，将注意力的欲望拖入更深的神经政治爱欲中。赤神警告说，这一过程最终会导致自我走向灭亡，无法摆脱神经政治资本主义吸引消费者好奇心的欲求，这样一个辨证过程伴随而来的是更加古怪和暴力的图像（1931，144—145）。江户川乱步《盲兽》中的受虐狂，《杀人会社》中三太郎邀请叙事者参加的那个自杀俱乐部，以及梅原对战争的商品化和情欲化处理内容与消费行为中暗含的死亡目的论，我们已经从这些地方领略到奇异的运作模式。

三越百货商店，神经乌托邦

1931年，梅原应邀回顾自己参与散播恋尸癖图像的过程，他说，作为一名优秀的资本家,他只是想提供读者所需要的东西。他只是"回应"消费者需求，"反映"现实世界，因此不能谴责他"贩售"色欲—奇异："我从未主动给什么东西贴上'色情'或'奇异'的标签……我只是印刷出这个世界的本来面目。"（Umehara M. 1968，233）这与他之前的理想相去甚远，他原希望进步主义的政治思想能通过资本市场的传播而发扬光大；1931年，他则称只是在"反映"资本主义现实，而不是用明确的手段来改变它。世界，或者至少是发达资本主义日趋奇异的图像商品所驱动的那个世界，与革命先锋携手并进。《奇异》的终刊号为日本帝国主义在满洲的所作所为而欢呼雀跃（1931年6月，2—19）。这期杂志还包括我在都市大众文化传媒所能找到的最早的殖民地"慰安妇"形象。关于《殖民地女性新类型》的这篇杂志文章想要激起男性的好奇心和欲望，文章称日本人如果敢于闯荡亚洲大陆的话，很容易搞到这种女人。

有些读者可能不相信神经政治实际在吸纳整编人类神经系统，将其纳入贩售战争与死亡图像的资本主义媒体幻境中。看一下日本这个时期所创造的一种社会科学，他们就会相信了：今和次郎的考现学。考现学试图去理解色欲—奇异媒体所激发和生产出的好奇心，但是更多的是观察和分类，而非批判神经政治吸纳。考现学的方法与梅原和其他色欲—奇异生产者差不多，赋予资本主义市场自主性，赞扬市场商品与人类之间交流距离缩短。大体上，这就像梅原凭借资本主义图像商品引介"革命"的色情、反种族主义、主战信息一样。

今和次郎1925年春进入东京，当时他带领一个研究团队调查东京银座消费地区的消费者行为模式。调查报告以"东京银座街风俗记录"为名发表在1926年的大众女性杂志《妇人公论》，今和次郎由此一举成名。据说，三越百货商店的中产阶级消费者都惊讶于调查员们问他们的问题和分类——文字记录加上拍照——包括日常着装、逛街习惯、蹲下时的身体姿态、打喷嚏和挠痒的方式、情绪波动程度以及其他种种细节。东京的中产阶级并非第一次接受这种繁琐的分类调查，但这是第一次被当作新式经验观察的"现代考古学"对象，这种社会科学直接干预人的身心。毕竟，上层阶级和中产阶级消费者无法避免今和次郎调查中所展现的三越和丸善等东京大型百货公司的图画和图表。今和次郎称,凭借着我们今天所说的符号学、市场调研和人类学,考现学这一新学科能渗透和综合"人类学、社会学、神经学、效率学和地理学"的学科分类(1973,20)。最后,一种社会科学在日本都市出现了,它既反映商品化神经政治的基本状况,又反馈和加强了后者的程度。

今和次郎想做的是,考现学要超越以前的科学观察方法,它必须自己投身到物质空间的混乱转型过程中,嵌入量子力学中的流体力学所统治的当代资本主义的速度与运动。考现学的客观性不同于19世纪科学"僵化"的客观性。考现学的情境知识有点像后现代社会理论所说的"自反客观性"("self-reflexive objectivity")以及批判民族学理论所强调的"部分真理性"(partial truths),它意识到自己存在于"主体/客体、研究者/研究对象、医生/病人、法官/犯人的关系之中,**并且**处于这些二元对立的左边一方"。今和次郎继续谈道:

> 如果缺乏对这种复杂关系的清晰认识,那么考现学的客观性就会再次沦为空洞的行政程序……作为调查者,我们每一个人都怀着尊重大众商品的想法,所以我们是从内部来建构现代生活,我们最好应当承认自己也有欲望。调查员只有怀着这样的哲学认识论,才能达到真正的客观。(1973,17)

局外人的观念,不论是批判的或超然的客观性,都要尽量避免。虽然对今和次郎来说,客观性仍然存留着物质空间与暂时超然于空间之上的主体、调研员、医生和法官之间的距离,但现代资本主义的神奇力量正在缩短这一距离，消解原有的神经政治二元对立。同样的，考现学的客观分类方法暗含着一种目的论，外界观察者依靠实际吸纳逐渐进入观察对象的内部。从考现学的第一次理论灵感开始，消解原有的二元对立就成为改变社会科学认识论的基础。

虽然今和次郎没有明确赞美资本主义，但他曾经被迫吐露心声，考现学坚持不涉及政治——他屡次声明考现学"与现代科学一样，超越红、黑、白"（Kon and Yoshida 1930, 15）——这巩固了消费资本主义的现状。他自我辩护，也许对以前的研究者来说，可以批判资本主义消解传统与风俗的缺陷；但不同于柳田的民俗研究对传统与习俗的保护，今和次郎宣称："（考现学仅仅）关心新事物，发生在我们眼皮底下的事物。"（1930, 27）今和次郎回应那些谴责考现学追逐"古怪"、极端新事物的人，他说考现学接受那些谴责。考现学家像普通的商品消费者一样，"必须保持兴奋和好奇的状态"（30）。可是，他警告说，这些批评者不应该把考现学与业余的民俗学研究混淆起来，虽然后者同样具有激动的好奇心。也许研究者投入对象的那种兴趣相同，但记录的手段则完全不同："风俗学者过于主观印象式，而我们使用的是最先进的观察手段。"（33）

他所说的科学手段包括摄影、统计、素描和笔录。考现学家会在他们的研究中使用各种手段。比如，今和次郎的调研员会秘密"尾随"那些在三越百货商店购物的男女顾客。等到过了一周时间，这些考现学的研究对象会看到自己在商店里购物时的照片或素描。调研员则"科学"地观察购物者第一次看到某件商品时的喜怒哀乐、最终购买的物件和肌肉抽动、抓摸身体等各种官能反应（1930, 37）。今和次郎将跺脚、抓头等身体抽搐的特点和频率记录下来当作神经指数，他因此号称自己的考现学处于国内外学术界的领先地位。考现学的另一大特征是对商品形式入侵人体神经系统基本上持肯定的态度。抓挠和抽搐行为是针对百货商店、橱窗展示和神经政治资本主义各种入侵人体手段的理性反应。以研究各种新的注意力形式的眼光来看，考现学关注人体姿态的"古怪"活动丝毫没有古怪之处。

商品资本主义的新世界改变了人类主体性的内部和外部，虽然门外汉会感觉这种社会变迁很古怪，但以考现学的专业眼光来看，整个过程是合理的。资本主义取代了前现代社会的传统风俗和19世纪的盲目效仿，现在时尚已经是"理性的自由"（Kon and Yoshida 1930，20）。20世纪的风俗满足了现代人生活的需要，而以前传统的风俗只是空洞的仪式。今和次郎认为，资本主义赋予消费者个体能动性，使得20世纪的社会风俗理性化。正如哈鲁图尼恩所说："购买和消费行为赋予物品以社会意义，这揭示了一种对人的主体性的理解方式——人们处于知道自己想要什么、为什么要这样东西的位置，因而他们能用自己的知识做出自主行动"（2000，181）。

而对考现学的批评者而言，这种"知识"不过是对商品资本主义制造出的新奇事物的表面"欲望"。虽然今和次郎不接受他是在追逐新奇事物这种说法，但他和其他考现学家最后都没克制住自己。早在1926年，今和次郎宣称考现学要"避免古怪和变态的东西"，而应聚焦社会的日常生活（1929，5）。但截至1930年，考现学家试图与现代风俗保持距离的想法显然失败了，好几位学者开始收集色情珍品。例如，在一本今和次郎与吉田健一合编的集子中，吉田健一很注意把他的作品与堕落的"猎奇趣味"区别开来。吉田在题为"爱情考现学"的文章中说，他曾跟踪六对情侣晚上外出。他说至少跟踪到一对情侣"当众做爱",但他马上避开了,因为如果盯着看的话,自己无异于色欲—奇异新闻记者(Kon and Yoshida 1930, 57)。他的回避让他有底气强调考现学科学观察与对象之间是保持着距离,至少与梅原身边的那伙色欲—奇异风俗学者相比没那么淫荡堕落。客观地讲,考现学家不自觉地陷入了新的商品世界,但今和次郎强调,观察者与对象、主体与客体之间仍然保持着一定距离。

这一只有考现学家才看得见的细微差别,使得今和次郎有理据称,考现学具有"流动的渗透性,渗入世界的每一个小角落",直达"当代社会的分子结构"(1973, 22)。考现学的流动、分子渗透性加快了这门学科前所未有的部署速度。这门科学兼具亲身境遇与"乌托邦理想"、"偶然性与必然性"、内在性与超验性,能够模拟和加速现代资本的速度、流动性和变异性。最重要的是,考现学不断突出其境遇性,强调自己也是一种商品形式的物质实践,因而内在于商品形式。所以,它有可能超越和征用现代性本身,就像资本的猎奇能力一样。今和次郎提出,考现学的部署方法运用得当,能辨识出摩登男女的流行速度有所迟缓,在他们身上甄别出"现代原始性"(15, 37)。相较"考现学—资本"的超高速,将现代生活本身标识为"迟缓",这表明了考现学能够把"世界上每一件独特的事物变得清楚明白,仿佛上帝之眼将其看穿"(23)。考现学作为一种神圣的凝视,不像基督教上帝或权田的左翼社会科学那样杀戮、判决或谴责什么东西,而是通过其再现能力进行自我生产。考现学家凭借神圣的分类法,宣布了第一条戒律:生命、商品和机器地位平等,可以互相交换。

不过,我们换另一种政治眼光就可以看到,人类降至"物"的地位,一切价值都转化为资本逻辑,导致整个世界的非理性。这是左翼色欲—奇异民俗学家(今和次郎常常斥责他们为不科学的主观印象派)所描绘的世界。我们可以看到,在他们的通俗作品中神经政治资本主义运作良好,但是,借用村上亮六(Murakami Rōroku——音译)为中山由五郎(Nakayama Yuigorō——音译)的《变态处世法》一书所作序言的一句话,它"理性地运作,结果增强了非理性"(1929,3)。今和次郎的《变态爱欲研究》是这类著作之一,作者正面回应考现学的批评:"许多人嘲笑我们研究变态和爱欲,但我们坚信,我们是在真诚地做学问。实际上,鉴于变态乃是我们的生命源泉,我们认为,它是最重要的研究主题。"(1930,b)野马次郎允诺"要彻底研究"强奸、兽性、恋尸癖和滥交等问题,他认为,最终的研究成果"将成为人类文化的重要贡献"(2)。

中山的那本著作是这一类出版物中(两年内重印超过十次)较为温和的一本,详细审视变态的各个方面。该书长达1300页,囊括了每一种背离人类基本行为规范的可能性。读者对象包括刚到东京的新移民、农村居民以及殖民地移民,他们想知道帝国中心正在发生什么,而答案并非表面那么简单。每一个广告、每一部电影、每一份报纸背后都有一个阴谋。现代都市的骗子们——放高利贷者、妓女、小偷、金融资本家——争先恐后地榨干刚到东京的新鲜人。如果新移民想要找一个配偶缓口气,那么只会掉入"操纵深层欲望"的精巧骗局(Nakayama 1929,2—4)。同样,招工广告也不能信,那些都是绑架平民然后做奴隶的,真正的工作内容和广告词大相径庭(48—64)。不过,最糟的是妓女。她们看似平凡,街头巷尾随处可见,但实际上是最险恶的骗子(845)。整个都市的炫目视觉景观——西洋镜、见世物❶、电影、色情立体视镜——合成一种宏大的变态景观发挥震慑和迷惑作用（352，560，718）。凭借那些能让考现学家望而却步的比喻，该书第一次告知日本读者一种新的都市怪兽：吸血鬼。"吸血鬼"最初的日文意思指的是具有魔鬼法力的"资本主义剥削者"。

中山给读者介绍最新的盘剥手段。他说，有个流浪汉住进东京神田地区的一幢贫穷工人的公寓里。这个流浪汉似乎周围没有朋友，据说晚上曾经抬着大棺材回到他的小房间。公寓的其他住户觉得，这个人不干什么正事儿（1929，485）。一天晚上，公寓开晚会，他的形象突然大变；他看上去充满魅力，到处与人搭讪聊天。他勾引男女之时，告诉他们他在销售炫目而廉价的商品。他抬回来的棺材里塞满了廉价消费品，比如廉价肥皂、美白产品和便宜的电子用品。第二天，他的房间外张贴了一个标识，宣告他的公司成立，公司名叫"国家发展公司"（489）。所有女性，以及一部分男性，不敢相信"原来以为是一个小偷"的人居然在收购吸血鬼/资本家❷的商品。第一部分的结尾描述这位资本家的商品"非常奇怪"，而那些电子消费品"仿佛电子巫术"（487）。

然而，似乎人们很欢迎这些新产品的到来，"吸血鬼"晚上带回来的棺材越来越多。接着，他开办自己的小银行和贷款业务，中山说他有"藏金巫术"，他雇佣了几个人在他公寓里为他工作，而他自己则搬到一个更高级的中产阶级住宅区。这时，叙事者中山插问："但

---

❶ 见世物，日语，指魔术、杂技等小节目。——译者注。
❷ 此处原文 vampire 是一个双关语，既表示吸血鬼，又表示无情掠夺的资本家。——译者注。

是，这位被许多女性视为伟大创业家的奇怪男人究竟是谁？"（488）这个男人的真名原来叫高柳準之助（Takayanagi Junnosuke——音译），他搬出神田公寓以后，事业蒸蒸日上。

他依靠剥削几乎所有日本人的"血汗"来"骗取剩余资金"，建立了二十多家"鬼影公司"，现在国家发展公司已经成长为一家大型财阀集团。他的前途似乎无可限量，还打算竞选国会议员，其政治幕僚认为竞选必胜无疑。这个部分的结尾，叙事者中山跳进来说，这个男人是"现代社会的罕见现象"，他必然是一个"冷血的黄金猎人"（1929，489）。读者获知，吸血鬼的竞选活动充满了谎言和阴险的欺诈；但是他外表诱人，能够让人们"热血沸腾"。这里再一次，"鲜血"反复出现——血汗、冷血、热血——提醒读者去注意吸血鬼的吸纳剥削过程。

小说最后四页充满激烈论辩和对吸血鬼的咒骂。中山愤懑地说："由于他的吸血手段，那些不懂得金融家贪婪心的工人们纷纷倾家荡产。"（1929，499）后来我们得到书中的警告，金融工具是"真正的谋杀武器，是他手握的白刃"（499）。最后，中山揭露"阴毒的金融家不会放过吞噬我们、吸我们血的机会，直到我们的死亡带给他们利润增长为止"（500），他说，整个国内，吸血鬼财阀吸干了所有的资本和生命。吸血鬼资本家当然是"有史以来主宰我们社会最巨大的怪兽"。后来司法机关抓住了他，将其逮捕，以诈骗罪判刑。但这一"告慰在天之灵的胜利"也无功而返，因为他的财阀居然还在发展，还在赚取利润。吸血鬼似乎趁黑夜越狱了，监狱根本阻止不了他（501）。

中山在这些传奇故事中所描绘的东京，这个发达资本主义都市,就像村上在该书的序言所说,并非原始社会的风俗,而是"最发达的现代文明":"我们每个人如野蛮人一般互相厮杀,直至死亡。"(1929,2)中山的著作最后两百页是现代都市"猎奇者"的故事:绑架犯、人贩子、堕落妓女和资本诈骗犯。你吃的饭(1238)、做的爱、说的话(1387)都属于另一个人,通常是一名资本家在吸食你的生命。这本书传达给东京新鲜人的信息是,这个世界的生存法则是要像那些骗子和强盗一样思考。中山描述的这个世界已经被商品化败坏,唯一的生存之道就是自己也变成一个"野蛮人"。此时已无法逃脱帝国神经政治的妖魔鬼怪的纠缠。

就像大多数色欲—奇异媒体一样,中山的著作萦绕着驱动日本资本主义走向发达阶段和我称之为**神经政治**的捕获权力结构的生命政治主体性。在这个商品化渗透都市生活的巨大转型期,它不但吸纳了形式吸纳了的劳动力,还吸纳了整个社会。正如我们所看到的,它的运作方式是捕获人的注意力和好奇心,然后"推动情欲发挥作用"。神经政治通过调动爱欲,同时以奇异作为伪装,成功地将色情和奇异绝对化——我说的"绝对化"指的是,在神经政治中断绝了其他出路,出路只此一条。虽然神经政治吸纳的中心场所是消费与被消费行为,但驱动资本积累的生命政治主体也以虚化的图像商品形式而存在。就其本身而言,它们以不死的媒体形式存在,帮助推动日本资本主义走向一种新的资本积累权力结构,我称其为"死亡政治"。但是,请先放慢脚步,容我再多讲一点儿吸血鬼的故事。

附录2　神经政治露出毒牙

资本是死劳动,像吸血鬼一样,靠吸食活劳动维生,它存在的时间越长,吸食的劳动就越多。

——卡尔·马克思,《资本论》第一卷

相信我,僵尸比殖民者更可怕;所以问题不再是去迎合殖民世界,而是要在小便、吐痰或夜晚外出之前三思。

——弗兰兹·法农,《全世界受苦的人》

1929年秋,吸血鬼首次出现在日本都市媒体。先是专门讨论吸血鬼的大众色欲—奇异文集出版,然后是江户川乱步与城昌幸两位作家的同名小说《吸血鬼》。1930年,吸血鬼方面的媒体内容迅速捕获了大众读者群的注意力。幻想文学评论家须永朝彦后来说,昭和初期(1926—1989)逐渐被"吸血鬼情欲主义"所主导(1993,

152）。须永认为这种情欲主义既存在于消费者渴求这类图像商品的欲望中，也存在于不断诱惑读者的吸血鬼形象中。吸血鬼是资本主义对人体内部进行实际吸纳的神经政治最清晰不过的例子，它最极端地综合了色情与奇异的辩证法。伴随着吸血鬼降临，神经政治露出毒牙。

左翼哲学家和作家，比如户坂润和中山由五郎，谴责那种使用哥特式和奇异式比喻对人体进行泛吸血鬼化和泛僵尸化处理的现象。他们提出，泛吸血鬼化现象既象征着那些为了生命活力而去吸收图像商品的消费者主体，又象征着发达资本主义积累对人体内部的暴力剥削。户坂润将这一现象放置在资本逻辑从属于实际吸纳的过程中来思考。《日本意识形态》一书是他颠覆此种体制的主要著作，该书汲取了大量哥特风格和奇异图像的论辩力量。他借用许多血腥剥削行为的比喻来揭穿日本资本主义自封的和谐形象。《日本意识形态》写作之际正逢吸血鬼文学兴起，户坂润提出，要在政治上批判"日本自由主义虚假理念的矛盾"，揭穿"它的血路"（1967，卷2，228，234）。他挪用太平洋战争前出版的最后一本吸血鬼小说题目"骷髅的陌生人"，说道："凭借自由主义的意识形态伪装，原本裸露的骷髅获得了婴儿般的皮肤。"（230）户坂润认为婴儿面具是20世纪30年代初法西斯主义的支撑物之一，它掩盖了他称之为"鬼婴"的狂热而贪婪的资本主义。

户坂润认为，在某些特定历史阶段，自由资本主义的破产必然导致政客和知识分子的批判消退，因为这些人已被"和谐社会整体的魔术"所蒙蔽（1967，卷2，349）。《日本意识形态》坚持把法西斯主义思潮放在中产阶级知识分子的无能当中思考，后者无法把握自由资本主义中的社会的缝合趋向（参见 Žižek 1991）。❶ 在日本国内，这一社会趋向表现最明显的地方是自由主义对日常性、庸俗主义和常识性三种因素的缝合，缝合的手段是户坂润所说的默许"撒旦行径"的"墨菲斯托菲里斯"❷契约："撒旦和墨菲斯托菲里斯试图勾引……而实际的常识则具有批判的能力。"（251）《日本意识形态》的辩证法提出，"常识不过是从一开始就被否定的那些东西。"（260）自由资本主义中的强制性和谐否定了阶级的常识，留下的不是活生生的无产阶级日常性的批判常识，而是被户坂润称为"平庸性"的半死不死的常识。他提醒读者，对阶级意识的否定"绝不是一个简单的过程"，而是不断"自我推销的平庸性""强行拉客"拉出来的（262）。最后结果就是，"常识与真正的'平常'生活或多数人的统治毫无关系，而是由压力和暴力给'搞'出来的虚构理念"（263）。他与意大利的葛兰西（Antonio Gramsci）处于同一个时代写作，户坂润遗憾地写道，真正的贱民和无产阶级常识基于"存在的日常性"，它已然"被迫转入地下，被击成了碎片"（266）。

吸血鬼情欲主义和户坂润的"撒旦与墨菲斯托菲里斯诱惑"在江户川乱步 1930 年的畅销小说《吸血鬼》中发出了大众文化的声音（Kyuketsuki, 1987）。这是第一本吸血鬼主题的日文小说，强化了日本大众文化中的吸血鬼原型。我们已经在中山由五郎的色欲—奇

---

❶ 参看 Alan Tansman 关于日本法西斯主义的文学与文化表征的新书（2009），以及他主编的关于法西斯主义的论文集（2009），两本书都颇具启发性。
❷ 歌德小说《浮士德》中的魔鬼。——译者注

异文字中看到，日本的吸血鬼与欧美流行的"外来的陌生人"的模式不同（Driscoll 2000，176）。布莱姆·斯托克（Bram Stoker）的小说和《诺斯费拉杜》（Nosferatu 1922）等欧洲电影中的吸血鬼完全是一个他者，和犹太人、男同性恋或半人兽一样，而日本大众文化中的吸血鬼是具有诱惑力、像人一样的生物，它诞生于都市资本主义的内部。这种"从内部纳入"的吸血鬼类型证明了户坂润的判断，阴毒的怪兽必须把自己伪装成婴儿的面孔和柔魅的外表，以摧毁贱民和物产剪辑的常识，吸食他们的生命。并且正如我们在第六章所看到的，这一现象在20世纪30年代初期的媒体中也非常明显，即吸血鬼形象的图像商品在日本都市焕发出炫目光彩，通过诱惑和户坂润所说的"拉客"来吸引主体投入神经政治的魔爪。

色欲—奇异作家酒井洁最清晰地表现了这一点。在《降灵魔术》一书中，酒井提出，中国和日本的吸血鬼小说不像欧洲的同类作品，没有欧洲吸血鬼的残暴性格："东方的吸血鬼传奇中，受害者往往像吸血鬼一样具有进攻性。在日本，我们有许多类似于吸血鬼的传奇故事，狼变身为女人，然后与男人性交，还有老鼠变身为男人，与女人性交；听起来可怕，但过程非常享受。"（27—28）酒井接着说，吸血鬼的受害者"获得吸血鬼的某些能力，他们会变得更加诱人，由此传播到其他地区，增殖他们的能力"（34）。

乍一看，江户川乱步的《吸血鬼》模仿了欧洲的"外来的陌生人"模式。他的序言勾勒吸血鬼的基本特征，即夜晚偷袭熟睡的人。他写道，自己小说的主人公类似于"巴尔干传奇"中性格残暴的人物，都是"世界上最邪恶的人"（1987a，2）。他花了一页篇幅描述吸血鬼的性侵犯模式，然后令人惊恐地推测说，找不到活人目标的吸血鬼会去偷棺材。这些生物当然不会死,所以如果不处置好他们,连死人也不得安宁。这篇序言提出的是"外来的陌生人"模式,但江户川乱步著名的叙事手法才刚开了个头。后面不再出现明显的欧洲模式,取而代之的是一系列吸血鬼效应,欧洲模式反而成了批判的对象。例如,在小说的第三章,吸血鬼开始露出踪迹以后,神秘的客人房间里发现了一个木桩。佣人们不知道这个奇怪木桩的明确用途,但小说暗示这是用吸血鬼的心脏驱动的。小说这一章的后半部分,另一位神秘人物出场了,他"没有影子,而且照镜子没有倒影"(67)。

小说开始的场景是东京郊外的高级温泉会所。两个男人在决斗;决斗方式是,两杯水里面其中一杯已经由侍者下了毒药,而另一杯是干净的水。较年轻的那个决斗者名叫三谷房雄,他先选择。他外表俊美,年龄25岁,可看起来只有15岁的样子,像日本版的好莱坞演员理查德·巴索洛梅夫(Richard Bartholomew)。另一位是著名的艺术家和摄影家,名叫冈田道彦,大约35岁,人长得也很好看。这两个男人爱上了同一个女人,一位名叫柳静子的寡妇,长得像"摩登女郎","25岁,但看起来只有20岁"。三谷先挑水杯,他挑中了那杯干净的水,决斗获胜。冈田拒绝喝下另一杯水,他屈辱地离开了温泉会所。三谷和柳静子马上亲热起来,他们的"性爱仿佛涌出的热血"(13)。三谷被柳静子"汹涌的情欲"吸引住了。

接下来,柳静子的丈夫是一位珠宝窃贼和白领犯人,六个月前死在监牢里。珠宝窃贼这个形象带有一丝殖民征用的痕迹,因为当时许多珠宝都是从日本殖民地边缘抢来的。接着,我们看到死者的住宅,也就是现在在他的妻子的房产。寡妇的6岁的儿子离奇地遭到绑架。三谷和男管家搜寻孩子时,发现了她丈夫被肢解的尸体,看上去是两个月前埋下的。尸体上有奇怪的标记和咬痕,表明有吸血鬼找不到活人,所以把这个珠宝盗贼挖了出来。

再过两个场景,故事回到豪宅,管家和两个警察正在搜寻线索。这里我们再次看到江户川乱步标志性的主题之一,这一主题在第六章已经出现过:里面放着刚杀死的尸体的雕塑或模型。警察惊恐地发现,这个盗贼尸体已经做成了日本传统工艺样式的标本,这更让人怀疑吸血鬼的关系。乱步小说的侦探主人公明智小五郎出场了,他逐步查明,七宗类似吸血鬼的谋杀案件中唯一一位有相关联系的人物正是三谷,这位在温泉会所决斗的美少年。❶ 明智小五郎用吸血鬼的手法设了一个局:高科技的摄影技术、整容手术和灯光技术、精巧的电影技术。俊美的三谷丝毫不像歹毒的巴尔干入侵者。他俊俏、诱人、有正义感;最后一个场景,他为自己的谋杀和吸血行为做辩护。

江户川乱步的小说讲述了一个类似吸血鬼的实体从不同的人那里掠夺生命。乍看之下,吸血鬼的攻击行为不像是要把那些受害者也转化为吸血鬼,那是布莱姆·斯托克的模式。但是,随着小说叙述媒体的注意力,泛吸血鬼化似乎在媒体报道和谣言传播过程中重新赋予了受害者半条命,攻击行为增强了吸血鬼的力量,也提供媒体一种受害者的身份认同,报纸和警察记录并传播了他们的信息。换言之,泛吸血鬼化不是简单地在压抑和消灭这些人,而是将其**主体化**,在资本主义媒体中给他们第二条命,它可以维持和扩展吸血鬼自己的生命视界。凭借吸血鬼的攻击行为,他的那些受害者——摩

---

❶ 乱步笔下的明智小五郎,就像柯南·道尔笔下的福尔摩斯和阿加莎·克里斯蒂笔下的大侦探波洛。

登女郎、殖民富人兼珠宝盗贼、无产阶级平民——都获得了名声和社会身份认同。吸血鬼展现了性感的吸血鬼式的实体勾引和吸纳人类的手段。实体依赖受害者维生，而受害者也通过墨菲斯托菲里斯契约而参与共谋了自身的死亡。虽然他们看到了与吸血鬼实体接触的危险性——危险却刺激了他们的交流快感——死亡的危险性却没有吓退他们。很明显，东京的景观社会在谋杀案发生之后的煽情议论保证了他们的**死后生命**。再联系到赤神良让的分析，他说资本主义用商品化的爱欲代替人类欲望，这商品化的爱欲包含着自杀和谋杀的快感，江户川乱步的《吸血鬼》清楚地表现了他的观点。赤神所描述的发达资本主义运作形式在乱步的色欲—奇异小说中则落实为具体的内容。

　　整个过程的本质和我想传达的信息非常简单：所有的受害者都认识三谷这位类似吸血鬼的人物，而他们想参与整个勾引过程的欲望导致了自己的死亡。虽然我还不能说这是自我毁灭——从神经政治到**死亡政治**的转变——我们至少可以注意到一些引起日本马克思主义者警惕的都市大众文化趋势。也即，发达资本主义为了继续捕获和吸食人类注意力和好奇心，它必须不断加大筹码，加强图像商品的内容冲击力，我想说的是，这时期江户川乱步小说中的煽情图像商品正体现了这一运作机制。由于炫目和古怪的商品消费出现了赤神所说的"快感的衰退"（1931，172），所以资本主义媒体的趋势是立即无保留地欢呼暴力、犯罪和死亡，这正是她所说的"奇异的终极目的"。赤神辩证地指出了奇异的终点，这与本雅明所说的资本主义媒体清空和删除原来的人类欲望与行为规定的"注意力分散"过程有异曲同工之妙（西田几多郎1928年提出的唯物主义概念则是

"无的空间",1970）。本雅明讲得很清楚,资本主义媒体创造的娱乐内容使得消费者被吸血鬼图像商品给"吞噬"（Einverleibung）掉了（2008,56—57）。图5是1928年至1933年间大量色欲—奇异大众文化图像商品中的一件,画面是一个凶猛而诱人女妖的震惊和吞噬动作,这就像江户川乱步的小说《吸血鬼》一样,既批判又强化了资本逻辑的吸纳和延伸运作。按照赤神的分析,这一侵入过程将"赤裸的日本人"贬为易受资本主义神经政治变态教化影响的僵尸。

赤神提出,资本主义实际吸纳用可交换的爱欲来代替愉悦的使用价值,从而导致无止境的虚无主义,因此他预测,人类欲望的征用过程引导消费者去对抗生命本身,最终将爆发"奸尸大狂欢"（1931,178）。他敏锐地观察到,以"九・一八"事变为代表的右翼恐怖主义将迅速主宰日本政坛,"今天的情欲将汇入明天的撒旦派,今天的异奇（guro）将变成明天的恐怖（tero）。（……发达资本主义）能够让血液从人类文化中喷涌而出。"（179）这位社会学家通过英文单词的游戏（guro 即 grotesque,演变成 ero,即"terroresque"）提醒读者,当代资本主义从一开始就采用了商品化的根本形式——用没有生命的商品来代替活生生的、有欲望的劳动力——然后把这一转变过程追踪至1930—1931年左右的东京都市。这里,消费资本主义中的本真性的人类欲望已经被多重神经政治替换和取代,扭曲为"爱欲",被意识形态引导着跳入死亡的深渊中去寻找娱乐。回到本书的标题,在发达资本主义条件下,情欲的绝对化导致生命接近死亡；情欲的绝对化导致生命扭曲为政治暗杀、集体强奸和帝国战争。

作为当时最受欢迎的侦探小说家,同时也可以说是1925年至1934年间日本最重要的作家,江户川乱步以文学的形式掩盖了神经

> 被震惊、石化的旁观者遭到吸血鬼吞噬
来源：酒井洁出版的图画书《一千零一夜》（アラビアン・ナイツ），1927年印于上海，邮寄至梅原北明在东京、朝鲜和中国东北等地的订户

政治对身体的征用，这个现象居然鲜有人提及。但是，在江户川乱步的《恐怖王》和《现代男孩》(Modern Boy) 等先在报刊连载然后出版廉价单行本的小说中，明显存在着赤神所勾勒的那个体制的结构形式。色欲—奇异小说的实质内容印证了讨论色欲—奇异的马克思主义社会理论的论述架构。正如我们在他 1931 年出版的小说《盲兽》中已经看到过的，《吸血鬼》的主人公的欲望与他们的自我毁灭有着共谋关系。《盲兽》带有厌女症的色彩，意识形态引导着小说中的女性去欲求自我毁灭，这种对死亡的欲求有利于资本凭借盲兽的暴力积累而生产出利润。同样，1927 年的《帕诺拉玛岛奇谭》和 1933 年的《黑蜥蜴》带有惊人的皮格马利翁风格❶，两方面人物像签署了契约似的：一方是被制成标本、"保存完好"的人，另一方是疯狂的殖民者瞳广助和黑社会流氓黑蜥蜴。

《帕诺拉玛岛奇谭》中的瞳广助是典型的色欲—奇异文学的神经质成瘾的人，他用荒岛主人的孩子代替自己埋进棺材，伪造成瞳广助本人已自杀的假象（1987b, 28—29）。被埋八天之后，他神奇地"重生"，家里人异常高兴，他们寄给他一张空白支票让他修缮荒岛。瞳广助的新婚妻子经历了丈夫的"大死亡"之后的第一次夫妻性生活像经历了一次"小死亡"，这引起了妻子的一些怀疑，但他并未暂停他邪恶的小岛整修计划，将整个自然环境改造成"像满洲一样"的景观（84）。瞳广助的私人满洲岛的主要特征是招募了许多男女演员和抑郁的俊男靓女来岛上体验"终极好奇心"，然后主动地自杀，做

---

❶ 皮格马利翁（Pygmalion）是希腊神话人物，热爱自己所雕刻的少女像。——译者注

成雕塑，或者像小说《莫罗博士岛》(Island of Dr. Moreau) 一样杂交。他建立这个资本主义第二自然之后，安坐在岛中央观赏小岛的全景（还利用灯光和场景移动来模拟"渐入淡出"的电影效果），其视觉效果甚至超过了好莱坞。他最后被逮捕了，但由于他肆无忌惮地"于生与死之间嬉戏"（113），他的"色情生产"已经诱发了消费者的"高度好奇"。

我把江户川乱步的小说理解为社会批判，可能有的读者会不同意，认为这只是惊悚侦探小说的文学类型的特征：盲兽和吸血鬼似的三谷房雄不过是罪犯而已？如果这些是犯罪的话，那么小说把罪犯描写成奇怪，甚至变态的人物，这不是很正常吗？小说传达的信息不是很保守、倾向于警察机关那一边吗，最后明智小五郎不都把罪犯抓住了吗？与江户川乱步同时代的左翼批评家也有同样的疑问。江户川乱步初出茅庐之际，马克思主义评论家前田河广一郎（1888—1957）就猛烈抨击乱步在《新潮》1924 年 12 月刊上发表的侦探小说站在警察一边，压制无产阶级。而江户川乱步当时已经发表过批判金钱的小说《二钱铜货》（1923）和批判商品化进程扭曲人体的《人间椅子》（1924），他自然非常愤怒。乱步在 1925 年 5 月的《新青年》杂志上与广一郎展开辩论（参见 Nakajima 1994），他坚称小说主要是一种智力游戏，他创作的侦探小说绝不是"资产阶级文学"，而是包含着明显的"反抗精神"。乱步一直小心掩盖自己真实的政治观点，以躲避警察的骚扰，他坚持认为为了刺激自己和读者的好奇心而创作大众文化作品没有什么过错，然后，他劝告广一郎，马克思主义者不必浪费时间来"抱怨"他的侦探小说的政治性（Shinseinen, 1925 年 5 月，151，152）。

我把乱步解读成一位持续不懈地批评当下政权的作家，尽管他批评的声音日益玄虚而微弱。除了我上面提到的人道主义、马克思主义主题的短篇小说外，他还创作了《芋虫》，这是写于1928年的著名反战小说，警察还为此找上了门，另外还有两篇小说明确地批评了日本的海外殖民：威尔斯（H. G. Wells）的小说《莫罗博士岛》的改编本（《孤岛之鬼》，1929）和畅销小说《帕诺拉玛岛奇谭》，后者两度改编成电影。据我所知，批评界并没有按照反殖民主义的思路来解读这些小说，江户川乱步小说的研究者们基本上不愿意采取政治解读。❶ 这很让人意外，因为按照密里厄姆·西维尔伯格的说法，马克思主义社会观"主宰了"20世纪20年代的日本知识界（2007，39）。就这些殖民小说而言，他16岁时（1911年）与家人在朝鲜生活的两个月时间让他亲眼目睹了日本殖民统治的压迫。有几篇小说直接包含了殖民因素，读者跟随着侦探明智小五郎往返于帝国都市与东南亚殖民边缘。例如，小说《蜘蛛男》（1929）中，明智刚从亚洲大陆周游数年回来，重访之前的小说 Dwarf（1926）中首次描写的那些殖民城市。我曾经冒昧地问过乱步的儿子平井龙太郎（Hirai Ryūtarō——音译）他父亲的政治立场，他回答说，父亲20年代主要是一个社会主义者，而到了30年代中期则明显动摇了（私人交流，1996）。我们不想纠缠于此，但我想提供几个证据，表明乱步对20世纪二三十年代日本资本主

---

❶ 松山严的《乱步与东京》（1984）把乱步当作东京都市文化的写实主义指南。Sari Kawana（2008）和 Yoshi Igarashi（2005）的英文著作都没有严肃对待乱步在公共媒体上的撇清言论，忽视了他躲避警察监控的用心。

义权力所展现出的各方面的批判立场。

乱步也对日本右翼对他的攻击非常敏感，右翼人士批评他过度认同犯罪者的心理，他的作品宣扬暴力和社会混乱。自大约1928年秋季连载在《新青年》杂志的小说《妖女》开始，日本"二战"前关于侦探小说最重要的一次辩论围绕着他的小说展开了。甲贺三郎，以及其他几位批评家，例如1920年至1927年间《新青年》杂志的编辑森下雨村，表达了他们对乱步的失望之情，称他违背了早年的诺言，他的小说和其他日本侦探小说都缺乏欧美同类小说所具有的科学的客观性和逻辑性。甲贺三郎重复了19世纪末盛行的对日本文学的道德批判，他将日本侦探小说分为两种类型，一种叫"本格"❶，另一种叫"变格"。他借用"变"这个字，把大多数日本通俗侦探小说归入"变态"一类（Kawana 2003）。本格、欧美文学与变格、日本文学之间的论战持续了若干时间，支持本格派的人明显占少数。自1924年至1936年，变格派在思想和商业两面战场都取得了胜利。甚至谷崎润一郎和佐藤春夫这样的著名知识分子都在为乱步和梦野久作创作的变格派小说辩护，感谢他们创作了通俗作品，其品质胜过当时的日本高雅文学。

虽然乱步有了忠实读者与知识分子的支持，但东京发生耸人听闻的犯罪案件时，保守派还是会指责他。最有名的例子是1932年10月东京玉野井地区发现了一具碎尸（Kata 1985）。调查了两周时间都没有任何线索，《读卖新闻》的一位读者写信说，既然这件谋杀

---

❶ "本格"在日语中有严肃、正统的意思。——译者注

案与乱步的小说那么相似，难道人不就是乱步杀的吗？乱步刚接受过警察的调查，他严肃地对待这封读者来信，在《读卖新闻》上专门撰文为"变格"派推理小说辩护。

乱步的辩护词题为"侦探小说与情感宣泄"，发表于1933年5月，文章谈了几个层次的问题。很明显，他把"安提戈涅"和"俄狄浦斯王"等希腊悲剧与色欲—奇异侦探小说合并在一起讨论：

> 侦探小说存在的理由是为社会提供情感宣泄的途径；我所说的"情感宣泄"（catharsis）指的是亚里士多德在他的《诗学》中提出的概念……古希腊悲剧前所未有的奇异性通过优美的诗歌传达出来，但它吸引观众靠的是情感宣泄。为了维持共同体的精神和心理健康，希腊悲剧中的不道德因素利用恐惧和恐怖来诱发观众宣泄情感。（1994，115）

我们不能直接采纳这位创作了《盲兽》和《黑蜥蜴》的作家的日本国体观。难道这不正是马克思《雾月十八日》中的那句名言吗？第一次是（希腊）悲剧，第二次是（日本侦探）喜剧？但乱步继续阐述他的观点，语气更加严肃，他借用好友南方熊楠的图腾理论——当然是经过了他正在研究的弗洛伊德理论的过滤："自人类社会诞生之日起，图腾和禁忌就严禁抢劫和谋杀行为……但是他们不能消灭不道德的、犯罪的心理活动——这些因子仍然留存在那些道德高尚的人心中。埋伏在里面的是所谓的'犯罪本能'；精神分析理论会说，这些人越是道德，他们的犯罪无意识就越是可怕。"（115—116）因为希腊悲剧和色欲—奇异小说等通俗文艺形式中有着大量血腥和尸体场景，其感情因素模拟了各种不道德的本能，所以后者能够安全稳妥地操作。消费古代或现代色欲—奇异作品的最终效果就是治愈性的"精神分析所强调的'升华作用'"（117），它可以保证犯罪冲动不在真实世界中实现。尤其是考虑到日本"泛滥的神经官能症"，比如SM、恋尸癖和歇斯底里，这些反社会的欲望需要空间来释放掉，而"梦境和艺术作品是最有效的手段"（116）。由于升华作用与有节制的变态效应释放作用，两者共同作用下形成了心理与社会的动态平衡，所以乱步反驳保守派，他说，"侦探小说家是社会上最不可能实施犯罪的人"。升华作用的防火墙使得"变格侦探小说的作者和读者成为最能适应社会的一群人"（117）。

　　这篇文章还有许多值得讨论的地方，我这里仅指出两点。第一，乱步的讽刺使得我们难以分辨他的真实政治立场。他真觉得色欲—奇异小说的水准能够匹敌索福克勒斯和埃斯库勒斯吗？很可能答案是"不"。他真觉得自己小说里的SM、恋尸癖和恋物癖能为日本都市社会提供情感宣泄吗？很可能答案是"是"。他承认希腊悲剧中的社会批判力，而他会承认自己小说中也有同样的社会批判力吗？基于与他儿子的两次访谈，并细读乱步的关于日本侦探小说的辩论文字，我认为乱步比较自信他的批判敏感度——反对国家、科学主义意识形态、资本主义对生命的商品化——这些因素出现在他的早期作品中，但他担心这些东西被20年代末越来越强大的商业压力所侵犯。我们知道，他日益被自己创作的色欲—奇异小说所释放的心理与社会效应所撕扯（Kawana 2008，74）。对尸体描写的矛盾心理导致他于1927年和1932年两度中断写作。商业和其他各种压力导致乱步的小说越来越依赖于谋杀和性暴力，这正好印证了赤神的理论，日本发达资本主义中的图像商品消费者体验到了"快感的衰退"。媒体资本主义需要制造越来越情绪化的内容来吸引西美尔所说的冷漠的都市消费者。乱步的小说形象地不断加大情感的筹码——同时也放大了其悖论性——暴力和怪异的现代性欲。

他1930年的小说《猎奇的巅峰》（1930）既**批判**了消费者对日益情绪化的图像商品的需求，又**支持**了这一需求，因为它本身也是一件古怪的消费品。故事围绕一位名叫青木爱之助的年轻浪荡子展开，他出生在暴发户家庭，他家受益于日本"一战"时的经济崛起。小说叙事时间的三年前，他娶了自己见过的最漂亮的女子，但是婚姻以及对各种消费娱乐的追逐，都无法治愈他的空虚感；他属于那种新的资产阶级消费者，不断"需求更加强烈的刺激"（1987c, 3）。他希望摆脱无聊的情绪，发誓要成为"变态的学生"，搜寻"身体和心灵每一个部分最奇怪的震惊和刺激"（3）。青木的情欲空虚感让我们想起附录1中讨论过的幻想作用；事实证明，无论主动、被动的性交姿势都无法满足他日益强烈的刺激渴求。虽然他能被"残暴的侵犯者"和"无助的受害者"两种角色勾起兴趣，"他注定无法满足，因为无论他如何接受和施加痛苦，他终究是一个第三者，或一个超然的旁观者"（4）。乱步把青木描写成一个被缝合进意识形态幻想的人物——"那种喜欢幻想和幻觉的男人"——但他的消费心理导致他"混淆了文字与现实……他对商品的痴迷导致他最终完全逃离了现实"（6）。

12月的一天，他准备去参加靖国神社的一个庆典。靖国神社的庆典节目有连体双胞胎表演、三味线演奏和杂技等日本前现代文化的元素。青木厌倦了现代讽刺剧、电影和赛马，他想寻找别样的"猎奇"。正在这时，他在人群中忽然遇到好友兼东京大学同学的品川四郎，但青木遇见的其实并非本人，而是替身。青木感到纳闷，他那古板的老朋友怎么会参加这种娱乐活动，两个人聊了几句，那个人根本答非所问，青木愈加怀疑。他惴惴不安，"像个侦探似的"跟踪这个男人，然后惊讶地发现，他利用伪装别人的身份来偷钱包。几天后，青木在银座地区购物，他遇见了一位衣着高雅的人贩子，带他去见那位模仿他朋友品川的人。他们来到东京郊外的一家肮脏的廉价旅馆，人贩子邀请他参加"痛快俱乐部"，俱乐部会员付费选择他们想替身和跟踪的对象，活动内容包括性交与角色扮演。这个俱乐部就像一个大型私人侦探组织。青木在里面的身份既是侦探，又是消费者，他立马参与了一次狂欢活动（1987c，37—38），然后决定观看别人进行摩登性爱，其中包括重口味的 SM 和奸尸（Satsujin Inraku；86—89）。

青木发现品川的替身也是俱乐部成员，于是他把品川带来，一同观赏替身的 SM 性爱。品川承受不了如此淫荡的表演，离开俱乐部现场，他担心自己的替身做过什么犯罪活动。这让青木怀疑，品川和他的替身是同一个人。俱乐部所使用的电影与摄影技术使得图像商品与现实世界的边界日益模糊。青木在浅草地区连看了三天色情电影和男妓表演之后（1987c，7275），他开始怀疑起自己的老婆来，她会不会也是俱乐部成员，这个想法极大地"激起了他的好奇心"（92）。东京发生两宗疑似与该俱乐部成员有关的谋杀案之后，明智小五郎出场了。原来，明智已经扮演了好几个人物（还扮演过品川），以调查和参与俱乐部活动，包括像品川的替身那样的重口味SM。明智发现，有位名叫小川的疯子医生专长"人体改造术"，利用这个俱乐部来做一些极端的整composer手术。小川使用整容技术作为"皮上景观",改变皮肤分子结构,他利用神经政治资本来劫掠人的身体,利用某些俱乐部成员的虚荣心来把他们整个改头换面。他制作品川等人的替身,勾引成员当作参加俱乐部的"刺激活动"进行自杀或谋杀别人,至少有一位成员因此而死亡。

明智为了逮捕小川,他不得不模仿罪犯的伎俩;等到明智砍了一位俱乐部女成员的头之后,读者才反应过来,原来明智也在玩替身。不过,明智已经付钱消费了俱乐部的整容手术、SM 和血腥竞技。原则上,他和其他成员不同,他与那些俱乐部娱乐活动保持着一定的距离。但是,就像赤神的分析,以及本雅明关于法西斯美学所下的定义,"色欲—奇异的极致"导致个体去欲求结束自己的生命。克服快感衰退的方式是通过自我毁灭而达到高潮。在小说最后关头,明智热情参加完所有这些刺激活动之后,他突然跳脱出神经政治替换生命实际欲望的可兑换的、神经质的爱欲怪圈,成为"全世界的大救星"(1987c, 167)。但是明智自己承认,他差点没逃脱这个怪圈,当参与 SM 活动时,他根本分不清自己是"热爱还是讨厌它"(141)。

乱步小说的侦探明智小五郎从与神经政治资本主义共谋,和保持距离对其批判这两者之间的夹缝中挣脱而出。我认为,乱步对侦探角色的处理手法暂时悬置了他的思想困境。虽然日本这个时期的大众文化中的侦探人物有更多可以讨论的地方,但至少关于"明智小五郎"这个角色,我们可以说在这个**色欲—奇异的极致阶段**,他既内在于资本主义权力运作,又超越了它。明智这位乱步 20 世纪二三十年代畅销小说中的主人公,似乎是日本唯一一个能够抵御神经政治捕获的人,他能够部分地逃脱其陷阱。就像今和次郎吹嘘他的考现学能够超越商品化现象，梅原北明注定失败地希望资本主义媒体能够用来反对种族主义甚至资本主义，侦探明智代表了乱步希望与资本主义权力断绝关联的幻想。不过，明智具有比一般人更强的能力来经受住神经政治的捕获，因为他无论从感情上还是理智上都非常明白它的运作过程。为了能够保持对发达资本主义狂热转型的理解和把握，他必须投身于各种刺激图像提供的权力和娱乐的诱惑之中。为了要批判性地揭露神经政治的捕获与征用过程，他得**全神贯注**地投入进去。明智知道，如果不把自己的欲望幻想投入到神经政治当中，他不可能感性地获知神经政治捕获消费者的秘密手段。

乱步将明智塑造成双重身份——处于权力圈子内外两边——之前，他已经在著名的小说《阁楼中的散步者》（1925）中描述了他的形象，不过，在那篇小说中，明智是一名**罪犯**。小说的主角合田三郎（Goda Saburo）觉得自己继承的家产和无限的自由时间提供了一种缓冲，让他在个人欲望与社会现实之间来去自由。但是，空虚感驱使他去尝试"娱乐全书"罗列的各种娱乐活动，这是一本富人的消费手册。他发现自家阁楼有一片仅容爬行的空间，这引起了他淫乱的兴趣。淫乱活动让他断绝了与外界世界的交往，直到有一天，他监视到，隔壁邻居的公开社会身份竟然与他的私密身份相同，于是合田必须要杀死他（Rampo 1987d）。乱步类似的故事还有《幽灵》（1925），主人公觉得躲入密室和橱柜能为他提供一片逃避捕获的空间。

在这部较早的作品中，置身权力之外的错觉最终导致了谋杀，而乱步的小说中，局外人的隐微观念乃是区别犯罪与守法的标准。共谋与批判、犯罪与律法之间的张力是驱动乱步继续写作的动力。不过，戏剧张力的模糊性，以及侦探明智与蜘蛛人、《黄金甲面人》（1930）的鲁潘（Lupan）和黑蜥蜴等罪犯类同的行事手段，造成了一种道德上的暧昧性，吸引读者的好奇心，带来更好的小说销路，以及警方的严密监控。

我已提及，神经政治剥削吸引消费者逐步投入与图像商品的关系之中，这一运作过程马克思称为"实际吸纳"。20世纪30年代末，阿多诺提出一种理论观点，发达都市资本主义导致图像商品获得有力的"拜物教性质"，它能取代原来人们观念中的客观现实。我们看乱步的小说内容，越来越炫目，逐渐具备阿多诺、户坂润和其他批评家所要分析的拜物教性质。他的小说逐渐电影化。

图像商品的"生成—电影化"在乱步的作品中起着两层作用。第一，他真的开始为了适应电影改编而创作小说。他的小说出现了越来越多的汽车和游艇追逐、烟雾缭绕的俱乐部、银座咖啡厅和大型百货商店等高级消费场所，所有这些都是受了小说改编电影的影响。第二，侦探明智的视角逐渐与电影的全知视角重合。但这不是一种机械的变化，而是为乱步的文本提供了超然的中立立场。它能够区隔他所想象的超然立场，使之远离他写作所需要的神经政治诱惑，那些诱惑让他愈加痴迷于描写尸体等血腥场景。换言之，乱步小说中的电影元素有助于确定自己是商品资本主义局外人的幻觉。然而，同时这一辩证过程也提供了全方位的内在共谋性。我们回到悲剧题材上来思考，也许被神经政治剥削所包围的恐怖感正是现代色欲—奇异小说的悲剧性所在。就像埃斯库罗斯的英雄们对抗命运一样，乱步和他的侦探绝望地对抗着资本主义的死亡世界，个体消费者的欲望日渐消融于异化的爱欲、死亡而奇异的景观。

神经政治生成为死亡政治

虽然乱步的色欲—奇异侦探小说体现了赤神等左翼批评家的观点,但真正要坐实神经政治资本主义吸引消费者欲求自我毁灭这一让人黯然的观点,还得靠另一种虚构文类。"美谈"这一传统文学类型与乱步的小说一同刊登在 King 等大众通俗杂志上,1932 年时被改造成另一主题,将色欲—奇异侦探小说所揭露的悲剧暧昧性更进一步,变成奇观化的个体欲求死亡的"死亡政治"。"九·一八"事变后,这些美谈一夜之间在都市社会中流行开来。电影、广播、剧场、畅销杂志随处可见原来的色欲—奇异的追逐者"反英雄"合田三郎和青木爱之助等人摇身一变穿上了军装,空运至中国东北前线,为帝国主义而战。就像青木等乱步小说中的人物一样,神经政治"美谈"中的英雄们不太关心军事战略战术,而是一心一意要寻求情欲化的自我毁灭。

例如,1932 年 3 月 King 杂志出版的题为"满洲军肉弹实记"的美谈系列是由报道"九·一八"事变的日本人撰写的,其中每个主人公都决意自杀,不考虑战争的胜败。虽然他们客观上与日本侵华战略有直接关联,但这些英雄们希望与中国人一同赴死的理由是出于个人"死亡的决心"。每个故事中,死亡的决心与中国人的贪生怕死性格形成鲜明对照。求生的欲望使得美谈的叙事逻辑将中国人描绘为"羞耻的"和"奴隶的"。依照这种死亡政治逻辑,这些新形式的美谈将日本人的自杀行为说成是"英勇的""悲壮的"。

第一部美谈的英雄人物名叫水口,他甚至不是一名士兵,而是军备处的文职人员。会计这种一般被认为最精于计算和降低风险的人物，在这个故事中也一心一意要实施个体毁灭。故事开始时，水口所在单位的弹药运输卡车在紧张的运输途中抛锚了。15名日本人因此而遭到150名中国步兵和400名"强盗"骑兵的围攻。中国人不停攻击他们的房子，还在后门点火，水口兴高采烈地意识到，他只能冲到前门让敌人的机枪朝他扫射。这座房子被形容为"地狱"一般，每个人都在流血，像"疯鬼"一样痛苦（King，1932年3月，115）。水口像头"疯牛"迎向机关枪的炮火，后面的士兵则被砍得"稀巴烂"。水口身上满是弹痕和刀伤，他成功地接受了挑战，死在小山丘上，一手扛着日本国旗，一手执剑。水口的背后，地上躺着几具尸体和一些碎尸，让人看得"汗毛竖起"，他大声叫嚷："我拿到了！"这句话是由片假名书写的，也可以指"我绞死了自己"的意思（116）。小说描写水口死去的场景，周围的中国人"退避三舍"，但与其说他们是因为怕他攻击，还不如说是因为日本人已经"全军覆没"，战斗已经结束。唯一有点儿"英雄气概"的场景是，水口在小山丘上挥舞了几秒钟日本国旗。

题为"肉体虽死，精神不灭"的这一篇描写的是大佐❶千野原，他正在与中国军队激战，"拳打脚踢，挥舞着他沾满血迹的剑"，这是一场肉搏战，日军数量远少于中国军队。日军遭到空袭，士兵们与中国人战斗时还得躲避"枪林弹雨"（King，1932年3月，117）。日本士兵慌乱地挥剑、喊叫，眼睛快被枪弹和手榴弹的闪光给刺瞎了。读者唯一能想到类似这总体战的统觉体验的场景是浅草的街道，那

---

❶ 日军军衔，相当于陆军大校。——译者注。

里则是商业媒体制造的各种声光效果和味觉刺激。和前面那位主角一样，受重伤的千野原丝毫没有考虑撤退或投降，他一个人横冲直撞，终于爬到了一座小山丘上。他"血流满面，手舞刀剑，身受重伤"，终于跳下山崖，坠落时砍下了自己的头颅（118）。虽然他身上少了一个肢体，满身刀枪造成的伤痕，但他的躯体散发出精神，表达"战死"的豪迈之气。

中内敏夫撰写了关于19世纪90年代至"二战"期间军事"美谈"的历史沿革的专著，这是该领域的唯一一本专著，作者并没有把"九·一八"事变后出现的这些故事与色欲—奇异现代主义文学联系在一起。但是，我们把乱步和梅原放进来对读，就可以发现，这些文本都带有神经政治侵占人体所造成的商品化和非人化效应的痕迹。在内容层面上，美谈的意象来自于色欲—奇异虚构作品对暴力、血腥场面毫无理由的渲染。例如，这些美谈都会把华北地区的皑皑白雪拿来衬托日本人的鲜血和死尸。中内敏夫敏锐地指出，这些美谈的军人英雄形象是个人主义的倒退。他说，19世纪末美谈的意识形态来源于"一国万民"的政治概念，表达的是"日本天皇制度的集体主义取消了个体性"（1988，36—37）。但1905年日俄战争之后，一种"新英雄主义"开始改变美谈的内容，其中包括个人主义意识形态的因素。"一战"后，日军要协调意识形态中的"勇气"与"忠义"之间的关系。教育部接受军队的意见，从描写"九·一八"事变的大量美谈挑选了一些下发到国内各个学校，这部宣传材料的标题就表明了其解决矛盾的用意：满洲事变忠勇美谈（Kyōikusōkanbu 1933）。该书将"勇气"与"忠义"两个词合并成生僻的"忠勇"一词，其中搜罗了许多类似我们前面看到的那类笔谈故事，这些故事

曾在 *King* 和讲谈社的《讲谈俱乐部》等通俗刊物上刊登过。❶

杨露谊（Louise Young）将关东军的骑兵联队长古贺传太郎比作是中内敏夫所说的 20 世纪 30 年代美谈的"新英雄"。石原莞尔指挥大规模轰炸结束后，其他一些部队负责对付锦州的降军，而古贺利用锦西古城当作他的部队的基地。中国常规军与游击队试图重新夺回锦西，古贺违抗关东军总部的命令，愚蠢地追击大约 1000 名撤退的中国士兵，只留 21 名日本士兵守城。古贺带领的 130 名士兵很快被敌军火力牵制住，这时古贺听说日本国旗还在锦西城内，城内也遭到攻击，于是，用杨露谊的话来描述，古贺决定"再次分散军力，用一半的人去拯救国旗，另一半人'拖住敌军'"（1996，108）。这种固执的态度使得若干篇美谈将他形容为"性格独断"，也导致他自己与手下士兵的死亡。尽管如此，他的自杀倾向和个人独断却让他成为"九·一八"事变中最有名的日本英雄；杂志上出现了无数描写他的笔谈，这位虚无主义的新英雄形象出现在了两部重要电影、数盘音乐唱片以及大众剧院之中。古贺与 11 名军官无谓地死掉，日军失掉锦西，这些事实都无关紧要。重要的是，他无畏地战死沙场。与之相映衬的是日本都市消费者，他们则困在资本主义屠宰场里面，色欲—奇异商品鲜血四溅。

---

❶ 有一部笔谈文集的名字叫作"独断专行"，里面的故事几乎都是士兵不遵守命令，意气用事，或者动不动就与人决斗。参看《朝鲜出生兵的教育参考资料》（Kyōikusōkanbu 1933）的第一和第四部分。我是受了杨露谊关于笔谈的精彩著作（1996）启发。

第三部分

死亡政治

第七章　中国人民的鸦片

关东军认为鸦片是巨大的财源,也是对中国人民弱种亡身的工具……以最低的价格,强行收买种烟人的鸦片,再以最高的价钱卖给吸食鸦片瘾者。

——金名世(曾任伪满洲国政府高官)
在中国的受审词,1954

不是吗,"奴隶贸易"比起"鸦片贸易"来,都要算是仁慈的。我们没有毁灭非洲人的肉体,因为我们的直接利益要求保持他们的生命……可是鸦片贩子在腐蚀、败坏和毁灭了不幸的罪人的精神存在以后,还杀害他们的肉体。

——蒙哥马利·马丁,转引自马克思[1]
《鸦片贸易史》,1858

---

[1] 本段译文引自《马克思恩格斯选集》第一卷,人民出版社1995年第二版,第714页。——译者注

日本帝国主义的发展离不开生命政治和神经症意义上的暴力剥削。1931年"九·一八"事变后，日本的军事侵略和东北殖民方式有了很大转变。1932年3月1日，伪满洲国建立，由此，帝国主义统治的新逻辑落实为具体的政治制度，满洲模式20世纪30年代中期被强制应用到华北和华中地区，然后扩散到大东亚战争中从欧美殖民者手中"解放"出来的其他地区（Kato Y. 2007）。因此，亚洲的"满洲国化"是反殖民的殖民主义，就像村冈解救妇女只是为了由自己来贩卖她们。这场战争以解放为名，后来却再度实施殖民。想象着"二战"后大东亚共荣圈的日本政策制定者们，他们只容许资源较贫瘠的菲律宾和柬埔寨真正获得解放独立。其他地区都是日本榨取资源的战略目标（Kobayashi 2007a）。

日本的资本主义生产机器受经济危机拖累，它需要各种资源来驱动，谋划发动总体战。许多军国主义者认为，反对共产主义的日本帝国将先与苏联开战，然后再打美国，最后是总策划师石原莞尔所称的"最终战"，实现日本统治下的永久和平。东亚和东南亚的辽阔地区被认为是支持战争的资源站。正如我们在本书第一部分所见，朝鲜、台湾和关东州都是输送资源和窃取剩余劳动价值的平台。由于种种劫掠，帝国精英有时需要安抚一下殖民地区的人口，凭借医院和现代卫生制度来"使人活"（faire vivir），然后"让人死"（laisser mourir）。我不怀疑有许多日本人真诚地希望取代中国成为亚洲的领袖，创造一个非西方统治的美好未来。但是同样重要的一个事实是，"十五年战争"时期（1931—1945）日本精英觉得本国处于紧急状态。他们最紧要的任务是征服和统治资源丰富的亚洲地区，确保日本国内发展，为下一步的战争做准备。回到我在本书附录1中所讨论的意识形态幻想机制，这两种矛盾的立场（文化开化者和资源劫掠者）在帝国精英的认识论领域并存着，其中最著名的是亚洲主义者石原（Abe 2005）。不过，20世纪30年代开始，极端民族主义者的意识形态因素，混同着资本主义创收有利于国家的新观念，基本上压抑了发展亚洲的真诚计划。另外，死亡政治取代了生命政治和神经政治，驱使法西斯主义"新官僚"等日本精英抛弃原来的大亚洲主义发展计划。

中国东北成为日本帝国最重要的新兴资源地，常常被喻为日本的"生命血液"（神经政治术语）或"生命线"（生命政治词语）。但是，伪满洲国作为一条生命线，在生命政治和帝国主义的意义上像一个吸血鬼。它肆无忌惮地窃取中国的劳动力、土地和生命，主要用于改善一部分人口或日本某一阶级的生活：富裕的资本家、有权势的军国主义者和皇室家族。❶ 当然，绝大部分中国人都自生自灭了，许多日本人也是如此。"十五年战争"时期日本精英看重的是用武力确保那些资源丰富地区，所以，我认为用生命政治不足以描述晚期帝国主义统治的这种思潮。孟比（2003）在他纠正福柯的第一世界偏见的重要著作中，提出了**死亡政治**的概念，以更加准确地描述殖民和后殖民空间中的贱民人口的生存困境。孟比说到，政治思潮开始转向现代性时——或者用我所说的，生命政治和神经政治——国

---

❶ 关于伪满洲国的历史，我主要参考的日文资料是满洲国史编纂刊行会的两卷本《满洲国史》(1971)，山室信一的《怪物：满洲国的肖像》(1971)，2004年由Joshua Fogel译成英文。英文的资料主要是杨露谊的 *Japan's Total Empire* (1996)。中文的资料包括：王承礼《中国东北沦陷十四年史纲要》(1991)和吉林省社会科学院合编的煌煌十四卷本《日本帝国主义侵华档案资料选编》(1991)。

家会回过头来利用主权的杀戮权力，同时让剩下的人处于"活死人"状态，我们最好将现代化主义的生命政治视为死亡政治秩序下次要的或者第三等级的效应，死亡政治的主要目标是杀戮和劫掠，而非改善人民生活。

不过，孟比的重要观点只能帮助我们思考到这里。我们可以清楚地看到，1929年经济危机之后，石原和岸信介等精英开始把帝国战争当作复兴日本资本主义最有效的手段。20世纪30年代的精英颠倒了后藤新平的政策，后藤视商业为战争的延续，而战争时代的精英则将战争作为资本主义商业的延续。就像2004年布什政府将中东战争看作"有利于美国就业率和经济"，日本精英认为军事占领是榨取剩余价值的最佳途径。战争是商业的延续，这一观念逐渐从马克思主义者赤神和中山关于色欲—奇异的思想中渐渐浮出。他们辨识出价值剥削和猎奇的新模式，包括强制劳动、教唆吸毒和撞车等暴力消费景观。这些神经政治的边缘领域转移到了舞台上上演着作为商业延续的战争大戏的亚洲剧场——换言之，此时政治思潮是杀戮和伤害——从边缘转移到死亡政治资本主义的母体中心。

这一指向死亡政治的转向过程需要置换实际吸纳，将人类的注意力和欲望转向资本。1932年出现了一中心的吸纳模式，不同于生命政治和神经政治的形式吸纳和实际吸纳，我称之为**解形吸纳**，其特征是不太考虑系统性再生产问题。死亡政治资本主义统治下的伪满洲国有着毒品、强制劳动和性奴隶，这些都不是为了**再生产**劳动力和消费者投资，反而直接地或间接地联系着他们的死亡。所以，我们要跳脱马克思的形式吸纳和实际吸纳思维框架。日本的死亡政治资本主义明显采纳的是孟比所说的"谋杀—自杀"逻辑：不但要通过强制劳动和海洛因等害人商品来谋杀工人和消费者，而且整个日本帝国主义体制都要投入到总体战之中。我们在这里可以用"变态"这个日语词汇来描述死亡政治资本主义特有的"解形"吸纳模式，以强调它对人类生命与系统再生产的漠视，它指向的是完全的、系统性的毁灭。

我提出"资本主义死亡对生命的解形吸纳"概念也许有助于解释"慰安妇"制度，日本军队和民间精英在亚洲广泛建立的性奴隶制度。15万至40万慰安妇支持着这场作为商业的延续的战争，甚至达到了这样的程度，有些军方和私人的慰安所，或者说奸淫室，依靠妇女和未成年少女的强制劳动而盈利丰厚，但盈利方式是为他们的消费者补充体力，以便更好地上战场送死。女性通常一天要被强奸25至35次（这极大地伤害健康和威胁生命安全），有人不堪凌辱而自杀，我们可以清楚地看到，帝国主义死亡政治对性活动的解形吸纳直接导向了死亡。帝国主义生命政治扩张了日本的市场，保证了许多性工作者的健康，敦促男性消费者改善自己的生活质量，而死亡政治中的性问题则不同，它直接生产死亡，让士兵上战场送死，让性工作者时刻处于生命的危险之中。

帝国统治的前两种模式仍然在死亡政治中发挥着残余作用。日本于1937年发动总体战，这需要大规模的生命政治动员。台湾、朝鲜和伪满洲国的精英人群接受了日本的教育和现代医疗等技术恩惠，他们便不那么抵触帝国统治，更加愿意为日本的战争卖命，或者在资本主义工厂拼命干活。但是，在这段死亡政治时期，日本自相矛盾的生命政治承诺常常只是谎言。比如，伪满洲国于1944年规定，把近200万名吸食鸦片的中国人送去戒毒所接受治疗，这一举动是为了对抗当地的反抗运动领袖，发动戒毒运动以争取民心。这个运动的策划者是一位新官僚古海忠之（1901—1981），而结果只是把中国瘾君子直接赶出了治疗所，全部拉去充当强制劳动力（RDQDZX，卷14，820—821）。正如我在本书第二部分所叙述的，劳动者被非人化和物化，商品驱动的神经政治对人类生命的工具化处理使得消费者从主体变成了客体，这也正是马克思在《政治经济学批判大纲》中所说的转变，即从以人为中心的"人与人之间的关系"到资本主义所崇尚的"物与物之间的关系"（1973，157）。对人体神经系统的入侵和商品化（建构出田中等色欲—奇异理论家所说的"第二生命"）发挥着意识形态作用，引导消费者违背更加本真的第一生命，即使这是自己的第一生命。死亡政治的新形式虽然借鉴了神经政治的模式，但它首先出现在殖民边缘的满洲，然后——类似于塞泽尔（Césaire 1955）和法农（1968）所分析的欧洲法西斯主义谱系——回到日本本土，日本国民像华北劳工一样遭到折磨和消灭，1941年的700万日本人，只有50%的生存机会承受住一整年的强制劳动（Ju 2007，21）。❶死亡政治的向心力从满洲回到日本本土，由此日本国民"被苦力化"。

---

❶ 居之芬（2002）在"Japan's Atrocities of Conscripting and Abusing North China Draftees after the Outbreak of the Pacific War"一文中说，1935年至1941年共有500万强制劳工从华北迁到伪满洲国。厚生部大臣金名世提供的数字大体上印证了居之芬的数字，他说1944年有160万强制劳工，1945年有180万（RDQDZX，1991，卷14，820）。古海忠之说，自1941年起，每年有100万至150万人从华北强制迁至伪满洲国劳动（857—862）。古次亨是伪满洲国政权中的少数中国官员之一，他说1941年以前每年有300万强制劳工；1941年后每年有大约有150万。古次亨称，1933年至1936年间的平均数字是80万人，但这样总共加起来要超过2500万人，这个数字过于夸张（876—877）。

日本国民的"苦力化"的极致体现是"二战"末期日本最高司令部策划的松代大本营计划。6000名日本领导层精英躲进一座巨大的地下掩体，这座大本营位于日本长野县北部的小镇松代，由朝鲜劳工和中国劳工建造，而其他的日本国民则被要求用石头的刀剑来对付装备先进的美国侵略者。正如大日方悦男（Ohigata Etsuo——音译）所说："计划目标是抵抗美国侵略，直至最后一名日本人倒下——除了那些躲到松代的领袖们。"（Rekishi kyoikusha kyogikai 1995，77—78）1945年8月3日，死亡政治甚至下令所有日本东部的"志愿者"到沿海山区和海滩附近蹲点，准备迎击美国军队登陆（527）。❶

战争机器

孟比指出人贩子和唯利是图的资本家是神经政治的核心主体，是"战争机器"。他沿用德勒兹与加塔利的说法，将他们界定为来自"不同的地方，不同的配置"，而不是军事和警察等民族国家制度。战争机器是起源于游牧民族的解域力量，所以"最关键的问题之一是：国家是如何征用战争机器的（Deleuze and Guattari 1987，418）？"为了理解日本的帝国主义死亡政治，我们先来考察华北地区的战争机器，即那里的人贩子和毒贩子，比如村冈伊平治等人，生命政治容许他们自生自灭，随心所欲，最后从中国商人手里夺得市场霸权。

---

❶ 美国借口"日本民族狂热"来为自己使用原子弹辩护，但如果我们去研究日本的国防战略，就会发现，日本当时缺少基本的军事基础，训练常常使用的是刀、棍和石头。

我在第二章讲到过，1918年，这些人贩子在满洲地区的人数已达数百人——如战争机器一般地"干着肮脏勾当的男人"——拒绝接受殖民政府的收编。反倒是日本帝国通过领事馆的中介征用**这些人**，提供治外法权和警察治安力量的保护，支持他们与中国商人竞争。1932年2月日本军事占领东北地区时，伪满当局也进行了征用。此时，日本关东军急需资金来建设新国家，还需要当地日本人的情报资源来处理事务。掌握情报和毒品这两项宝贵资源的是人贩子和毒贩子，以及后来加入的国粹会等黑社会组织。国粹会在奉天设立了一个大型机构，专门为华北的日资企业提供镇压工人组织工会和罢工"威胁"的打手（Arahara 1966）。对满洲国家建设有利的是，人贩子和黑社会组织都愿意与之合作，合作的对象还包括关东军，以及1932年7月从东京派过来的新一代官僚精英。

借助梅耶（Meyer 1998）和山田（Yamda 2002）的观点，我想进一步提出，把握伪满洲国以及整个15年间日本军国主义的关键点是认清这些人贩子的所作所为——唯一的例外是满铁，满铁员工代表着"九·一八"事变前后在关东州以外的东北地区活动的日本势力。投机分子与人贩子虽然等级不同，但最终他们与甘粕正彦和板垣征四郎两位军队领导和新一代的行政官僚一起达成同盟。到了1932年，人贩子与新成立的黑帮组织"正义团"合作，其势力已经让军队和新官僚产生警觉。1918年9月，奉天的日本领事馆写信给后藤新平警告日本人贩子势力的危险性，10年后，1928年12月又发了一封类似的电报给当时的日本首相田中义一。一位姓林的领事官员在电报中诉苦，人贩子的猖獗活动损坏了日本的文明形象，激起了当地中国人的愤怒。关东州的领事馆警察根本不管（且不提有没有协助或唆使）他们的犯罪活动，林领事说，如果东京方面希望提升日本的形象，那就应该把那些人贩子全都引渡回国（FMA,"Collections of Improper Business",卷1，4.2.2.34）。

"一战"后东京方面拒绝限制人贩子们的活动。由于他们与国内政客和黑帮，以及关东州的军队、宪兵队的密切联系，人贩子的人数已经增至1万人左右，1928年的政府公报称他们为"浪人"。"浪人"的范围包括退伍军人、毒贩子、第二代皮条客、人贩子、"壮士"（即私人保镖），我称他们为"投机分子"，而凯瑟琳·梅耶（Katherine Meyer）则称他们是"淘金军人"。讲到社会等级，这些日本人的出身要比甘粕正彦和板垣征四郎等军事学院的毕业生低一等，更要比星野直树（1892—1978）和古海忠之等东京大学的毕业生低一等。他们地位低、大多是男性，他们待在满洲的唯一理由，用历史学家塚瀬進（Tsukase Susumu——音译）的话来说，即"用最短的时间挣最多的钱"（2004，171—172）。奉天领事馆1918年和1928年两次发出警告。1924年，日本满洲领事馆第三次会议在东京召开，一份又一份报告详细披露日本投机分子侵害当地中国人的恶劣影响（96—97）。一位官员称，大多数当地中国人分不清哪些是领事馆官员，哪些是投机分子。在中国人看来，所有日本人都是战争机器的罪犯，他们来东北只是为了肆意偷盗。"九·一八"事变前夕，其总数已高达3万人。1933年春，由于侵略战争所创造的新机遇，投机分子的数量翻了一番，达到6万人，其中许多人是国粹会和正义团的黑帮成员（FMA,"Documents Related to Hustlers in

China,"1933年3月17日，D.2.5.0.1）。❶

一位化名"某吉文"的毒贩于1924或1925年写下了一本日记，使我们得以管窥"九·一八"事变之前华北和满洲地区的日本毒贩的实际生活。这份手记详细记录了他在天津、北京、奉天和哈尔滨耍手腕的过程，他称之为"鸦片走私活动的结果"。无论走到哪儿，他都能获得日本领事馆及其警察和军队的支持，毒品能够既安全又方便地依靠满铁的火车和轮船运输。我们发现，长春有超过一百家日本人开设的吸毒场所，华北和东北地区的日本人中有一半人牵涉到毒品业务（Gionbō 1999，57，168）。他屡次写道，估计除了满铁的员工，该地区其他所有日本商人都直接或间接地与毒品贸易有关系。

我在本书的第一和第二部分曾提到，生命政治和神经政治资本主义通过创造性的、本体论的**爱欲**和寄生性的、存在物意义上的**异奇**来转化和征用人的情欲，赤神良让认为资本主义"命令**爱欲**为它工作"。此处的第三部分论述中，死亡政治资本主义首先征用投机分子和战争贩子们的**爱欲**来"为它工作"，学术界传统上认为这些人在"十五年战争"时期只是边缘角色，但我认为这些人这才是最核心的主体。死亡政治的这些核心主体也是猎奇的主要代理人，爱欲与异奇之间的缝隙距离越来越小——这一过程在神经政治中已有所体现。在死亡政治中，这一缝隙被合并、绝对化了。资本家以消费商品的形式回应那些试图逃离现实的本体论驱力（在毒品消费的过程中，

---

❶ 这部分档案的日本名称是"支那浪人関係雑件"。

那些想要吸毒的中国人肯定会把日本毒贩当作资本家/压迫者），而在本章中，我想稍微偏离那些推动日本帝国发展的贱民和消费者欲望。这里我着重关注的是，投机分子和毒贩子的吸血鬼式的歹毒爱欲如何驱动着伪满洲国发展到当时的面貌，它利用了两种对抗性权力集团的互相猎奇和统治联盟：军方领导和新一代官僚。我在前面的章节曾指出，驱动日本帝国主义的源动力从贱民劳动者（本书第一部分）转移到了大众消费者（本书第二部分），最后转到投机集团。他们的爱欲成为伪满洲国的异奇，此时，死亡政治呈现为日本帝国主义的恐怖景观。

木偶提绳，钱袋提绳

关于日本帝国主义用来操纵晚清末代皇帝及其伪满洲国皇室的木偶提绳，已经著述颇多。但鲜为人知的则是控制东北地区毒品贸易的钱袋提绳。学界关于日本帝国主义毒品贸易的研究大多集中在1937年7月战争全面爆发以后。江口敬一（1988）提出，鸦片收益为日本军队发动军事行动提供了经济上的保证，而"七七事变"之后的历史表明，日本军队如果没有那样规模的毒品收益来源，他们难以在1937年至1945年间发动类似的军事行动。但是，满洲殖民政府在1931年"九·一八"事变之前就已经依赖于毒品贸易，板垣征四郎和石原寻求其他经济来源的方案都失败了。右翼工业家们对他们并不感兴趣，但他们从毒贩藤田修那里接受了5000万日元的资助。藤田依靠在山东贩卖海洛因起家，20世纪20年代末，他遇到山内三郎，后者是30年代满洲重要的海洛因提供商（Meyer 1998,

188—191）。藤田还遇见了许多"前辈",大约一半的居住在山东城区的日本人"干着肮脏生意"。20世纪20年代,末代皇帝溥仪住在天津租界,他和皇后平时吸食的鸦片都由日本毒贩提供。天津租界的5000名日本人中参与贩毒的比例非常之高,1922年,天津领事吉田茂称:"如果我们按照法律条文打击毒贩,那这座城里的日本人将一个不剩。"（引自Senga 2007,59）远东国际军事法庭的美国及其联盟国称:"连续几届日本政府……推动的系统性政策是削弱当地居民的反抗意志……直接或间接地鼓励增加鸦片等毒品的生产和进口,促进当地的毒品销售和消费。"（Tokyo saiban shiryo, ii—iii,引自Jennings 1997,106）

约翰·简宁斯在关于日本帝国主义毒品史的权威专著中这样阐释远东国际军事法庭的意见:"在远东国际军事法庭看来,日本图谋在华毒品贸易的罪行确凿无疑。在满洲地区,日本殖民政府支持毒品贸易以资助他们自己的机构,并削弱中国人民的抵抗力。这一模式又被日本军方所复制,在东北傀儡政权之外的华北和华中地区实施。"（1997,107）但是,简宁斯接着批评东京法庭的结论,他认为这个结论是战胜者的正义,是夸大其词,说日本高层故意用毒品来征服中国,这近似于阴谋论。他提出,夸大日本帝国的阴毒,这反而会迎合"二战"后美帝国主义的地缘政治。简宁斯的这一担忧正好符合日本右翼批评者的观点。我部分同意美国领导的远东国际军事法庭的裁决,并依靠太田直树（2005）、山田豪一（2002）以及目前鲜有人采用的中文文献,我认为事实恰好相反:远东国际军事法庭甚至还严重低估了毒品对日本金融体系和侵略战争的重要性。太田和山田都批评远东国际军事法庭,但他们的批判焦点是二单著音藏（Nitancho Otozō——音译）和里见甫（Satomi Hajime——音译）等民间的毒贩，因而忽视了毒品交易对殖民统治与战争的体制性核心作用。我依据远东国际军事法庭的国际起诉文件（International Prosecution Section，简称IPS）和中文资料，估计50%—55%的满洲贸易收入来自毒品。

左翼与右翼人士都怀疑美国和远东国际军事法庭散播的日本阴谋论，但太田、山田和我的研究认为，远东国际军事法庭的意见与20世纪三四十年代的国际舆论一样，**都严重低估了日本帝国主义对毒品收益额依赖程度**。山田分析1931年"九·一八"事变后毒品对中国东北地区的渗透时，引用美国驻上海领事尼克尔森（M.R. Nicholson）1933年的一篇著名报告。❶尼克尔森报告称，满洲地区几个城市的毒品市场的增长规模令人震惊。他还利用了奉天的日本鸦片窖子的主要名录。他说，"九·一八"事变前，只有四五家日本鸦片窖子秘密营业，但到了1932年3月初，许多日本原来的正经商店都改行专营鸦片和海洛因——甚至是公开贩卖。尼克尔森计算，"九·一八"事变六个月后出现了600家这样的"毒品商店"。其他小城市里也出现了类似情况（引自Yamada 2002，193—194）。1936年5月，尼克尔森所在的领事馆发布了第二份报告❷，内容更为广泛，他在报告中称"九·一八"事变前满洲的安东地区只有十几家鸦片窖子。到1933年春，该地区出现145家合法经营的鸦片窖子，而在

---

❶ 参看日本的十卷本"極東国際軍事裁判速記録"，9524。
❷ 这些是远东国际军事法庭的IPS记录（1968），由Nitta Mitsuo编辑，藏于东京的日本国会图书馆。

安东的日本租界地区,则有将近700家吸毒场所。位于安东东面的凤城在"九·一八"事变之前只有5家不知名的鸦片窑子,1932年1月猛增至76家(IPS Records, M1690, Roll475, "Drug Conditions in Liaoning, Manchukuo", 147—148)。山田认为,这些由美国驻上海领事馆主持的调查"使得日本人觉得,这些信息是美国的敌对宣传手段,完全是危言耸听"(194)。接着他花了两页篇幅分析满铁调研员的一篇题为"满洲各类鸦片"的报告。这篇报告调查安东地区的时间大约与美国领事馆相同,满铁调研员不但确认了毒品所改造的城市景观,还列举了比美国人所见更多的吸毒场所,有超过4000个场所以毒品为卖点。满铁这份报告的结论如此惊人,以至于1932年8月,上级召见报告的主要负责人以确认数字的真实性。山田比较两份报告之后的结论是:"美国人尼克尔森绝没有夸大吸毒场所的数量;事实上他还低估了问题的严重性。"(195—196)

幸运的是,现在还存有其他资料可以帮助我们理解投机集团与淘金士兵对中国东北城镇的解域过程。记者埃德加·斯诺(Edgar Snow)写道,似乎一夜之间,日本人把哈尔滨和奉天等满洲城市变成了"活死人之地"(1934,12)。意大利记者阿姆利托·维斯帕(Amleto Vespa)在东北工作了20年,同时也是军阀张作霖的顾问,他说自己曾被日本人绑架,被迫为满洲情报部门工作了4年。他逃离伪满洲国后立即撰写了一部揭秘报道,于1938年以"日本间谍"为题出版。这本书读起来一点儿也不像梅原北明的《资本主义杀人会社》。维斯帕写完一堆通俗文字后,坚持说,日本关东军征服东北之际,那个地区几乎所有的日本人都是"罪犯、冒险家、走私犯、毒贩和龟公。这些地下团伙占满洲地区日本人总人口的95%。他们受日本国旗和治外法权的保护,中国法律根本管不了"。他总结关于日本情报机构的描述时,极力谴责伪满洲国的毒品贸易:"毫无疑问日本政府的政策是要毒害全世界。日本靠毒品迫害其他国家的身体和精神越厉害,她就越容易征服他们。"(30,90)

95%的贩毒人口,这个估计数字与"某吉文"1924年所做的估计神奇地保持一致,除此以外,维斯帕还勾画了满洲的投机分子的形象。不出所料,这与村冈伊平治的手下们的形象差不多(参见第二章)。

康斯坦丁·伊万诺维奇·中村是一位日本人,正如他的名字所示,他信仰俄国东正教……他的行当是理发师,在哈尔滨郊外的纳哈罗伊卡(Nahaloika——音译)开了一家小店……但这家店只是一个幌子。真正的生意是买卖吗啡、海洛因和鸦片。他还在离理发店不远的另一处地方开了一家妓院……1923年,中村与一位俄国寡妇非法同居,那个寡妇带着11岁的女儿。几个月后,中村侵犯了小女孩。寡妇状告,于是警察将其逮捕移交日本领事馆。但日本法院宣判无罪,因为法律规定,他"购买"那位寡妇时,连带着等于"购买了"她女儿。

1926年,警察又盯上中村。这次,一位俄国人到他那里理发,被中村下了药,抢走500美元。俄国人苏醒后去警察局报警。像上一次一样,日本领事馆接手了案子,宣称这个俄国人没有被下药,他只是喝醉了而已。中村再次免予处罚。(Vespa 1938,32—33)

维斯帕描述这位"克斯蒂亚"·中村之前先做了一个说明,他说中村是一位典型的投机分子，就像生活在关东州以外的满洲地区那95%的日本人一样，都是罪犯。重要的是，"九·一八"事变后，原来中村那样的边缘投机分子走到了舞台中央，扮演着成功商人的角色——经营市区大量有利可图的鸦片窑子——成为关东宪兵队的秘密顾问。日本投机分子拥有毒品专营权，情报灵通，这两样东西都是新政权急需的。他们还熟悉当地情况，能够有效地镇压抵抗势力。山田写道，由于他们对当地了如指掌，"九·一八"事变后他们神奇地转变为"睿智的爱国志士"（2002，211）。事变后，中村本人担任了哈尔滨的宪兵队顾问，他掌握俄语和汉语，熟悉当地环境，是日本急需的人才。中村当然被"前辈""志士"等尊称弄得不知所措，他把自己的投机事业提升了一个档次，辅助宪兵队敲诈和征收当地财产，而把贩卖毒品和诈骗这类小生意留给新来的人做。他实现了村冈伊平治的梦想，为日本帝国做出的重大贡献得到了官方认可。

20世纪30年代早期向中国东北地区大量贩售毒品，这是"一战"后日本资本家向中国推销毒品生意的一个重大突破。正如我在第四章简单提过的那样，日本大正等制药公司在战争时期发展迅速，为欧洲军队持续提供的吗啡和海洛因制品。其中有些产品流入朝鲜和中国，经由大连港通过满铁的铁路抵达东北腹地，由日本和朝鲜的投机分子贩售（Kurahashi 2005，127—130）。海洛因和吗啡一样，是一种廉价的新型鸦片，成为中国和朝鲜消费者的替代品，而当时在大连的小型试验室工作的日本化学家则是20世纪20年代的主要供应商（Yamada 2002，35—37）。投机分子的销售非常成功。1932年，关东州居民的人均吗啡消费量居全世界首位，唯一能与之相提并论的毒品消费是可卡因，日本殖民地的瘾君子也是人均毒品消费量最高的人群（Kobayashi, in Brook and Wakabayashi 2000, 154）。

不协和的协会

投机分子知道凭借自己的日本人身份可以来去自如、肆意敲诈。"九·一八"事变后，他们狠狠地趁机大赚一笔。1954年，古海出庭做证时称，当时许多投机分子利用自己的特权在中国"大发横财"（RDQDZX，卷14，813）。马克思说过类似的比喻，他称沃伦·黑斯廷斯（Warren Hastings）的东印度公司的贩毒团伙"比炼金术士还要精明"，"（他们）不用石头也能点石成金。"他讽刺地说，殖民统治加上毒品交易，合在一起就能在印度为英国创造无限商机（1977，917）。我来给大家讲一下日本毒贩子为什么"比炼金术士还要精明"。1932年11月，伪满洲国当局偶尔不会直接端着枪没收中国农民的罂粟，而是按照品质特级、优级、中级、低级，以10至15元一两的低价收购。截至1933年，这些鸦片经过三家官营加工厂的加工制成成品（RDQDZX，卷14，827），50%的成品依照鸦片专营法令，由官方指定的1400家经销商以20至40元一两的价格出售。剩下的50%由日本和朝鲜的毒贩在黑市售卖，伪满洲国内的价格是200至600元，而北京、天津和上海的价格则更高（819）。

领事馆的警告信、维斯帕的揭黑报道、古海的证词、宪兵队文件和毒贩日记，我们综合这些文本，可以得出结论，这些投机分子和黑帮分子在市场上如鱼得水，利润率高达100%—6000%。其中许多人都志得意满，他们觉得自己自私的营利行为，通过神经政治资本主义"看不见的手"，为日本的殖民统治做出了重大贡献。在他们看来，他们不但证明了关东军发动"九·一八"事变的理由（保护"日本国家权利和商业利益"），还依靠自己的知识和情报为关东军和宪兵队担任顾问。维斯帕的观点粗看起来不太可能，他觉得所有伪满洲国的顾问都曾经是人贩或毒贩。但是，让我们来看一下日本毒贩广田汤治（Hirota Yuji——音译）的日记，他在日记中说，他连续三年做生意都偷偷摸摸，因为1928年年末，张学良发起了禁烟运动。而"九·一八"事变后，广田及其他毒贩子可以公开贩售鸦片，利润暴涨，社会地位也提高了，被人尊称为"日本前辈"（*Kempeitai Shireibu*，卷6，1987，199—201）。

宪兵队高层的通信和国际社会的报道都证实了贩毒的公开活动。1931年11月宪兵队报告称，满洲所有地区都被日本毒贩子"淹没"了，他们还打着"光明正大的'爱国主义'"的幌子（*Kempeitai Shireibu*，卷6，1931，196）。埃德加·斯诺报道称，毒贩子不到两年就把哈尔滨搞得乌烟瘴气（1934，13）。维斯帕并不讳言当时的糟糕局面，1936年以前就已新开设了大量鸦片馆，但比这更加恐怖的是人贩子传播毒品"恶魔般的"速度：

日本入侵数月后，整个满洲国，尤其是大城市，都染上了这个大恶魔。奉天、哈尔滨、吉林等地，鸦片窑子无处不在。日本和朝鲜毒贩在许多街道建立了高效的传销体系。吗啡、可卡因或海洛因吸食者如果没钱，他们根本不必去那些场所。他只需敲敲门，从门缝里塞进胳膊和20分钱。店主拿了钱，然后就往他胳膊上打一针。（1938，96—97）

"九·一八"事变后,毒贩们还创造了新的"高效体系"。在安东地区,他们把鸦片馆改成典当铺,贫穷的中国毒瘾患者可以当掉自己的衣服来换取毒品(IPS Records, "Drug Conditions in Liaoning, Manchukuo", 150)。在农村地区,日本和朝鲜毒贩子面向第一次尝试的人群派发促销品,给成人免费体验,给小孩儿特殊的"儿童剂量"(Pernikoff 1943, 105)。据说,日本杂货商人与毒贩勾结,在出售的香烟里偷偷掺杂鸦片(Chinese Recorder, 1935年10月, 606)。

　　美国太平洋地区关系研究院以及国际联盟鸦片调查委员会关于中国东北地区"九·一八"事变前后状况的报告与维斯帕的描述基本一致,差别仅限于措辞强烈程度不同。弗里德里克·梅里尔(Frederick Merrill)为美国太平洋地区关系研究院撰写报告,他说"九·一八"事变前,哈尔滨、吉林和奉天"到处是贩毒者,整个城市被毒品弄得乌烟瘴气"(1942, 96)。这种状况催生了新的死亡政治管理制度,比如奉天的南门消费区出现了鲜为人知的"土坑",该城每年死亡的4000名中国吸毒者中有许多人的尸体就遗弃在了那儿。一份名叫"中国纪录者"(Chinese Recorder)的基督教传教刊物刊登了奉天"土坑"的恐怖画面,据该刊报道,许多中国吸毒者在过南门以前,被迫双手绑在绳子上,然后进入那里日本人开设的两百多个鸦片馆;如果他们身子虚弱得无法走出鸦片馆,日本人就能拉着绳子直接把他们扔到"土坑"。《中国纪录者》还说,满洲其他城市也有类似的土坑:"遗弃吸毒者的主要动机是毫无廉耻的投机心理。"(1935年10月, 608)本文附录一张1940年日本人在哈尔滨经营的吸毒场所的照片,照片中一位死去的中国吸毒者被扒光了衣服,遗弃荒野,他的归宿将是一个"土坑"。

描述毒品涌入满洲的最佳指标当然是毒品价格和吸毒人数的数字变化。"九·一八"事变前一剂海洛因的价格要比维斯帕1936年所说的价格贵三倍。根据满铁的调查,"九·一八"事变前,鸦片窑子一小时的消费金额平均是2日元;事变后,人们可以在奉天和哈尔滨的鸦片窑子以40钱的价格抽上4克鸦片(可享受1至2小时),再花40钱便可玩弄一位"年轻漂亮的女仆……加上房钱,(总共)只需1日元"(引自Yamada 2002,335)。投机分子闯入伪满洲国之后,不但使得鸦片价格降至"九·一八"事变前的1/3,还引入他们贩卖的另一种商品,为中国的鸦片窑子增添了日本特色,这种商品即"女招待",中国人称之为"烟妓"(RDQDZX,卷14,822)。

1944年在伪满洲国担任民生大臣的金名世后来接受日本侵华战争法庭审讯,时间是20世纪50年代中期,法庭就设在原来的满洲地区,他在法庭上称,"九·一八"事变之前,由于1928年秋季的禁烟运动❶,满洲"最多只有20万鸦片瘾者"。金名世根据两次满洲调查的结果,估计1944年时大约有300万鸦片瘾君子,而当时的总人口才4000万出头(RDQDZX,卷14,822—823)。海洛因和吗啡瘾君子的状况则更糟糕。美国领事尼克尔森1936年5月的第二

---

❶ "九·一八"事变前究竟有多少抽鸦片的、真正上瘾的人,确切数字仍然在争议中。有一个猜测是,该地区3000万人口中有300万抽鸦片者,那么比例是10%,这个数字接近于金名世的20万上瘾者的数字(Merrill 1942,108)。中国向国联报告,1937年以前在伪满洲国有1000万鸦片吸食者。这个数字乍看之下很高,但是,最近新公布的1935年伪满洲国鸦片专卖公署的统计数字是,共有905715名上瘾者(Kuboi 2007,75)。按照吸食者与上瘾者8—10∶1的比例计算,这一数字与中国人的基本相符。日本官僚当时的公开言论几乎没有任何可信度。当时他们内部的数字是,截至1938年7月,共有160万上瘾者,而他们的公开数字则是592354名(Merrill 1942,109)。

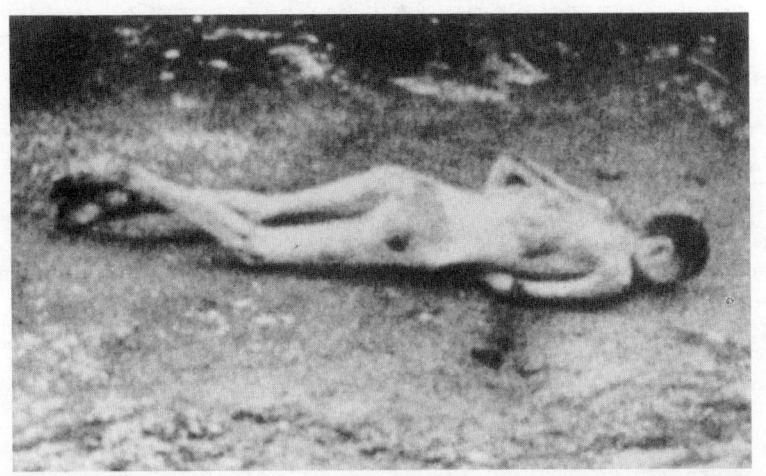

> 受日本鸦片毒害、横尸街头的中国瘾者,哈尔滨,1940年前后,尸体最终很可能被运往哈尔滨的万人坑

来源:《读画:紫烟·毒烟"大东亚"幻影》(絵で読む紫煙·毒煙「大東亜」幻影),2007年

份报告调查了辽宁省（旧称"奉天省"）各处的吸毒现象。他指出，"九·一八"事变前这些地方几乎没有吸毒现象，而到了1936年，庄河地区的吸毒率上升至18%，凤城则猛增至35%（IPS Report,"Drug Conditions in Liaoning, Manchukuo", 148—149）。截至1944年，伪满洲国大约有500万海洛因和吗啡瘾者；如果加上鸦片瘾者，大约20%的中国被殖民者吸毒上瘾。

胳膊上打一针

伪满洲国高层精英很快就学会了用毒品来解决所有的经济问题。我们从1954—1956年战争法庭的证词中得知，这块殖民地依赖的是"秘密基金"。例如，伪满洲国最后一任国务院总务长官武部六藏承认伪满洲国"完全依赖这一秘密基金"（引自Muto 1963, 36）。古海忠之则称，"满洲国是建立在关东军秘密基金基础上的雄伟建筑"（RDQDZX, 卷14, 816）。金名世的证词称，至少伪满洲国50%的鸦片买卖"没记在账上"，所以也逸出了鸦片专卖公署的统计数据，成为看不见的黑市收入（757—793）。关东军的军事占领遭到了当地人民的反抗，它需要鸦片收益来镇压暴动，填补出口贸易和关税损失（Asada and Kobayashi 1972, 38）。关东军需要外界承认他们是一个独立的国家，所以军事官僚转而做起金融战略规划，石原莞尔于1931年10月1日递交伪满洲国第一份财政预算报告。鉴于台湾和关东的经验，毒品专营，"胳膊上打一针"的念头立即摆上了台面。石原的预算报告将毒品和食盐垄断作为重点项目（Tsunoda J. 1984, 86—89）。

国联李顿调查团 1932 年 4 月 2 日结束调查离开满洲，殖民地高层开始着手考虑预算问题，从日本财务省调来的新官僚准备接手管理政权。星野直树担任财政部总长，很快便建立起鸦片专卖公署，成为殖民地的主要经济来源。宪兵队没收的中国财产和银行账户以及关税收入不足以支付预算的一半费用。1932 年 3 月，伪满洲国从日本政府那里接受了两次贷款，但还需要更多钱。所以星野和古海不得不去靠东京的银行关系借钱。他们成功地借到了，伪满洲国头四年总投资的 2/3 多来自证券和贷款，约 10 亿日元（Kaneko 1987, 337；L.Young 1998, 213）。他们用什么来抵呢？只有鸦片贸易的潜在收入（RDQDZX，卷 14, 813）。如山田豪一所说，日本拯救中国于水深火热之中，这一"王道"之举的宣传修辞很快"让位给了星野的鸦片政策"（2002, 242）。王道成为霸道的幌子。

伪满洲国鸦片专卖公署根本没有限制毒品流通，近些年来这已成为学界的共识。正如山田所说："这就是资本积累"（2002, 235），新一代官僚与关东军狼狈为奸，通过**加快毒品流通**来实现资本积累的共同目的。古海是伪满洲国的总务厅次长，也是鸦片专卖公署的三位创始人之一，他 1954 年出庭做证时称，不管当时伪满洲国的公共宣传如何，实际上军队和政府高层一直认为毒品"多多益善"（RDQDZX，卷 14, 812）。星野直树是基督徒，他的身份迷惑了国际社会，使得外界轻信了伪满洲国打击毒品的诚意。然而，政府决策层中没人质疑鸦片专卖公署乃是劫掠殖民地人们的合法工具。究竟"日本人"是否故意要毒害"中国人"，这还需要争论。但是，1954 年战争法庭审讯时，古海撰写了大约 40 页证词，陈述伪满洲国的经济状况，他承认："为了推进日本帝国发展，鸦片乃是上上策。

凭借法律、制度和智慧，以及削弱殖民地人民肉体力量的宗旨，我们的鸦片政策成为收益的主要来源和殖民地的第二大重要任务。"（引自 Arai and Fujiwara 1999，123）

总的来看，这就是简宁斯等人试图揭露的阴谋论：日本帝国主义的毒品政策，用古海后来的证词来说，"彻头彻尾是用来削弱和摧毁中国人民的"（引自 Arai and Fujiwara 1999，129）。古海称，鸦片专卖制度"起到了使国民身心颓废，削弱反日本帝国主义力量的作用"（RDQDZX，卷14，813）。古海的证词已得到证实，他这里关于毒品的描述亦应属实；许多政府精英公开蔑视中国人。古海说，1937年某个系列会议上，当时有中国人对毒品造成的社会动荡感到担忧，要求日本人加以解决，但在场的50名日本官僚没有一个响应（814）。❶

新一代殖民地官僚非常关注伪满洲国的"治安状况"，所以必须杀一批中国人，以便顺利开展经济项目和掠夺，吸引日本本国和国际社会的投资。负责查抄财物和镇压叛乱的宪兵队宁愿他们的敌人沉溺于毒品之中。另一方面，军中较为人道的人物，比如关东军总司令官武藤信义，将政府的毒品贸易当作"必要的罪恶"，这与石原莞尔的思路如出一辙。但即便这些不太积极的毒品买卖支持者也知道，伪满洲国建立的根基，以及整个的侵华战争，都依赖于毒品收

---

❶ 伪满洲国和1935年11月在冀东建立的所谓"第二个满洲国"统治下的愤怒的中国民众曾经试图暗杀那些有治外法权的日本人贩子和毒贩子。最有名的事件发生在"第二满洲国"的伪都通州，1937年7月29日，中国抵抗者杀死了223名日本人，这些日本人几乎全都是毒贩子（Shinobu S. 1991）。

益。武藤元帅写道:"(让我们期盼)鸦片专卖公署的表面文章能够使外界相信我们继续在做之前的中国统治者的禁烟运动……我们都看到,专卖公署实际上只是用来增加伪满洲国政府收入的。"(FMA, "Documents Concerning Drugs in Manchukuo", D.2.5.0.1—3)用表面文章来掩盖实际状况,这对军队官僚们很重要。而对于古海等傲慢的新官僚、冷酷无情的宪兵队和一些投机分子来说,增加政府收入是次要的,更重要的是制造中国人的死亡政治伤害。❶金名世在20世纪30年代担任吉林省的民政总长❷,他的观点代表了相当大一部分日本精英的想法:

关东军认为鸦片是巨大的财源,也是对中国人民弱种亡身的工具……

日本帝国主义实行鸦片毒害政策,其目的一方面是为灭绝东北人民,另一方面是为大利所在。就是以最低的价格,强行收买中烟人的鸦片,再以最高的价钱卖给吸食鸦片瘾者,并且向国外贩毒居奇暴利,在此一转易之间,即有悬殊的差额利润。(RDQDZX,卷14,815,820)

金名世等日本精英"比炼金术士还聪明",他们找到了鸦片,死

---

❶ 1932年秋,星野命令中国下属在《盛京时报》等中文报纸里夹送鸦片。驹井德三在报纸上发表谈话,说鸦片是伪满洲国"人民所喜欢的东西",而且"许多农民"依赖鸦片维持家庭生活(RDQDZX,1991,卷14,815)。星野禁止在日文报纸中出现任何与毒品相关的文字。
❷ 此处疑有误,金名世是1994年担任民生大臣的,1945年部门改组,他担任厚生大臣。——译者注。

亡政治的终极商品,使日本人能够一边杀戮中国人一边赚钱。这一历史事实支持了山田和太田对远东国际军事法庭裁决的批评,该法庭的判断是"连续几届日本政府……推动的系统性政策是削弱当地居民的反抗意志",但实际上,日本政府**非常清楚殖民地状况**。法官们认为鸦片是用来"削弱"中国人民的抵抗,但伪满洲国政权实际上把它当作谋杀的武器。日本的死亡政治把谋杀变成了一桩鸦片生意。

中国贱民注射海洛因;我,日本帝国主义者,买卖海洛因

那些认为日本故意造成这么惨剧的学者往往会被诬为种族主义者,所以我还要多说两句。伪满洲国的意识形态幻想运作不同于我之前讨论的朝鲜的情况。发展、共同繁荣等文明启蒙的召唤语汇很少出现,伪满洲国建构的是施米特所说的"敌一友"政治神学区分(Schmitt 2005)。我们在此无法详细讨论日本精英如何从多种族的日本传统故事中塑造出对中国人的种族偏见,但可以罗列一些明显的事实。[1] 随着日本军队 1895 年与中国开战,以及"一战"时期和战后的经济崛起,日本大众话语形成了一种固定观念,认为日本作为一个民族—国家先进而现代,中国则相对应地封建而落后。另外,中国内战和动乱风起云涌,太平天国运动(1850—1864)、义和团运

---

[1] 斯蒂芬·田中(Stephan Tanaka 1993)关于日中关系史的著作至今无出其右。

动（1898—1901年，日军参与镇压了动乱）以及1927年4月12日之后的国共长期对峙，使日本精英认为，中国人的生命本质上就是自取灭亡。从20世纪20年代初开始，伴随着日本制造的海洛因大量进入中国，有两种新的说法支撑着日本侵略中国的合法性。第一种说法是，满洲是日本的生命线。第二种说法支持着投机分子和精英们的所作所为："我们在满洲的特殊权益。"忍顺平在"九·一八"事变前撰写的一本书传播了这种说法，他公开宣称中国人"腐败""无定力""无政府"，日本人自然应该把东北的主权握在手里。日本人则是"正义"和"文明"，东北交给日本显然是个好主意（Shinobu 1932，428—452）。

在此，稍用一些篇幅引进马克思主义文化研究理论，这将有助于澄清我的观点，以分析户坂润所说的"日本意识形态"如何将中国人"非人化"。葛兰西将意识形态描述为特定阶级的"原理、运动和目标"，用来将自己的"价值和态度"强加给整个社会（1971，86）。如果统治阶级能够收买贱民阶级，或者用阿尔都塞的话来说，用意识形态幻象询唤出来，则霸权会变得更加容易实现。1937年，户坂润准确地观察到日本法西斯乃是新官僚与帝国主义军官的阶级联盟（1967，卷5，4—6）。我认为，伪满洲国的意识形态霸权之所以变得如此严密，是因为它要组织——或者说缝合——三种不同的日本殖民阶级：新官僚、军队和投机分子及黑帮。换言之，我们把投机分子集团放入霸权联盟当中思考，可以更好地理解日本在伪满洲国的殖民法西斯主义。

葛兰西和户坂润都认为，意识形态分析的基本原则是，社会行为由阶级意识或集团利益规定。道德决策来源于自我、阶级与社群之间的互动关系。具体落实到投机分子,至少其中一部分人参与了大量谋杀事件。很难想象有什么道德机制能够阻止这一阶级用毒品来"削弱和杀害"中国人。投机分子本质上没有道德观念,他们的首要观念是小资产阶级的自私自利,其次是日本民族主义者的集团利益。

以古海忠之为例,他作为一名新官僚,为仕途什么事情都做得出来,包括1944年春亲自押送毒品到北京(RDQDZX,卷14,819)。伪满的账簿都由他管,年轻的古海(他1932年7月调到东京时只有31岁)规定中国官员的薪水只能是同一职位日本人的一半。❶30年代末日本领导层迫于压力准备改变这个政策,古海感到难以置信,在他看来这不容置疑:即使最优秀的中国人都要比**随便哪个**日本人差一半(Zhongguo Fushun zhanfan guanli suo 2005, 26)。作为东京大学的名牌毕业生,他已经内化了20年代的日本民族优越感。在伪满洲国落脚后,古海的自私自利就直接和他的阶级属性、集团利益挂钩起来,他全力投身日本帝国主义大业。和所有的伪满精英一样,他深知毒品政策乃是政权的重要组成部分。即使不谈他个人的毒品交易,我们也很难想象任何能阻止他牟利和屠杀中国人的道德观念。

既能牟利,又能屠杀中国人,这个两全其美的毒品政策自然得到军国主义者的欢迎。其中有些人参与过1919年3月和4月镇压朝

---

❶ 据说,古海曾经说政权高层的中国人与日本人薪水差距比伪满洲国下层机构的差距要小得多。20世纪30年代东北地区宪兵队一位名叫林幾的警官记录道,30年代末一位伪满洲国日本警察的薪水是75日元,朝鲜警察是25日元,而中国警察是10日元(1993, 208)。

鲜民族主义者的运动。同样是这批军国主义者，主导了"九·一八"事变后针对中国农村的扫荡运动。后来，宪兵队参与绑架中国人民投入强制劳动、731部队的死亡工厂的生物实验（6000人因此而死亡）以及"慰安所"和奸淫场所。军国主义者比新官僚和投机分子更加道德沦丧。关东军长官田中隆吉1936年5月对东京记者的回应无疑代表了部分军国主义者的心声："坦白讲，你我看待中国人的角度完全不同。你似乎把他们当人看，但我把他们当作猪。"（引自Hotta 2007，152）

例外状态，榨取状态

晚期日本帝国主义花费15个月才建立起这个最重要的殖民地机构：鸦片专卖公署。自1932年10月1日起，星野、古海和伪满洲国鸦片专卖公署副署长难波经一先试行了6个星期的临时收购条例，要求那些没有执照的毒贩将他们的存货全部卖给伪满的代理商。这个条例惨淡收场。经过这次失败，绝望的官僚层得想一个办法，怎样才能拿到鸦片用于出售。虽然他们觉得可以从黑龙江和吉林省的种植户那里买到足够多的鸦片，但伪满政权当时还缺乏一定的统治权威。星野违背日本和国际联盟签订的条约，试图从伊朗和土耳其那里购买鸦片，但也没有成功。所以他们使用了最后一招，向日本最成功的当地代理人寻求帮助：投机分子。两者之间并无过节，新官僚与投机分子之间的隐形联盟关系被证明的确是日本帝国主义在华统治的灵丹妙药，"九·一八"事变后，投机分子们掌握了山田所说的满洲地区的巨型"毒品自由市场"。这一联盟决定了"二战"结束前两三千万中国人的死亡政治命运，多达1000万中国人的死因与吸毒相关（Kurahashi 2008）。

这一政治联姻过程中有两个关键阶段，甘粕正彦等军警扮演了中间人的角色。英文和日文学界忽视了关东宪兵队在殖民战争第一年中的重要作用，也忽视了投机分子的参与作用，而中文学界则特别强调他们所扮演的角色。我们从宪兵队留下的大量资料中得知，该组织是殖民初期的实际统治者，实施抢劫、谋杀等各种破坏活动（RDQDZX，卷5）。更重要的是，关东军命令他们"接收财政"、"接管政府"（*Kempeitai Shireibu*，卷1，1987，9）。接下来几个月，他们完成了几项最为困难的任务：解散当地的中国警察、没收乡村财物、接管所有的中国银行。关东军为了犒劳宪兵队建设政权、镇压敌人的功绩，允许许多军警做当地的"军阀"，让他们经营自己的毒品、卖淫和黑社会生意（RDQDZX，卷4，362—438）。伪满洲国是一块典型的处在例外状态的殖民地，但同时也始终处在榨取状态。

宪兵队牵线搭桥的新官僚—投机分子联盟始于临时没收条例失败之际，当时伪满军队只能从少数几百名中国毒贩那里收到鸦片（Yamada 2002，245）。鸦片专卖公署要求所有的吸毒者和贩毒者到政府机构注册，星野和宪兵队负责将贩毒者分成批发人和零卖人两类（RDQDZX，卷14，816—817）。在宪兵队的合作下，难波和星野指定100名最富有的日本投机分子为批发人，批发人可以指定零售人。这等于是承认了投机分子所掌控的自由市场体系。星野、宪兵队与南波之间激烈地争论过中国人能否被指定为批发商。就像大多数民间精英一样，星野不喜欢中国人，他只想要日本批发商（或者是朝鲜的被殖民者，因为按照当时的法律，朝鲜人在东北算作日本人），而宪兵队则希望回报一些与他们的黑社会合作的当地中国人。最后，三方达成协议，一部分中国毒贩也成为官方批发商。这些批发商则将他们各自的零售商名单上报给鸦片专卖公署（但大部分都没有官方执照，他们依靠贿赂获得经营空间，而不是支付更为昂贵的商业税）。金名世在1954年说，截至30年代中期伪满洲国大约有1400家持有执照的鸦片零售商。然而，我们得到的数据则显示，光奉天地区就有同样数量的鸦片窑子（RDQDZX，卷14，816）。美国驻沪领事馆1935年的一项调查披露,哈尔滨有1000家地下鸦片窑子,其中拥有执照的仅76家（IPS Records，M1690，Roll308，623）。

一开始注册制度实施不力，因为经销商拒绝执行鸦片专卖公署制定的利润率（批发商10%，零售商8%，低得可怜）和价格（比市场价高一倍）。1933年年末,星野和古海决定收编黑市的投机分子,提供他们官方保护（RDQDZX，卷14，812）。山田豪一称之为第二个关键阶段，新官僚"扭转了他们对地下投机分子的排斥心理"(2002,520—523)。虽然没收的成果寥寥无几，但他们付给投机分子和黑帮分子可观的费用，监视那些未注册的中国毒贩，对他们进行更为系统性的盘剥（438）。日本投机分子成为鸦片专卖公署的顾问和四个省局的公署员工，专门没收99%未注册的中国毒贩财物。殖民政权收编了将近6000名投机分子，从而实现资本积累。再加上关东军的第一次对外行动——1933年3月4日侵略罂粟泛滥的热河省——在鸦片专卖公署经历了第一年的亏损之后，这一年盈利1000万元（当时折合500万美元）。

晚上统治伪满的男人

1932年3月1日,伪满洲国正式建立时,日本帝国主义者已经把30年代末流行的一句话挂在嘴边:"满洲白天归关东军统治,晚上归甘粕统治。"要解释甘粕正彦如果在晚上统治伪满,还得从1929年的秋天说起,当时,他从法国来到满洲。他原来因为1923年关东大地震后趁乱谋杀了两名左翼人士大杉荣和伊藤野枝而锒铛入狱,判处10年徒刑,但他还没服满3年,日本军队就把他调去了巴黎。❶ 他在巴黎学习国际间谍知识,然后与土肥原贤二一起调到中国东北地区组织情报和走私网络。1931年夏天,他已经纠集了100名猎金军人,在奉天建立起自己的特务组织"内藤机关",接着,在上海建立了一个新的毒品和情报组织,以此作为自己1932年至1934年间贩卖满洲生产的毒品和打通门路的基地。靠着土肥原贤二的黑帮的支持,甘粕的内藤机关很快收到成效,他们为日军9月19日突袭张学良的战役提供了重要情报。这个时期他任务繁多:9月17日、18日他在奉天筹划针对张学良的进攻,然后北上哈尔滨策动他的黑帮。他在哈尔滨带领一帮投机分子兴风作浪,实施了三天的恐怖活动。他们希望借混乱局面吸引关东军以保护4000日本居民的名义前来占领哈尔滨。9月22日、23日晚上,他伪装成中国苦力,驾驶一辆没有牌照的车,开始他的疯狂举动。他装载着手榴弹和小型枪械在城里游荡,肆意瞄准人群和建筑物射击。甘粕不会说中文,

---

❶ 关于星野的进一步讨论,请参看我的下一本书 *Japan's Jihad*。

一旦遭到逮捕，他的身份很快会暴露。所以他随身携带一份杜撰的信件，上面写明张学良请他在哈尔滨实施恐怖活动。他的计划是，一旦被中国警察逮捕，他就引爆自己身上的炸弹，然后让警察看到他衣服里的伪造信（Muto 1956；Tsunoda F. 2005）。

1932年7月，日军将那些参与"九·一八"事变的全部送回日本，只留下土肥原贤二、甘粕和他的酒肉朋友板垣征四郎三位事变"元老"留在中国。自1932年夏至1939年，甘粕是伪满洲国秘密警察的实际领导人，他在民政部的"密室"里操控伪满的贩毒、人口买卖和情报工作（Sano 2008，279）。所以1933年秋，伪满的新一届领导层计划收编投机分子时，甘粕是理想的领导人选。早在1924—1925年入狱期间，他就已经与日本黑帮取得了联系，黑帮后来也移至满洲活动。甘粕1930年自己建立的两个组织也收编了一些投机分子，所以他有许多伪满政权想要的商业和个人关系。20世纪20年代初，甘粕是东京宪兵队的队长，善于镇压劳工运动和利用正义团内部的黑帮头目。伪满的大部分投机分子都是右翼民族主义者——更不用说黑帮赤裸裸的法西斯主义——甘粕谋杀著名左翼分子和舍命投身"九·一八"事变的名声，使得人们对他无比敬佩。许多人对他敬畏有加。❶

协商建立联盟之际，新官僚阶层当然记得投机分子和猎金军人所扮演的重要角色——"九·一八"事变前的情报工作和恐怖活动——他们创造出了一片自己的小殖民地。1933年中后期，星野针

---

❶ Kathryn Meyer在20世纪90年代中期就已经谈到星野运作政府官员与投机分子狼狈为奸的事迹。参见Meyer and Parssinen 1998，190。

对鸦片专卖公署执法困难,授权甘粕来调停各方利益。调停方案包括,一些投机分子进入政权担任顾问,在保安局拿俸禄,甚至在地方专卖公署担任贵职,同时继续做他们的生意:从中国毒贩那里没收毒品,自己做走私贸易和敲诈勒索(IPS Records, M1690, Roll475, "Opium Monopoly in Manchukuo and Its Connection with the Guandong Army", 196)。❶ 仅仅两年时间,投机分子就从地下转为正大光明的人物。甘粕的方案还包括允许走私分子自由进出北京和天津,这两个获利颇丰的市场。虽然有的学者称,边界线的消除证明伪满洲国是真心要实现大亚洲主义(Duara 2003),但事实却是,没有一个日本投机分子因为走私毒品而被捕。就算被逮到贩毒,罚款金额也是微乎其微(Rehe Bureau of Security Report 405, in RDQDZX, 卷14, 843)。

1940年,伪满洲国出入境控制收紧之后(原因是有日本人被抓到从华北携带毒品进入伪满),伪满地区的投机分子立即做出调整,迫不及待地在天津和上海将10至18元一两的价格提升到200至1000元一两。一位在热河保安局工作的日本职员1944年时描述了他们规避政策的五花八门的办法。据说,走私者"把4两鸦片放进避孕套,然后吞下去",安全离开伪满之后再吐出来或者排泄出来。但这个办法非常危险,每年有十个走私者因避孕套破裂而中毒身亡。其他办法还包括,把鸦片压成纸一样薄,然后塞入马鞍下面,"压着

---

❶ 地方的鸦片专卖公署是可以捞油水的公职,这是当时公开的秘密。虽然伪满洲国建立初年面临劳动力短缺,但仍有超过1000名日本人竞争公务员岗位(IPS Records, "Opium Monopoly in Manchukuo and Its Connection with the Kwantung Army", 196)。

越骑越薄",然后塞进毛笔的笔管。更离谱的是,"他们会塞几两到婴儿或小动物的肛门里",过境后再取出来(841—842)。除了吞食避孕套,其他办法对投机分子来说都安全无害。1944年,这位日本职员的第二份报告题为"鸦片走私之趋势",他在报告中描述了对于毒品走私不同种族的差别待遇,日本人根本不必担忧境内、境外的法律保护问题。如果一伙中国毒贩被抓,伪满的日本警察只会没收他们的鸦片,将他们驱逐出境,然后自己拿去黑市卖。伪满的边检从不为难日本走私贩,"揭发者如系日系人,则将走私量报告为极少数量,以使罚款止于最少限度"。鸦片不会没收,投机分子可以大摇大摆地过境。如果有满系人员被抓到走私毒品,"鸦片折半分"(罚款数额很高),然后自己私下没收另一半。"满系警察所以不揭发走私者,是因为报告不如收贿更有利,故抓捕率极低。"(843)

甘粕方案的最后一部分内容要解决的是将来的毒品供应问题。1933年3月,伪满已经为了占领热河省丰富的罂粟田而发动战争。至于海洛因和吗啡,伪满的鸦片专卖公署1933年秋开始在新京❶建造大型制药工厂(IPS Records, "Opium Monopoly in Manchukuo," 197—198),接着,关东军接管了军阀汤玉麟在热河的大型海洛因制造厂。由此,投机分子有了稳定的毒品供应,不必依赖小作坊(IPS Records, M 1690, Roll 475, "Heroin Manufacture in Chahar and Jehol", 2)。

投机分子回报伪满洲国的是什么呢?虽然伪满巨大的毒品自由

---

❶ 即长春市。——译者注

市场贩售鸦片和迷幻药持续数年,但海洛因和吗啡的数量后来超过了鸦片,基于海洛因上瘾率的调查,我们可以得知海洛因瘾君子的人数自 1933 年末开始迅速增长(IPS Records, "Drug Conditions in Liaoning, Manchukuo," 147—150)。我举个数据是要说明,日益增多的鸦片投机分子逐渐转向专卖海洛因和吗啡。这不是说伪满官员不卖海洛因,而是说,慢慢形成了市场的两分局面,一面是鸦片(由伪满政府及其官方经销商控制),另一面是吗啡和海洛因(由投机分子和黑帮控制)。最终,星野、古海和甘粕达成口头协议,增加 12 万名情报人员,保证投机分子退出鸦片市场,专营海洛因和吗啡。直到 1937 年秋季之前,迷幻药完全没人监管,直到"二战"末期才有断断续续的管理(Merrill 1942, 99)。

伪满洲国,战争机器

伪满精英纵容投机分子翻江倒海,这个时期支配整个政权运作的猎奇技术产生了重大变化。但是这一猎奇技术成熟应用的时期要等到 1937 年 7 月之后,那时日本人大肆劫掠中国的黄金和艺术珍品。裕仁天皇的兄弟秩父就将最低级的投机行为加以奇异化,日军占领华中地区前夕,他领导了"黄金百合"行动,盗窃中国的天价黄金珍宝和佛像(Seagrave and Seagrave 1999, 18—20)。1937 年伪满发生了类似的事件,一群新官僚借鉴村冈伊平治等人贩子的伎俩,将绑架和强制劳动写入官方政策。我想强调的是,1933 年帝国政治的先锋致力于死亡政治意义上的榨取,资本积累与殖民地人民生命的毁灭直接挂钩。古海和星野等新官僚相信一种犯罪逻辑,认为猎金军人的劫掠成果将流入伪满秘密基金的口袋。投机和走私的地下活动成为殖民统治的公开性新形式。

　　撇开秘密基金不谈,伪满洲国政府预算对毒品收益的依赖程度究竟多高?鸦片专卖公署成立一年后,殖民政府开始模仿投机分子走私毒品。鸦片专卖公署受到政府条例的制约,不能随意分销毒品,但是他们实际上第一年卖还给官方经销商的鸦片数量不到没收总量的一半,第二年更是连1/3都不到。鸦片专卖公署报告称1933年7月至1934年6月共销售了476.3万两鸦片,第二年翻了一番,超过900万两(Manshukoku gensei 1936,98)。然而,美国驻沪领事尼克尔森宣称,他从伪满专卖局的一位雇员那里得到了秘密数据,根据这些内部数据,1933年7月至1934年6月间,专卖公署在伪满境内销售的鸦片数量低于200万两(Yamada 2002,521—523)。国际联盟鸦片调查委员会根据这些数据得出结论,伪满洲国把官方销售量与实际销售量之间的差额(第一年不到1/2,第二年少于1/3)卖到国际市场上出售,主要的中间人是天津的里见甫和上海的星野控制的贩毒集团。

　　由于国际联盟鸦片调查委员会针对伪满洲国的严厉监控,伪满鸦片收益的官方数据只是实际总量的一半或更少。❶我们可以做一个保守的估计,1934—1935年,鸦片专卖公署的实际收益是官方公布的1300万元的两倍,下一年度也是官方公布的200万元的两

---

❶ 简宁斯称,1939年以后的伪满洲国收入利润大约是它呈送给日本外务省的内部数字的1/3(1997,138,n.72)。山田豪一(2002)认为,《满洲国年报》与内部呈送给日本银行和外务省的数据之间的差距大概是50%。

倍（Manchukuo Ministry of Information 1940，693）。这大约占第一年财政总收入的 15%，占第二年的 20%，大致与台湾的殖民历史匹配。但这个数字仅仅是专卖公署的收益，仅仅是鸦片的利润。民生大臣金名世的证词称，热河省在 40 年代初平均每年的政府收入是 7000 万元，折合美元是 3.5 亿（RDQDZX，卷 14，821），大约是伪满四个省 1943 年和 1944 年鸦片年收入的 5 倍（Myers 1982，255）。再加上每年基于鸦片收入前景和相关税收而获得的贷款数目，我们很容易看到，伪满政权的经济状况依赖于鸦片，不可能存在如此赚钱的其他行业。而且我们还没讨论迷幻药的收益，1936 年开始迷幻药比鸦片数量更大、利润更高。总之，1935 年以后，伪满洲国每年大约有 50%—55% 的收入来自于公开和地下的毒品交易。

中枢模式

我们很容易想象甘粕正彦等大买家在伪满毒品市场上所能掌控的鸦片数量。山室信一估计甘粕正彦随时能调动 2000 万日元的资金（相当于整个鸦片专卖公署 1935—1936 年的收益），这笔钱用来资助 1932 年 2 月侵略上海的战争[1]，以及关东军的种种侵略行动（2002，17）。受人尊敬的满洲史专家小林秀雄称，岸信介、日产总裁鲇川义介等满洲国军部以外的精英都接受过甘粕的秘密资金，偶尔还会往里面捐赠一些钱（2007b，38）。除了关注鸦片专卖公署，

---

[1] 即淞沪抗战。——译者注

我们也不能忘了帝国精英和投机分子（或者说，**作为投机分子的精英**）建构东北、华北和华中地区巨大的毒品市场的双重目的，即一方面要扩大毒品流通，另一方面，用某些法国马克思主义者的术语来说，将利润丰厚的市场"监管模式"从竞争模式改到垄断模式。这使得日本人从日益增多的中国瘾君子那里坐收渔利，同时攫走了许多中国毒贩的生意。在某些地区，鸦片专卖公署只能控制10%以内的毒品市场，这为投机分子谋取个人利益提供了便利。甘粕等极端民族主义者又把自己挣的钱重新投到帝国主义事业中去。就像村冈伊平治一样，一些投机分子摇身一变，成为显赫的金融家，拥有巨额资产和光鲜外表。投机分子们的欲望，以商品化的爱欲形式，驱动着伪满洲国的死亡政治。无论这种欲望是否包含极端民族主义，伪满洲国政权都已经把它**绝对化**了。

我们可以借鉴本雅明建议用"好奇心的辩证法"来思考鸦片消费，把日本的毒品利润中蕴含的死亡政治**色欲**与殖民地的中国人民遭受的剥削勾连起来（2000，220）。截至1944年，伪满将近10%的中国人患有严重毒瘾（RDQDZX，卷14，822）。不过，伪满从未统计过普遍意义上的吸毒上瘾数量。1933年至1935年间，美国驻沪领事馆雇佣一支调查队调查若干城市和乡镇的海洛因和吗啡毒瘾比例。日本帝国还没在伪满统治几年，烈性毒品瘾君子的比例就达10%至20%，而某些地区迷幻药上瘾的中国人比例高达33%。这些数字如此惊人，以至于报告的作者添加了一段注释提示读者："这个调查结果可能会让伪满地区之外的人们感到难以置信，但那些亲身经历过、了解日本迷幻药推广政策的人们会同意我们的估计数字。"（IPS Records,"Drug Conditions in Liaoning, Manchukuo",

153—154）20世纪30年代末的北京和天津毒瘾比例甚至更高（IPS Records, M1690, Roll 475, "Japan's Narcotization Policy in North China", 20—22）。鉴于1936年起，伪满的迷幻药收益超过了鸦片收益，我们可以假定，迷幻药瘾者的中国人数量超过鸦片瘾者，那么，截至1945年，伪满至少有20%的中国人患有严重毒瘾。

伪满精英将投机分子的**色欲**绝对化，这一行为还造成另一种死亡政治效应。西野留美子已经证明1938—1941年间国际社会的批评属实，她强调东亚地区"慰安所"从事性工作的女性中出现了"体制性"的毒品泛滥（Nishino 2007；Merrill 1942, 59）。慰安所经营者和宪兵队在许多地方推行政策，迫使女性吸毒上瘾，既能从这些女性身上榨取更多的金钱，同时又能更容易控制她们——吸毒者离不开稳定的毒品供应源，不会产生逃跑的念头（Kawada, in Yoshimi Y. and Hayashi 1995, 163—164；Women's Active Museum Documentary Evidence, 7 October 2005）。花子平（Hana Kohei——音译）描述过她在上海的日本海军慰安所的地狱生活，她在那儿从事了一年的性工作，她回忆往事时曾提到好几位年轻女性"吸鸦片上瘾"，其中一位朝鲜女性因此而自杀（Nishino 2992, 52—54）。

许多上海慰安所的女性都严重依赖该慰安所的物资供应，除了毒品还包括化妆品、衣服和其他日用品。西野称，军队慰安所卖给这些女性的日用品价格要比市场价贵3至4倍，她们根本没办法逃跑，因为她们知道，政府会强迫她们的父母偿付欠债。西野关于朝鲜强制性工作者朴永信（Pak Yong-sim——音译）的著作描述了南京慰安所运用毒品来进行社会控制和榨取利益的手段。早在19世纪90年代，村冈等人贩子就建立起了这种监控制度（2003, 29）。许多年轻女性常常堕入毒品和海洛因的迷幻罗网之中，用迷狂的心理状态熬过所谓的慰安所里的军人的摧残。正如朴所说，"如果没有鸦片，根本没法在慰安所活下去"（30）。毒品是这些女性唯一借以忍受强奸和折磨的工具。她们中大约30%的人没法活着回到祖国。且不提购买死亡政治资本家兜售的毒品的那1000万中国人，至少就这些女性而言，毒品商品提供的死亡政治安慰剂常常是直接导致死亡。我认为，这就是日本帝国主义第三个时期的主导趋势。

第八章　日本的课业

> 许多人不同意设立一个计划部门，专门负责为所有人思考……但这些人士如果坚持这一看法，则必须也反对现代工业发展的总体趋势。
>
> ——弗雷德里克·泰勒（Frederick Taylor），《科学管理原理》

> 武力暗示或武力威胁足以保证人民的服从。
>
> ——美国中央情报局局长威廉·柯比（William Colby），关于越南战争凤凰计划的出庭证词，1970年

昭和（1926—1989）初年的资本主义色欲—奇异文化研究者受到马克思的启发，撰写大量资料，详述经济、个人和政治各方面的"变态"对日本人和日本社会产生的影响。允诺"一夜致富"的传销诈骗、层出不穷的绑架陷阱、卖仙丹和春药的江湖郎中，不一而足。研究者们警告天真的读者，要警惕新帝国资本主义的吃人之心。中山由

五郎的《变态处世法》极其详细地描述了人贩子、放高利贷者、"吸血鬼"、诈骗犯和卖假冒广告的人。日本"一战"后的大部分劫掠事件都是他们干的。他们想尽一切办法挣钱,"操控人心最底层的欲望","依靠死亡赚钱"(Nakayama 1929,3,708)。野马次郎在他的巨著《变态爱欲研究》中联想到,一旦资本主义变态的制造者们控制了全社会,将会造成多大的灾难,简直让人不寒而栗(1930,5)。

20世纪30年代的伪满洲国就是那种灾难景象。变态的实施者们以资本主义劫掠的形式享有绝对统治权,其恶劣程度举世无双。政府和军队高层犹豫了18个月之后,终于决定支持伪满土地上的猎金军人。甘粕正彦等举世闻名的杀人犯变成了伪满的公众人物,代表伪满出访两个法西斯同盟国德国和意大利。

日据时期东北地区的三类重要主体是:从事洗钱的新官僚、战争贩子和强制劳动的雇主。前两类的代表人物是岸信介(1896—1987)和鲇川义介(1880—1967),他们乃是促进伪满发展的各种剥削模式的真正受益者,剥削方式包括宪兵队没收财物、官方和非官方的毒品走私、对土地的军事征用。古海和岸信介两位新官僚的职责是把抢来的财物和毒资洗干净。自1937年中期起,岸信介兼任伪满洲国产业部次长和总务厅次长。他是1936年至1939年间伪满文人政府中权力最大的人物,东条英机上台时,他担任日本商工大臣,商工省和军需省合并后,任军需省次官。1955年创建了自民党,以及日本的一党专政体制,并两度担任首相。"二战"后,他曾经承认自己在伪满期间从事大量洗钱工作(Ota 2005,421-422)。鲇川是20年代中期起日本最重要的工业资本家之一,也是日产株式会社的创始人。1937年12月,他把日产总部搬到了伪满首都,主要依靠伪满洲国的"五年计划"赚取利润（Kobayashi 1995a）。

岸信介常常被拎出来当作"新官僚"的典型代表。作为一个团体，他们在"九·一八"事变后的日本军国主义和法西斯主义的发展过程中扮演了重要角色。另外，他还负责监督伪满的"五年计划"实施进展。学界对这些新官僚一直有研究，但直到最近才开始注意台湾与朝鲜殖民地的日本官僚与那些在伪满发迹的官僚之间的关系（Pauer 1999）。

波形昭一关于后藤新平在台湾的"开明专制"和其他日本官僚在朝鲜的统治的研究，与我的思路十分契合，他试图辨析的是，20世纪30年代日本殖民边缘对日本本土统治制度的影响要比欧美列强施加的影响更大。波形昭一（2000）提出，殖民地改造成"官僚王国"之际，殖民统治的楷模便是伪满的岸信介。纐纈厚持有类似的观点，他认为日本殖民帝国主义进程中的官僚所发挥的作用是"维持统治与服从的殖民秩序"（2005，99）。主权实践巩固秩序的领域分为三个方面：行政、立法和司法。通常这三个领域分别由管理人员、政客以及法官和警察主宰，而在日本殖民统治下，这三个领域集中到了一起。后藤新平为殖民统治建立了一整套生命政治准则，而规定这些准则的则是自由商业资本主义与殖民扩张的复合体，我称之为"作为战争延续的商业"。后藤提出"文藻的武备"来解决1905年以后日本帝国主义遇到的主要问题：赢得1895年和1904—1905年两场战争之后，如何巩固帝国主义并将触角延伸至亚洲大陆。他预言，劳动力和移民管理与固定资产建设和商业管理两方面互相配合，能够解决帝国面临的问题。

虽然后藤新平的名声主要来自他的行政（纐纈厚所说的三个领

域之一），但他还建立了双轨制的司法制度：台湾人遵循地方习惯法，而日本殖民者，如果需要适用法律的话，则遵循更为现代的日本帝国民法。❶ 后藤把他在台湾的幕僚带到东北，于1906年在关东州建立了一套类似的双轨制。

我们检视从后藤新平到岸信介这么一条殖民官僚统治的线索，可以从中辨析生命政治与死亡政治之间的差异。与后藤相反，岸信介几乎在伪满没有做任何司法和立法领域的工作。木田清（1900—1993）担任伪总务厅人事处人事科长之前在岸信介手下工作，他谈及上司时说："要知道，岸信介称每一个中国人为无法无天的土匪。"（引自 Ota 2005, 320）小林秀雄只是日本高层轻蔑中国人最公开的一个罢了，所有官僚都用种族歧视的词语私下称呼中国人（Kobayashi 1995a, 196）。和一切殖民主义种族歧视一样，三木清和古海忠之一致认为，既然他们上司说中国人"无法无天""缺乏管教"，那么也就没有必要在伪满洲国建立一套司法制度，因为中国人根本不具备守法能力。

岸信介眼中的东北地区形象很容易辨识。首先，他常用的词是"满洲"，而不是"满洲国"，这是当时日本精英的普遍说法。拒绝承认伪满洲国的国家性质，这体现了岸信介的中国观，他认为中国是静止的、物化的对象，像他常去的东京浅草地区购买的商品一样（Ota 2005, 46）。中国这个国家，就像中国人一样，是拿来消费的商品。古海60年代对一位记者说，他的朋友甘粕正彦和岸信介都持有同样

---

❶ 这类似乎于英国在非洲殖民地建立的体制，造成 Mahmood Mamdani（1996）所说的"分叉国家"。

的中国观：确保他们知道日本人才是掌握金钱和权力的人；你跟他们讲清楚，他们就不会找你麻烦（41）。换言之，虽然岸信介觉得中国人太过野蛮，缺乏足够的人类理性来遵守法律（同本章题词中的美国中央情报局对越南人的看法如出一辙），但是中国人像狗或其他什么动物一样，至少能够理解武力的含义。古海贬低中国人的时候脑子是很清楚的。1954年他在中国出庭做证，解释关于伪满洲国对待中国苦力的政策：把苦力改造成"日本皇军的机械延伸，机械地绝对服从"（RDQDZY，卷14，862）。他在另一处说，帝国主义者普遍使用违反人道的方法对付中国劳工，强迫中国人像机器一样工作，这被看作是教训中国人的"日语寓言"（864）。

与后藤形成鲜明对比的是，岸信介白天与同事们工作，晚上则与军国主义者和黑帮头目厮混。他在伪满三年间，除了去东京和每月去一趟大连，极少离开伪都。大连离伪都新京大约600公里。根据塩田潮的说法，他去中国的日本消费区的原因是搜寻日本女人。他和古海就像学生春游一样，乘上装有空调、科技先进的满铁亚洲号列车，很快"到了大连，到处是小妞"（Shiota 2006，107）。古海在大连有房子，他妻子住在那儿，但古海每次只是在家里稍微停留一下，然后就跟岸信介到城里玩儿去了。岸信介玩得最凶的地方是大连的妓院，但他在新京也不安分。总务厅办公楼附近，不论是他最喜欢的八代日式酒店，还是其他三家就近的日式酒吧，他都经常与里面的女招待和妓女上床。和那些没教养的投机分子和军国主义者不一样，他不会和女人在众目睽睽之下从前门走，而是安排司机从后门接他们偷偷到旅店。因此他买春的经历不太为人所知，但是这并不表明岸信介安分守己。相反，1946年他关押在巢鸭监狱

时回忆自己的伪满岁月："我去过很多次，这无法否认。"（引自 Ota 2005，278）

作为商业延续的战争

故事还得从头讲起。岸信介于 1921 年进入日本商工省时貌不惊人，一步一步慢慢往上爬。1926 年，他被派出国考察美国、英格兰和德国，考察结束后，他上交了一份政策报告，堪称国内首次审视弗雷德里克·泰勒的劳动管理、经济计划与行业改革方面的理论。岸信介惊讶于美国工厂非人的、泰勒式管理下的工人们所带动的生产力潜能，而让他更为惊讶的是德国工业资本主义的生产计划。数年后，他敦促日本高层借鉴德国模式："虽然日本和德国的自然资源相等，德国人却通过结合技术工程师与商业管理和计划的智慧，发明了经济发展的理性计划。"（引自 Hara Y. 2007，39）岸信介 1930 年再度被派往美国和德国考察，回国后发表了数次演讲。❶ 这些演讲的重要性在于：给日本高层灌输了"产业合理化"的观念，并且更重要的是，吸引了极为重要的极端民族主义军队高官，他们后来成为岸信介的挚友。

岸信介的"产业合理化"理论成为日本高层经济规划的代名词，并且，当时许多人正在争论解决东北政治困局的重要军事方案，而凭借他与军队高官日益深厚的情谊，"产业合理化"理论开始用来

---

❶ 演讲内容发表于商工省的期刊《产业合理化》，卷 4（1932 年 1 月）和卷 9（1932 年 4 月）。

筹划大规模战争（Kobayashi 2005a, 36—42）。虽然"一战"后日本军事预算缩减，但是，大正时期（1912—1926）进行军队精简之前，军队于1918年推动通过一部重要法律，允许"战争时期立即采取经济管制"（Boeicho boei Kenkyujo 1967, 36—44）。军队领导人后来在30年代称这部《军需工业动员法》为拉动总体战的法律杠杆。另一位殖民地官僚宫崎正义在大连与满铁合作了10年时间，1932年年中回到东京，与总体战专家石原莞尔一起建立委员会，规划第一个"五年计划"。在这两人以及岸信介看来，战争是商业的延续，而经济计划显然是一场战争。宫崎等日本高层认为，亚洲大陆的军事扩张是解决日本1929年经济危机的一种手段。

岸信介认为，以作为资本主义商业延续的战争形式，经济计划中的资本主义自由竞争观念必须让位给产业合并，最好能创造出一两家垄断集团。公司合并比追逐利润更加重要。利润当然允许存在，甚至许多时候获得保障，但是，只能通过自上而下的劳动力榨取方式——其严酷程度比自由资本主义还厉害（Kishi 1932）。就伪满的经济计划而言，马克思主义所说的垄断资本主义要求一个产业合并成一家公司（"一行一社"），新官僚负责计划和命令，工资尽量压低。中国劳工的工资甚至低于"基本的社会再生产"条件。换言之，岸信介建立和运营伪满洲国之际，工人们的生命根本难以为继。

有必要指出的是，岸信介起初是以经济计划师的身份闻名，其次才是鄙视民主、赞扬德国民族社会主义的右翼分子，所以，关东军很器重他，让他来经营伪满洲国的经济事务。直至90年代中期，学术界仍然视关东军为一切统治事务的总权威。但是，关于宫崎正义的中文研究，以及着重强调总务厅的权力的研究著作（ZDLSG,

95—98；RDQDZY，卷3，312—313；Kobayashi 2007b；Mimura 2002）使得晚近的研究著作，包括本书在内，转而突出伪满洲国新官僚的权力。岸信介"二战"后接受采访时讲得很坦白，虽然谈话记录有些微差别，但他1981年回答记者原义久提问时明白地说，只要长期目标是把经济导向总体战，那么"计划和管理的最终权力就掌握在我手中"（Hara Y. 1993，35）。他回忆自己曾屡次与军队发生冲突；他告诉军队把经济计划交给像他这样的专家来做，"隔行如隔山"（引自Ota 2005，271）。他坚称自己赴伪满洲国为总体战建立基础设施的条件是，军队必须授予他绝对的控制权。我们在此关注的首要问题是，总体战的系统筹备首先是由伪满政府高层来实行，其次才是东京（Kobayashi 2004；Koketsu 2005）。

岸信介来到伪满洲国之际，他脑子里非常清楚总体战的经济计划的必要条件：全面掌控温顺的、非人化的中国劳动力大军、日本管理者和规划师的"超人化"以及他在德国学到的重点产业扶持政策。他白天工作，夜晚狂欢❶，战争计划经济的细则很快出炉。岸信介不久便发觉，伪满是他玩弄女人和试验泰勒主义的理想场所；他肯定很高兴，自己遇到了这么好的一片殖民地，温顺的中国苦力已经经受30年的训练，服从于日本殖民者。星野与甘粕1932年与正义团和国粹会这两个善于恐吓中国工人和包头的黑帮团伙签订协议，

---

❶ 岸信介在伪满洲国的同事后来说，他**每天晚上**都去狂欢纵饮，比大部分人更会玩乐（Iwami 1994，57）。他刚来中国时，配有一幢新房和两个佣人。根据其他伪满洲国官员的日记可以得知，大多数日本官僚家里有佣人帮忙做饭，他们只是在周末出去吃喝（Furukawa 2006）。岸信介搬到中国一年后，就又搬到大和旅馆与甘粕和鲇川住在同一层楼。

这更加方便了岸信介的"劳动管理"方案。他在伪满的夜生活娱乐期间与黑帮头目有了私交,这些黑帮分子后来成为他的政治机器的重要赞助人(Ota 2005)。正如我在第一章中所说,1906年起日本精英就依赖于几乎免费的中国劳工。另外,后藤新平,这位具有创新精神的新官僚,建立了满铁的调查部门,实质上是计划部门,用泰勒的本章题词来说,"专门负责为所有人思考"。所以,岸信介兼并了欧美的劳动管理和经济计划以及日本殖民统治的特性(黑帮分子用武力威吓,投机分子则用毒品麻痹中国劳工),结果形成了几乎密不透风的一套体制,工业资本主义的手段结合总体战和死亡的目的。后藤的生命政治演变为岸信介的死亡政治。

解形吸纳

我在本书的第一和第二部分借鉴奈格里等自发性(autonomous)马克思主义者的研究成果,追溯了资本主义的一条轨迹,它从运作于形式吸纳的生命政治,发展到由实际吸纳驱动的神经政治。虽然自发性马克思主义具有很高价值,但这种理论过于偏袒现代化进程,和马克思本人一样,他们都把现代化进程当作必要的社会进步结果。实际上,奈格里曾坦率地推崇实际吸纳所具有的现代化优势。他承认现代化的效应总是具有两面性,但他坚持认为,资本主义革命性的那一面不可取消。他认为后福特主义时代的工人互相合作、分享想法,这在整个社会当中占据主流,所以,实际吸纳阶段的斗争核心应该是"针对合作的剥削"问题(Negri 2005,129)。换言之,合作和社会化进程是给定的客观条件。

但是，泰勒式的劳动管理需要在马克思所说的"精神和物质劳动"之间竖起一道严格的防火墙，而伪满洲国的殖民环境正符合泰勒主义的区隔主张。除了殖民者与被殖民者之间的服从关系以外，规划者与官僚同为日本人，两者之间存在横向的合作关系，而规划者与中国劳工之间则因为语言差异而没有纵向合作关系。几乎所有在迅速工业化的伪满洲国打工的中国劳工都只能讲汉语，而所有的管理层和规划者则讲日语。自发性马克思主义者无法解释这些合作的巨大障碍，所以我们需要超越他们的分析框架，以形构岸信介所复制的支配结构。伪满发生的实际吸纳并不导向实用价值的扩大，也没有产生新的集体主体；相反，它结合了形式吸纳中的绝对剩余价值榨取（无须考虑工人的劳动力再生产）与实际吸纳中技术、机器投资所带来的相对剩余价值榨取。我称这种普遍的、绝对的剩余价值榨取——甚至包括/容许工人死亡——以及高强度的生产过程投资为**解形吸纳**。我们沿着从殖民主义生命政治到法西斯主义死亡政治这条轨迹——同时谨记这一过程中神经政治隐含的资本主义物化功能——可以辨识出岸信介的死亡政治"死亡准则"。这与后藤新平的生命政治"生命准则"形成对比。

伪满的华北苦力所遭受的解形吸纳与形式吸纳之间的差别在于，形式吸纳受到来自实际吸纳所驱动的神经政治入侵。在本书的第二部分，我没有讨论神经政治运作于劳动力身上的方式，而是聚焦于图像商品。但是，工厂的技术投入和农业机械化的发展表明，实际吸纳正在取代农业中的形式吸纳。1929年经济大萧条袭击日本，大多数农村家庭只能通过借钱或者卖儿鬻女维持生计，进一步堕入实际吸纳的控制（Nagahara 1989）。

伪满的苦力还遭受着神经政治的入侵，1935年3月出台的《外籍劳工监管规则》规定所有的华北苦力都必须接受注册和身体检查，这给了甘粕正彦的大东公司许多权力（MKS，1971，卷2，1155—1156；RDQDZY，卷14，861）。满铁基于他们早年的研究，强烈呼吁中国劳工按手印、拍照注册。在和田敏男（Wada Toshio——音译）的领导下，满铁建立了一套基本能力测验，"科学地"裁定最适合做苦力的肌肉力量和驯服程度标准。和田的团队使用泰勒主义的人体测量学——史蒂芬·哥德（Stephen J. Gould）称之为法西斯主义的"人体错量"——按照体型、头型、鼻子和下颚造型等标准给中国工人分类。他们创建数据卡系统，将各种身体数据加以量化，供日本雇主和移民管理局使用。满铁将苦力分为三类：山东苦力、河北苦力和满洲苦力。山东苦力一直占华北劳工总数的70%以上，他们的特征是"宽脑门，象征没有文化和能力"，"后背结实，手劲足"。他们的身体数据包括"宽下额，头颅周长55厘米，面长大约是下巴宽度的1.35至1.4倍，颊骨突出，低智商，牙齿大，鼻梁形状象征着他们的温顺、顺从和野蛮"，总的来说"是从事体力劳动的理想形态"。河北苦力比山东的稍微聪明一点儿，因为他们的头颅形状"在人种学上更为优越"。由于这一种族特征，河北苦力适合做木匠、泥水匠和砌砖等含有技术要求的工作（Tucker 2005，32—33）。

星野直树1936年12月就任伪国务院总务长官，不久后，他任命岸信介担任他以前的职位——产业部次长，后者于1937年7月初就任。岸信介虽然是"次长"，但他拥有的权力几乎无限。石原和宫崎的工业发展"五年计划"1937年4月开始，岸信介乃是具体负责实施的人。我们无从得知岸信介当时关于伪满的所谓"苦力问题"

的态度，但是，鉴于关东军委托他全方面负责伪满经济事务，我们可以稳妥地推定，他会苦心积虑地维持廉价中国劳动力大军。关东军出于安全考虑，还考虑到未来要吸引数百万日本工人到伪满来工作，所以，"九·一八"事变后，他们要限制华北劳工进入伪满洲国。这一政策维持了三年左右，但到了1935年，这些限制逐渐松动，因为军方认为宪兵队已经能够掌控星野的大东公司（截至1935年，该公司据称登记了49.1万名苦力，并且留有他们的照片），再加上，黑帮法西斯主义者镇压中国工人的能力越来越强。

1937年4月，"五年计划"开始实施后，伪满对待中国劳工的政策完全逆转，这其中岸信介发生了作用。小岛敏男虽然没有具体指名道姓，但他关于伪满劳工政策的概述强调了"文职官僚取代军队制定华北劳工政策"的后果（Eda et al.2002, 39）。1937年8月10日，伪满国务院通过了实际上由星野直树和岸信介控制的总务厅所制定的《满洲国劳动统制要纲（案）》。❶ 这一政策方针坐实了小岛所强调的政权转变。法令序言明白地说："亟待建立满洲劳工协会以满足迅速的工业发展对劳动力管理的需要。劳工协会不得阻碍吸引日本人移民的政策，管理和宽容中国人力资源，同时继续严格管理本国工人和外来工人。"（Minami Manshu tetsudo kabushiki geisha keizai chosakai 1937[1980], 368）

这一法令授予劳工协会招募和调动中国劳工及其工资的权力。关于募集劳动力，劳工协会将实施"贼役合理化"，以及"利用妇

---

❶ 伪满洲国大部分政策都是这样出台的，总务厅要么自己撰写、要么与其他部门合作制定，然后交给国务院颁布。后者只是一个橡皮图章，没有最终决策权。

女和儿童的劳动力"（Minami Manshu tetsudo kabushiki geisha keizai chosakai 1937[1980]，368）。依照伪满洲国的殖民话语系统，"贼"指的是任何不公开表态支持日本统治的人。而"合理化"指的不仅是暴民和其他"罪犯"的强制劳动政策；从此，劳工协会将主导合理化进程，而不再是宪兵队和黑帮的特权。儿童和妇女的劳动将被纳入官方政策范围，因为伪满洲国内部"扩大劳动力资源"意味着，不单要增加苦力的输入，还要求"募集"中国农民参加"五年计划"的基础设施建设。劳动协会将教导中国妇女和儿童代替那些已经送入劳工营的男性从事农业劳动,用岸信介的话来说,这就是所谓的"合理化"。

统一工资标准政策更为恶劣。我们应将其视为岸信介对那些拒绝压低工人工资的资本家的警告，尽量降低工资乃是泰勒主义和日本殖民资本主义的基本措施。岸信介的计划经济是要完成生产任务和利润指标，而不是与其他日本公司竞争；利润主要来自于尽量低地"合理化"劳动力成本。工资合理化的顶点即取消工资，免费的强制劳动。

法令最后一章的标题是"宗旨"，总务厅在其中清楚地解释了为什么他们要完全扭转伪满洲国的劳工政策，从原先的**限制**输入华北劳工、鼓励输入日本人，转为**扩大**中国劳工数量。1937年时的伪满洲国上下一致认为，需要动员尽量多的中国苦力，以解决"苦力问题"："出台新政策的原因是，要保证劳动力资源增长和技能训练，随时能够将劳动力派往任何地点。"（Minami Manshu tetsudo kabushiki geisha keizai chosakai 1937[1980]，369）

这项政策归功于总务厅，但岸信介的参与显而易见。"合理化""科学管理""劳工管制",这些语言与他早年的演讲与写作非常相似,他作为"五年计划"的总负责人,他的工作重心之一便是治理劳动力缺失问题。他常常要倾听各地的日本资本家抱怨,由于伪满的普遍劳动力"管制",他们的营业利润上不上去。他非常清楚,自己的政治事业前途取决于"五年计划"之成败,所以他肯定会想到要扩大华北劳工输入规模,并进一步管制伪满的强制、无偿劳动力。民生部使用和总务厅一样的一套词汇,于1937年10月9日颁布第41号令,这是日本帝国主义首次正式采用强制劳动政策。❶ 为了响应8月10日的方针所说的"在如今的紧急状态……国内劳动力资源合理化和增长"的急剧进程,第41号令的第5条授权伪满各个机构利用"各种强制募集的方法,以满足劳动力需求"(MKS,1971,卷2,1160—1165)。甚至在1937年8月岸信介领导的总务厅制定第一个强制劳动方针之前,"反满罪犯"实际上已经在进行强制劳动。伪满建国的头几年,这些所谓的罪犯是反抗日本入侵的中国军民。日军扫荡取得成功之后,他们命令俘虏建造新占领地区的基础设施。1938年则出现了一个新的范畴,称为"浮浪者"❷,这使得伪满警察和宪兵队有权抓捕在街上走动的任何一个人然后送去劳动营。中国男性面临被归为"浮浪者"的危险,只要他们遭到询问时拿不出合法的居住证或劳工证,就有可能会被招募去从事有生命危险的永久强制劳动。1940年之后,18岁至50岁之间伪满的男性居民如果每

---

❶ 古海在中国受审时的证词表明,总务厅直到1944年仍然是制定强制劳动政策的主要机构。参见RDQDZX,1991,卷14,857—862。
❷ 日语称为"浮浪人",指所谓的"社会闲散人员"。——译者注

年没有从事无偿劳动，或者没有相关的官方证明，也会面临同样的危险（RDQDZY，卷14，875；Eda et al.2002，367）。

1941年9月10日，伪国务院通过了总务厅指定的另一项政策，规定每一个所谓的"满洲国人"每三年要服役长达六个月的义务劳动；1942年，变更为每三年从事一年的义务劳动。该法律规定要支付小额补助以维持家庭成员的农耕生活，但是实际上几乎没有补助（RDQDZY，卷14，884）。1938年起，中国男性要每三年从事三个月的劳动，实际总数大概是1500万人，1944年时人数高达1800万人（820）。1942年这项法律将劳动时间延长为一年，使得许多"合法"的强制劳动者服役结束后根本没有力气回家。我们从战争法庭审判记录中的中国和日本监工的证词中得知，许多伪满的强制劳动者没有被释放；实际上，他们被当作是正常的损耗，工作直至死亡（916，924—926）。

1937年7月中日战争全面爆发后，华北的中国人从战俘营里面被抓出来送去伪满洲国劳动。居之芬提供了1942—1944年间强制劳动者的准确数字。若干日本高层官员的证词表明，强制劳动从1938年就开始了。古海和金名世两人估计每年大约有100万被俘的华北人民被送到伪满。居之芬提供的1942—1944年间的数据是240万人，再加上前四年的400万，一共有640万华北强制劳工（RDQDZY，卷14，820；Ju 2007，218）。第四类强制劳动者是那些受到大东公司和日本劳工协会等劳动力招募公司所诱骗的华北地区居民。日本雇主利用日军扫荡造成的社会动乱和经济萧条，吸引许多华北的无业人员去伪满工作。庄建平开拓性的研究表明大多数去伪满工作的中国人都受到了错误信息的误导。济南、青岛等日据城市的招工人员利用电影等神经政治手段来灌输错误信息。大东公司赞助活动，为贫穷的中国人晚间放映免费电影。这些放映活动通常包括满洲的中式景色，由甘粕正彦的株式会社满洲映画协会（简称"满映"）拍摄制作，主演是李香兰，这位日本的性感女星试图以中国人的形象吸引观众，然后放映的是满洲的美女和富人生活，最后是一部日本动画片。每部电影的主题都是"满洲国的幸福景象"（Zhuang 2007, 233）。满映也赞助农村的免费电影放映活动，发行伪满招工机构的广告电影。失业的中国人决定去伪满洲国以前通常参加过三至四次这样的电影放映活动。庄建平称，1938年两家大型招工机构招到满洲工作的人数是49.2万人，1939年是100万人，1940年是130万人，1941年是100万人（231）。如果加上伪满"国内"的强制劳工数目，这些数字与古海和金名世提供的数字大致相符。不过，虽然这些劳动者误信了关于幸福生活、工资、工作环境的谎言，但是工作契约到期后他们通常能够自由地返回华北。而在这个招工系统以外前往伪满工作的强制劳工则注定要死在那里。

脏衣服

岸信介自诩为"东方的花花公子"，忙着安排中国洗衣女工在大和旅馆和其他交际场所洗衣服。但是他无法与洗钱摆脱干系。总务厅弘报处长武藤富男是岸信介和甘粕的密友，他后来在回忆录中写道，岸信介总是"四处扔钱"："除了薪水以外，他每月还给我200日元"（Muto 1956, 71）。武藤回忆起岸信介花钱的场面——没有任何发票或账簿信息保存下来——许多高层官僚都曾受益于"他的自由开销"（引自 Iwami 1994，77）。另一位文职官员木田清说，当时不需要额外去捞钱，因为"从来不缺钱，岸信介到处撒钱……其样子更像是投机分子和罪犯的"（引自 Iwami 1994，76）。

实际上，伪满洲国的确利用了投机分子和黑帮的运作模式，两者的区别日益模糊。岸信介1936年秋调到伪满洲国工作的第二天，他就与甘粕正彦会面。我们不知道他们具体谈了些什么，反正他们很快成为了朋友。我们知道的是，岸信介参与了甘粕的贩毒组织，受益于甘粕的慷慨相助，有时还反过来资助甘粕的事业（Hara Y.2007；Ota 2005）。另外，甘粕到达伪满洲国数月后，他把岸信介介绍给当时世界上最大的毒贩里见甫。里见甫当时冒充中国人。岸信介与里见甫初次见面的时间大约是1937年年初，当时岸信介正在天津打点伪满洲国政府的秘密鸦片生意。1937年12月，里见甫被调到上海，他在上海一直工作到"二战"结束，通过经营鸦片生意来为日军提供资金，帮助日军在东亚、东南亚战场和美国的太平洋战场双线作战（Sano 2005）。这里，我们有必要提及岸信介当初不愿意来伪满洲国的两个原因。一是他担心政府没有贷款抵押来支持"五年计划"。而是担心工业发展会超过军事需求，造成生产过剩。1937年7月开打的中日战争和未来与苏联的战争显然解决了岸信介的第二个担忧。第一个担忧大约是与甘粕会面后解决的。从那以后岸信介就没有表露过对资金问题的担忧。正如我在本书第七章中所说，巨额鸦片利润成为1932年伪满第一批贷款的保证。截至1936年，吗啡和海洛因的销售利润又增加了伪满的贷款信用。当时清楚巨额毒品利润的不只是甘粕一个人，岸信介肯定也知道。他不用等到进入政权高层后才知道这方面的秘密。根据民政部长金名世的说法，甘粕在总务厅向星野报告时,"满洲国毒品行业的总体方针就已确立"(RDQDZY，卷14，821）。

这个时期关于岸信介的照片和文字记录都把他描绘得容光焕发：风趣幽默，白天散钱，晚上纵情声色。任职的第二年，他已经是可以玩转巨资的风云人物。木田清甚至半开玩笑地说岸信介是不是会炼金术（Ota 2005，336）。岸信介的助手们则更为知晓内情，他们知道所谓的"炼金术"究竟是怎么一回事，岸信介当时的口头禅之一是"只有流水能溜过我的指缝"。❶ 除了木田清，所有人都知道岸信介暗指的是洗钱。1939年10月中旬的一天晚上，他离开伪满之前，召集所有的朋友在他最喜欢的日本饭店聚会。据木田清和古海的描述（当时鲇川在日本，而星野则已经与岸信介道别过了），岸信介清楚地告知他们，他自己的政治目标究竟是什么。除了寻求支持以外，他还传授一些自己在伪满执行"五年计划"的金融秘诀。他教授的"日本的课业"之一是"政治资金只有经过过滤器之后才能使用。不论资金何时发生问题，政治家都可以确保他用的水干干净净"（引自Ota 2005，421）。

岸信介是法西斯主义者北一辉1919年发表的《日本改造法案大纲》(Nihon Kaizō hōan 1971）的强力支持者,后者呼吁复兴天皇国体，打击工会和政党组织。北一辉强调日本管理层要尽量压榨中国工人的血液，还要过滤掉中国人血水中的杂质，这与后藤新平吸纳免疫体的生命政治理念完全相反。岸信介的死亡政治学要划清法西斯主

---

❶ 参见马克思对金融资本炼金术的批判（1962，515—520）：从货币到货币（MM'）的过程表现为"自发的拜物教"，与实体经济过程断裂（M→C→M'）。

> 岸信介身着伪满洲国协和会制服，与日本下属们在一起，伪满洲国，1938年前后
> 来源：《幻影：满映》（幻のキネマ満映），1989

体与外界免疫体之间的界限。国体论影响下的这种对中国病原体的恐惧症当时盛行于伪满的日本官僚层，但真正公开这么说的要留待"二战"结束后日本最有势力的流氓儿玉誉士夫之口。儿玉誉士夫20世纪三四十年代在满洲和上海从事非法勾当，他在上海与岸信介相识。这个时期，他高调宣扬这种"免疫隔离"的死亡政治论，他教训那些在伪满洲国活动的投机分子和流氓手下："我们日本人是吊桶里的纯净水；中国人是长江里的脏水。但要小心。只要一点儿大便掉进我们的吊桶，我们整个就会被污染。所有的中国马桶都倒入长江，他们永远都是脏东西。而我们必须保持纯洁。"（引自 Meyer 2003，210；参见 Haruna 2000）

国体成为变态

不论污染源是他自己的精液、中国人的粪便或伪满的毒资,他都知道什么时候应该叫人来清理。伪满洗钱的方式有很多种,但最普遍的方式是:1932年7月1日,伪满洲中央银行依靠从原来的中国四大银行搜刮来的资产开业了,而甚至在此之前,关东军就已设立了特殊财产资金部。这个部门后来并入中央银行,1941年前则独立运作,安富步称其为"将黑市资金转入伪满洲中央银行的通道"(1999,90)。洗钱变成惯例,财政部的官方月刊《财会月报》甚至在1940年初进行了公开报道(Kinyu Geppo,1944年7月31日;1944年8月31日)。

但是,洗钱方式不限于此。根据金子文夫(Kaneko Fumio,1995)的说法,伪满的金融体系从一开始就刻意不受日本中央银行控制。东京的财政部官员不单拒绝审计监督,甚至他们自己也参与其中。不透名的体系设计明显考虑到了洗钱的因素(Kaneko Fumio,私人访谈,2007年11月9日)。安富步撰写了迄今为止唯一一部关于伪满洲国银行体系的专著,他在其中说,洗钱体系之所以必要,是因为鸦片直到"二战"结束前都是伪满的主要出口产品(1999,91)。安富步没有提及海洛因和吗啡带来的巨额收入,以及对中国人的持续掠夺,但是很明显,伪满洲中央银行充分利用了金融体系的不透明性,来保护鸦片贸易和劫掠财物的隐私。

迟来的日产?

鲇川义介把他的日产财阀集团搬到伪满洲国的伪都一个多月后,

岸信介和关东军一起为他在大和旅馆举办了盛大的欢迎宴会。同一时候,日军正在南京实施大屠杀(Hara A. 1976,233)。时间是12月27日,伪国务院的产业"五年计划"正式开始实施,迎接日产株式会社来到伪满,日产在伪满换了新名字——"满业"。鲇川的住所是大和旅馆二楼的豪华套房,他与两位邻居很快成为好友:岸信介和甘粕。木田清是200位欢迎宴会的嘉宾之一,200人的名单几乎全部是日本人,中国人只有8位伪国务院的官员。木田清激动地说,鲇川是他所见过最伟大的人物之一,他回忆起当时鲇川发表的第一篇雄心勃勃的伪满宣言:"日本技术加上中国资源,这是我们成功的关键。但我们还需要日本及其他国家更多的技术和工程师。一旦这些资源调动起来,我们就能利用海量的中国劳工,大概有4000万!我坚定地相信,如果你有超过4000万的中国人,用上日本工程技术,用10年时间我们就能超过日本国内的发展水平。"(引自 Muto 1989,136)

鲇川常常将中国东北地区比作一块"待写的白板",仰赖日本帝国主义的垂青(Ayukawa Yoshisuke kankei bunsho 331.4, 8/9)[1],1936年10月赞叹日本的东亚帝国主义战争后,他的论调发生了一些转变。中国仍然是一块白板,但拥有大片资源可供利用。鲇川考虑了大约一年时间,决定把日产移到伪满洲国经营,当时许多日本人认为这

---

[1] 《鲇川义介关系文书》(*Ayukawa Yoshisuke kankei bunsho*)是2000年呈送日本国会图书馆的一部档案集。井口治夫的《未竟之业》(*Unfinished Business*)很大程度上利用了这部文集的资料。但是请读者注意:就像大多数政治密室的通信集一样,这部文集已经被他的家人删改过了,对鲇川有所美化。遗憾的是,《未竟之业》一书没有提及此事。

风险很大。鲇川自己的说法包含了帝国主义意识形态（"日满共荣"）和资本主义市场的文明教化功能。❶

关于日产株式会社最早的左翼研究则对其搬迁中国做出了不同解释（Hara A. 1976；Suzuki 1992）。鲇川1928年创立日产财阀，将他的钢铁与机械制造业与三井株式会社和久原房之助联合起来。久原房之助（1869—1965）是鲇川的连襟，也是当时的工业家和有影响力的法西斯主义者。随着"九·一八"事变后日本股市猛涨，日产的资产水涨船高。新的日产财阀与三菱等财阀的不同之处在于，日产没有自己的银行，资金来自股票所有者；20世纪30年代末，小股东占据了日产50%以上的股权。而最关键的区别是，日产涉足重工业，尤其是日产汽车、日产化学和日立。鲇川1932年依靠户物株式会社❷的机械零件产品卖给三家制造军用卡车的公司，而从军队那里获得了大量国防补贴。1934年他创立日产汽车，希望获得更多类似的补贴。我们很难得知国家直接干预的程度，但是至少可以肯定，日产80型卡车从横滨工厂的流水线下线后，其最大的顾客就是日本军队。著名的日产90型汽车也在军中广泛使用。

但是到了1936年，几乎所有的日产股票盈利都被股市崩盘给消耗殆尽。虽然日产汽车及其Datsun牌汽车广受好评，但1934年下半年至1937年初，日产的利润率却直线下滑，而鲇川30年代并购小企业的战略也宣告失败（Iguchi 2003, 44）。还有两件事雪上加霜：

---

❶ 他是在一本商业杂志的"大陆雄起"年度特别栏目上这么说的。参见"Greetings from Chairman Ayukawa", Tairiku ni yhi suru, 1938, 115—119。

❷ 即现在的日立金属。——译者注

日本赋税上调，以及技术工人需求增加，导致鲇川所依赖的低工资标准面临严峻挑战。

日产变成满业

伪满洲国的军队领导人大概花了18个月时间才明白过来，把经济交给那些投机分子并非筹备总体战的理想方案。他们还意识到，必须要牺牲金融资本，满足快速工业化的需要。星野和古海是从日本财务省调来的精英，他们正是实施这一转变的工具（Asada and Kobayashi 1972）。1934年6月，星野访问东京后，伪满洲国务院宣布鼓励日本私人投资伪满（Suzuki 1992，268）。那时，伪满的资金主要来自日本政府、黑市贷款和满铁。伪满洲国务院这一令人惊讶的新举措并未真正引来投资者，资金主要还是留在日本国内。但我们要注意的是，不要把这一资金匮乏理解为关东军反对资本主义的表现。甚至军队内部的极右翼人士也很快忘记了他们自己对自由资本主义的批评，偷偷做起了生意。只要传统的财阀体制还没进入伪满洲国，政府就会一直鼓励资本主义企业发展。1933年3月关东军发表《满洲国经济建设纲要》，宣称金融投机行为有损国家未来发展，鼓励"修正过的资本主义"，即包括国家管理的"特殊公司"（与军事侵略相关的行业），以及私人资本家经营的小型和中型产业。另外，军队甚至欢迎外国资本，实行"门户开放"政策，保护经营自由（MKS，1971，卷1，382—383）。

石原莞尔苦于军事工业化进展缓慢，又担心苏军在西伯利亚地区军力加强，他利用自己"参谋本部"作战科长的职权加快伪满洲国的建设。他要求宫崎,原来在中国东北地区一起工作的同事,领导一个研究小组,要在1937年之前出台一个军事和工业扩张的"五年计划"。石原和宫崎召集当时最重要的商业、军事和政府官员参与计划。正如小林秀雄所说,"宫崎小组"的目标就是要在经济和金融层面为日本"战时总动员"做准备(1995b,115)。

宫崎小组于1936年夏完成初稿。但是他们结稿前意识到一个问题——没有合适的领导人选来具体实施这项计划。片仓衷和石原等人注意到岸信介关于计划经济的政策报告,认定他是负责总体战的理想人选。1935年夏,军队和文职政府高层开始与岸信介商谈调动伪满的事宜。宫崎小组还需要一位负责汽车和飞机制造业的人物配合岸信介。石原莞尔本人可能1936年1月下旬会见了鲇川(Iguchi 2003, 40)。10月下旬,"五年计划"分别由日本政府和伪满政府通过,鲇川接受邀请访问伪满洲国。一到中国,他就会见了岸信介和星野,还与满铁总裁松冈洋右进行了深入交谈——正是这位松冈洋右策划了1933年日本退出国联的丑剧。鲇川惊艳于访问期间的所见所闻,但是还稍微有所保留,因为他没有接触到底下的零件生产商和其他汽车和飞机制造业的小产业主。

岸信介确定领导"五年计划"后,立即命令雇用鲇川。但岸信介知道,鲇川同意到伪满洲国来还需要克服两个障碍:一是军队不愿专门投机的金融财阀染指伪满经济,二是松冈的满铁握有的垄断特权。岸信介利用酒色与金钱打通了关东军的内部关系。他毫不掩饰自己的功劳,战后接受采访时他说自己是劝服鲇川来到伪满的功臣(Ota 2005;Hara Y. 2007)。在伪满的岸信介和东京的石原两人软磨硬泡之后,鲇川1937年6月终于同意将日产的大量资产转移到伪满洲国,并于 6 月 26 日递交了金融报告(*Ayukawa Yoshisuke kankei bunsho* 331.4)。日本的经济高层称这是"金融界的二·二六事变"❶(Iwami 1994,70)。

这段历史的相关叙述大多带有美化资本主义的倾向,将鲇川描绘成一个英雄商人,敢于迎接挑战、克服困难、甘冒风险、征服异域。左翼学者的研究则更为明晰。原彰写道,主要有两条原因说明为什么鲇川绝非英雄:一是日产的财务状况濒临破产,二是日本国内税额提高,伪满洲国的商业税比较低,甚至岸信介 1936 年年末掌权以前,伪满就已拥有较好的投资环境(1976,238—239)。另外,日本国内看待自由资本主义的态度正在发生转变,舆论日趋保守主义,呼吁降低资本家利润。铃木隆史概述鲇川转移日产的过程时,提出了一个具有争议性的观点,他认为鲇川离开国内是为了**逃避**计划经济的制约(1992,272)。我想接着铃木的观点往下讲,鲇川之所以去伪满洲国,与其说是逃避计划经济,不如说是自己想要操控经济计划——或者至少能与领导经济决策的岸信介混在一起。

有鉴于此,鲇川迁往中国东北的举动绝非冒险。1937 年 12 月 17 日,日产更名为满业。原彰称,这项交易当时"对他而言是最保险的选择":"生意的方方面面都已经打点好"(1976,236)。这项丰厚交易的细节广为人知。首先,鲇川获得满铁的除了交通系统以外的所有部门的控制权。作为交换,他允诺为关东军生产卡车。第二,他掌控伪满整个

---

❶ "二·二六"事件是 1936 年 2 月 26 日,在日本发生的陆军青年官兵反叛的事件,是一次由皇道派军人发动的未遂军事政变。政变失败使得东条英机为首的统制派借机清理敌对的皇道派军人的政治势力,巩固了日本军国主义。——译者注

工业化进程，从资源开采，到煤、铁加工，再到最后的工业生产设施建设。鲇川的满业几乎是伪满所有主要企业的独裁者。至于财务方面，总务厅担保所有的本金，并且10年内鲇川的所有投资都将获得每年6%的返利。（这有点儿像Halliburton等公司与美国国防部之间的成本加成交易。）至于红利，伪满政府允许鲇川自由派发（Ayukawa 1937，52—53）。原彰认为，鲇川拿到这么多好处，整个推翻了伪满洲国资本主义原来所设定的限制盈利的宗旨（1976，238）。

起码在伪满建立的第一年（1932年3月—1933年3月），关东军吹嘘自己禁止三井和住友等"腐败的"财阀集团进入伪满。军队和普通民众认为这些财阀是造成1929年经济大萧条的元凶，并指责他们利用1931年12月首相犬养毅取消金本位之机大发横财，财阀集团不得不努力改变负面形象。虽然三井和住友是日本海军和陆军30年代初期军备升级的核心参与者（当时日本军费从预算的25%提高到50%），军队中的激进派仍然对他们不放心。1932年，三井与大仓集团在奉天合作建设一家巨型军工厂。日本1933年5月与中国签订《塘沽协定》，《塘沽协定》赋予日本商人和军人在大片的河北地区投机和掠夺的垄断特权，三井不断地收到来自关东军的意见，于是很快1933年末在河北和伪满开始扩张投资规模和战略。三井与伪满政府的"合资公司"包括日满面粉公司和日本亚麻纺织公司（Fletcher 1989，104）。三井与关东军的合作立马收到成效，当时中国政府为了报复日本的军事侵略而加倍了日本产品入境关税；如果三井没有把工厂迁到伪满洲国和河北，它的生意绝不会这么好。另外，投机分子和猎金军人常常非法入境华北地区，如同鸦片和迷幻药贸易一样，这为走私三井的产品提供了便利。1935

年 6 月的《何梅协定》与《秦土协定》帮助日本毒品贸易迅速扩张至长城地区，此时，三井和三菱公开涉足鸦片生产，从伊朗人和土耳其人手中购得鸦片，专门在华北销售（Gendaishi shiryo，卷 12，190—191）。1935 年 11 月，河北东部地区成立了所谓的第二个满洲国❶，进一步刺激了从伪满洲国到华北地区猖狂的日货走私活动。所谓的第二个满洲国于 1936 年 1 月颁布了贸易规章，但是日货关税如此之低，几乎是把所有的走私活动都合法化了（Nakamura Takafusa 1983，35—36）。1934 年日本外务省发布"天羽声明"，日本霸权逐渐投向东亚和东南亚地区，此时几乎所有的日本商业和军事领导人都在准备发展集团经济。与总体战动员同时展开的是迈尔斯·弗莱彻（Miles Fletcher）所说的"贸易动员"（1989，122）。佩刀挥舞在中国战场上，账簿挥舞在中国抵制日货运动的群众与印度海关面前，战争贸易与贸易战争融为一体。

但是，最大的日军合作项目非鲇川莫属。他的日产汽车与日军的生产合同一直延续到"二战"结束。所以，他奔赴伪满洲国时，肩负的理想是巩固集团经济和关东军"保卫国家"的重任。经济史家一直在苦苦追问，到底鲇川去伪满洲国是为了什么？通过吸引投机来讨好美国？他想通过全球化贸易的文明开化形象来帮助日本推进总体战？不管他自己心里想的是什么，一开始邀请他来伪满洲国的人乃是最有力的总体战鼓吹者——石原莞尔。鲇川是石原的好友，并且是宫崎小组的内部顾问，很难想象他会不知道宫崎和石原的死

---

❶ 即所谓"冀东防共自治政府"。——译者注

亡政治计划，与苏联和美国大决战。与当时其他的伪满精英一样，鲇川拼命谋求美国的承认。但我认为，这并不能否定他们的理想，即日本将最终与美国决战，巩固其亚太地区的霸权。

  鲇川这个机会主义者，现在成了军事化集团经济的强力鼓吹者。这里有必要提及另一位重要的战争策划者和革新官僚，毛里英於菟，1938年他被称作日本帝国主义的"双面守护神"（Mori hideoto kankei bunsho, 223）。至于鲇川，他面对纽约的银行家时大说特说自由贸易和在中国的门户开放政策；而面对日本人时，他又表现出一副全心全意支持军事极权保卫国家的面目。他为日本当时重要的大众思想文化杂志《中央公论》1938年9月刊撰写"再反思满洲国之理由"时，似乎忘记了原先的门户开放和自由主义经济理论。❶他迁往伪满洲国近约一年时间后，仍然在全力争取日本投资。但是他所使用的语言已经变样了，现在讲的一套是经济集团和工资、产品的严格控制。他的口吻不像在日本国内时那样，而是说，殖民地的产品价格要尽量压低，以保证产业工程所需要的土地和其他资源"极端低廉"。

  但是，我们要考虑到这里最重要的资源——劳动力。在满洲，你建设工程的速度很快，而且成本低，因为工人价格低廉……至于原材料，我们刚才已经讲过铁、煤的丰富资源，但除了这些，工业家们还要重视中国大陆的劳动力资源储备。所需投入的工资成本极

---

❶ 我参考的是鲇川的原稿，《中央公论》实际刊登的内容删减了一半（*Ayukawa Yoshisuke kankei bunsho* 911.5）。

其低廉。（Ayukawa Yoshisuke kankei bunsho 911.5）

在当时鲇川的几个大工厂，"极其低廉的工资"是一条秘而不宣的原则。鲇川充分采纳岸信介和星野关于合理化动员囚犯和中国俘虏的建议，他开始在昭和钢铁所使用无偿劳动力。鲇川的满业是伪满洲国最大的两家企业之一，1938年3月，它获得昭和钢铁所55%的控股权。正如劳工史研究者赵光瑞所详细论述的，鲇川接管昭和钢铁所以后，立即采用名为"特殊工人"的强制劳工（Cited in Eda et al. 2002, 340）。144名"特殊"中国工人于1938年在他厂里从事无偿劳动，到了1939年，"特殊工人"的数量达到690人，其中只有373名工人在那一年幸存下来。特殊工人的数量逐渐增加，直至1941年9月伪满政权颁布《劳务新体制确立要纲》，扩大强制劳动的范围（RDQDZY，卷14，866—869；MKS，1971，卷2，1177—1178）。大约400万华北劳工被强制迁往伪满洲国从事奴隶劳动，时间是从1941年到"二战"结束（大约40%至50%的人在劳动过程中死亡），另外还有700万至800万居住在伪满洲国地区的中国人被迫参加强制劳动，毫无疑问，鲇川从这一践踏人性的罪行之中获利甚多。我们应该注意的是，鲇川还依靠高强度地剥削中国煤炭矿工，享受着低廉的能源价格。岸信介设计的"五年计划"预备用满铁的抚顺煤矿来为鲇川的企业提供低价能源。这一伪满洲国最大的产业，它每年的死亡率和鲇川的昭和钢铁所55%的比例差不多。从1938年到1944年，抚顺煤矿每年4万名"非强制"劳工中就有2.5万名需要"转移"，主要原因是过劳死或不服从命令而处以极刑，只有一小部分能够逃生（Taiheio Senso Kenkyukai 1996, 110）。

赵光瑞还论述了另一种榨取形式，鲇川的昭和钢铁所处于日本殖民地劳工体系的核心地位，这一体系绝对区隔了工程和设计人员（永远是日本人）和体力劳动者（永远是中国人）。鲇川常常赞扬日本帝国主义给中国带来的科学化"发展"，但他自己的工厂却等级森严，中国工人绝不被允许掌握工程技术。没有知识的转移，没有"日本的课业"来引导中国人走出文明的黑暗面。相反，赵光瑞称其为"技术封锁"，将工程人员与体力劳动者永世隔绝。极少数职位是日本人与中国人共同工作，但日本人的工资要比中国高3至4倍（Manshu Kogyo Rodo gaikyo Hokoku, 1939年8月, 79—80）。就算中国人拿到他们最高的工资额，岸信介的工资标准限定也将许多工人推向死亡的边缘，或直接推下深渊，因为从1938年起伪满洲国经济就遭遇严重的通货膨胀。赵光瑞总结道，按照降低成本的原则，"合理化"策略变成了当地中国劳工普遍的强制劳动、饥荒和死亡（Cited in Eda et al. 2002, 369）。正如我前面所引用的马克思主义理论所分析的那样，鲇川的满业等现代工厂一方面受益于技术、机器投入的扩大，这是实际吸纳的特点；另一方面受益于以超越其再生产能力极限的方式榨取劳动力，这是形式吸纳的特点（德勒兹和加塔利[1977]称之为"资本主义癫狂"）——综合这两方面的特点，我称这个死亡政治的混合体为"解形吸纳"。

鲇川把他的企业迁至伪满洲国，通过对解形吸纳之下的强制劳动和其他各种廉价劳动的合理化管理而赚取巨额利润。这还不包括伪满政权每年给他的补贴。补贴的具体数额难以考证，从1938年至1941年的满业财务报告可以得知（*Ayukawa Yoshisuke kankei bunsho* 331.6, *Mangyo keigyo hokokusho*），政府补贴流入满业的形式是直接注资和股票收购。10%的满业私有股份来自于伪满政权的补贴资金。鲇川在财务报告中说补贴占了1939年上下两个半年利润的60%左右，琼斯（F. G. Jones）据此推测，补贴占了满业1940年下半年利润的70%（1949，150）。鲇川这个战争贩子，伙同满业的股票持有者们，建立起总体战所必需的产业，以此来剥夺富人的财产。至于从伪满政权流入鲇川的满业的资金，我在上一张论述了伪满对毒品贸易的依赖程度。毫无疑问，毒资中的一部分直接进入了鲇川的口袋。另外，伪满的文职官员们曾提到，鲇川与甘粕、岸信介交往甚密，都是大和旅馆的住户邻居（Shiota 2006，111）。古海描述那个著名的"奇怪团体"的例行聚会上，鲇川、甘粕、岸信介和古海等人聚在一起探讨"亚洲战略"，甘粕和鲇川这段时期特别亲密，这意味着，鲇川不可能不知道甘粕的毒品走私生意（Cited in Ota 2005，323）。太田直树坦承，"满洲三杰"（甘粕、岸信介和甘粕）的亲密关系与毒品走私带来的巨额利益脱不了干系（322—324）。

虽然满业最终没能成为鲇川所希望的产业巨霸，但他与伪满的"成本加成"协议发挥了作用，帮助他利润逐年上涨，直至1943年。然而，为了继续从伪满的死亡政治资本主义中获取利益，他公开力挺岸信介和关东军的统治政策。甚至在鲇川动身前往伪满洲国以前，他就已经开始修正自己在日本人面前的公共形象，鼓吹经济集团化和严格监管，另一方面，他在国际场合则鼓吹资本自由流通，以吸引美国人的投资。那时候他心里到底在想什么？古海和其他官员曾写道，鲇川参与策划消灭英国在东南亚地区的势力。我们无法确切地知道他参与军事项目的细节，但鲇川这个时期给满洲以外地区的日本人做的演讲表明，他非常支持日本殖民法西斯主义的意识形态战略：以大东亚共荣圈为中心，建设管控经济；排斥个人自由，日本官僚和工程人员掌握无可置疑的权威——鲇川将其概括为光荣的"极权主义"。

1939年1月，鲇川在一个日本工程学校的毕业典礼上发表题为"工程师之地：满洲"的演讲，他敦促所有的毕业生到中国东北地区，去体验他所谓的"满洲风情"（极权主义）。他说，如果自己是在座的年轻人，他一定会去满洲贡献自己的一份力量。

> 如果我处在你们的位置，我95%地会肯定自己去满洲；如果我像你们一样年轻，那我百分之百会去满洲……但是我得告诉你们，那里的氛围和国内不一样。你们知道一些关于我个人奋斗的荣耀，现在我们日本人受到的教育是，不要做不利于自己个人发展的事情——如果对自己有利，就去做；如果没有，就不做。这通常被认为是自由主义和个人主义。但是，我们现在身处的世界正在发生剧烈变化，从自由主义转向计划和控制，常用的术语是"极权主义"。不管你怎么称呼它，最重要的是认清一点：从政治的立场看，所有事情都要统一起来。在座的大多数人都知道，通过政治来计划经济发展和巩固极权主义——也就是说，所有个体都融入国家——国家建设在满洲国进展迅速，取得了可喜的成效。（*Ayukawa Yoshisuke kankei bunsho* 911.5）

鲇川接着夸奖极权主义社会的种种好处。他说，过去的自由主义意识形态强调自主，这已经不适应当代世界，因为现在生产环节需要不同个体联合起来完成同一个目标。每一个个体不能孤立地只想着自己，而是要把自己想成是宏大整体的一个可替换的组成部分。而且，除了物质生产，极权主义中的"时间"概念本身也发生了变化。在自由资本主义社会，个人思考的是短时期内的成本与收益，而鲇川说，短时期的利益正在让位于"长时段"，为伪满洲国的大型产业工程服务。❶

　　鲇川不想疏远学生，他说，这个新的极权主义"氛围"需要人投入能量和意志，甚至比自由资本主义更需要个人努力："极权主义自下而上，最终与国家融合"。然而，他警告学生，这一人类能量不允许质疑："每个参与进来的人必须要完全相信这一计划，调动自己的力量做出贡献；最终将实现满洲国的美好蓝图，成为东方的天堂"。他在抒情结尾之前——"我真心地呼唤，来满洲吧！"——还挑衅地预测日本帝国主义未来扩张的方式："弱者将被遗弃在日本国内"。鲇川的挑衅与死亡政治的杀戮律令颇为相似：要么到中国来杀戮，要么留在国内等死。

---

❶　鲇川明显是在引用当时伪满洲国一位重要的官僚奥村喜和男的观点，后者在他的畅销书《日本政治的革新》（1938）中呼吁日本政治界要进一步发扬法西斯主义。

结论　赤手空拳的劳力与活死人帝国

对，我们每个人都在学习如何死亡，如何钻进坟墓。

但谁能想到，死亡的课程竟如此艰难。

——杨絮，东北女作家，1943 年

工人、农民、商人和学生同胞们！！

过去五年我们身受日匪欺压，不知多少父母兄弟惨遭杀害。不知多少妻子姐妹遭到强暴或跳入火坑，也不知多少人的家庭被毁……眼前的危险不计其数：烧死、活埋、掐死、投入监牢。许多人饥寒交迫，濒临死亡。

——东北人民革命军第四军散发的传单，1936 年 4 月 26 日

甘粕正彦是伪满洲国的电影宣传公司"满映"的理事长，他被认为是 20 世纪 40 年代初日据中国地区最重要的文化经纪人。定于1943 年 4 月在东京召开的大东亚文学者大会邀请他担任特别评委，

并不让人感到奇怪。甘粕予以拒绝。花三天时间为中国和日本的小说作品颁奖,这绝不是当时正在为日本战争筹款的他想做的事情。甘粕拒绝邀请甚至是件好事儿,因为获奖的作品《贝壳》将他描述为伪满洲国的"毒品王",如果他在颁奖现场,一定会感到不快吧。

《贝壳》的作者是著名的中国作家李克异(1920—1979,真名袁犀),他身处伪满洲国,以生动描写当地日常生活而出名。《贝壳》讲述的是中国的中产阶级青年在北京和青岛享受毒品、性爱和异化消费主义的生活。故事围绕一对姐妹李玫和李瑛展开,姐姐李玫是刚从北京大学毕业的大学生。李玫刚与一位四十多岁的教授结婚,很快她发现自己怀上了前男友的孩子。小说暗示她是结婚以后才不情愿地与前男友断绝了关系。她找不到帮她做流产手术的医生,于是对她的新婚丈夫谎称身体不适,与李瑛一起逃亡到青岛的度假别墅(青岛两度被日本控制,分别是1914—1922年和1937—1945年)。日本毒品市场全面渗透华北地区,这是小说的潜在主题。

到了青岛,漂亮的两姐妹爱上了一位喜欢玩乐的男子,名叫白澍。他带着两人领略青岛的夜生活,不久就与李瑛上了床。两姐妹日益陷入她们在北京生活时所钟爱的物质消费。李瑛后来发现白澍与好几个女人上床,幡然醒悟,回到北京独自居住。李玫产下男孩后回到北京,前男友,也即孩子的父亲,开始跟踪她。后来,前男友因为贩卖海洛因而被捕,一位医生威胁李玫,他要向她一无所知的丈夫揭发,那孩子不是他亲生的。小说最后的结局是李玫染上了肺结核。

在沦陷区毒品和疾病泛滥的大背景下,主人公的人生哲学深受商品化的影响。小说的第一段对话是李玫旁听她丈夫赵学文和他朋友的辩论,李玫被他朋友的尼采哲学所吸引:"人类是本能动物;不管现代道德怎么说,沉醉于本能并非罪恶。"(Li 1984,9)她丈夫指责他想回到杀戮和掠夺的野蛮状态,这位朋友冷冷地答道:"文明道德是对人类精神的犯罪。"(10)花花公子白滷后来回应了这种资本主义的现代原始主义哲学,他说,人类的幸福只能通过纯粹的"卑俗"和彻底的庸俗主义才能获得:"世俗的快乐只能是肉体的、低贱的和金钱的。"(22)

袁犀故意把《贝壳》的时间和地点设在伪满洲国之外的1935年的北京和青岛(两年后这两个城市也沦陷了),使得大东亚文学者大会的两位日本评委读这篇小说时,以为袁犀是在批判西方自由主义和消费主义(Gunn 1980, 39)。然而,大会认为袁犀,以及爵青(1919—1981)和梅娘(1920—2013)三人在公然批评伪满洲国的日常生活(Smith 2007, 56)。1941年年末,袁犀担心日本宪兵队逮捕,从伪满洲国逃到北京。宪兵队比日本的文学评委更懂得欣赏反帝小说,他们愈发对袁犀的文学创作感到不满,这不是因为他对西方堕落文化的批判,而是因为他们知道,中国人读他的小说,把小说当作对日本统治满洲的谴责。《贝壳》写于1942年末的北京,袁犀故意把时间设在1935年以避免宪兵队的怀疑。但是,小说的几位人物隐约指向日本。再加上当时中国人对日本参与在华毒品贸易多多少少知道一些,小说中对鸦片和海洛因的批判很容易让人联想到对日本的批判。日本宪兵队当然不会放过袁犀,袁犀因为小说《贝壳》获得大东亚文学奖短短几天后,就在北京遭到了逮捕。

第三届大东亚文学者大会于1944年11月12日至14日在南京召开,有一位著名的伪满洲国地区的中国作家,梅娘,凭借她的小说《蟹》而获奖。《蟹》这篇小说比《贝壳》更加直接,描写的是伪满洲国的死亡政治资本主义导致的恶果。年轻姑娘小翠从小就被卖给了人家，直到小说最后她死的时候，生命才真正属于她自己。他的父亲王福搬到伪满洲国的伪都居住，他认同帝国主义的性别意识形态，把女人贬低为"摇钱树"。在小说《蟹》中，华北苦力的价值比女性身体的买卖价格还要低贱，只是被当作直接劳动的工具，随时可以丢弃（Smith 2007；Zhang 1996，444—445）。小说结尾时，王福卖掉了自己的女儿小翠。

梅娘更早以前创作的以伪满洲国为背景的小说《追》（1940）将华北地区的苦力与性工作者相提并论，对生命的欲望被颠倒为死亡政治意义上的绝对价值，根本没有办法解决或逃避死亡。❶ 这部小说印证了本章题词中杨絮的诗句，记录了伪满洲国地区中国贱民"关于死亡的苦难教训"。少女桂花父亲死后，桂花去做烟妓接济母亲和弟弟，两人都抽鸦片（Mei 1940，134—136）；让鸦片窑子兼做皮肉生意，这乃是日本投机分子"九·一八"事变后的一项商业创新，与慰安妇体制同时运作。桂花做了烟妓以后，自己也染上了毒瘾（Sun 1993，428）。随着时间的流逝，桂花"处女的身和心"（136）都陷入了法农所说的帝国主义宰制下的"死亡世界"。桂花和母亲在家过除夕，她刚想告诉母亲自己成功地虏获了一位有钱人的垂青，她的母亲立即恶语相加，想抢走她全部的积蓄。桂花边照镜子边擦眼泪，赫然瞥见自己被鸦片毒害的脸庞有多么恐怖（135）。

桂花束手无策，只好回鸦片窑子工作，又被一个男人辱骂和殴打。

---

❶ 我受益于 Norman Smith 关于《追》的分析，他的论文载于 *The Social History of Alcohol and Drugs* 杂志，2005 年第 20 期，第 66—104 页。

她的老板当着其他性工作者的面羞辱她，抢走她的工资，又毒打她，然后把她扔到窑子后面的一个小巷子里，"像扔垃圾一样"，她变成了和那些被扔进垃圾堆的瘾君子一样的人（142）。她满脸是血，从地上抬起头，隐约看到一只狗正在贪婪地啃食死猫的尸体，猫被吃得精光，只剩下一副骨头，这仿佛预示着桂花的命运（143）。

我把梅娘描写伪满洲国的一系列小说作为本书结论的开头，有我自己的想法。这些小说展现了从事性工作的东亚女性与在伪满从事奴隶劳动的1200万中国苦力，两者能用一种相同的逻辑串联起来，那就是"可有可无"（disposability）。可有可无与多余性（superfluity），这两个概念出现在新近的后殖民主义理论中，用来描述贱民人口低人一等的境况（Mbembe 2004）和限制移民、管制贫民窟的那些法律（Khanna 2006）。阿甘本著名的"纯粹生命"（vita nuda）理论也使用了"可有可无"这个概念。阿甘本揭露了一种生命形态，"它被杀死不算牺牲"，他辨识出"主权的根本作用……（在于）生产纯粹生命，纯粹生命乃是政治活动的基本因素，是连接自然与文化、普泛的生命与人类的生命（zoe and bios）之间的桥梁"（1995，8，11）。❶ 乍一眼看来，这个"纯粹生命"的比喻能够恰当地把伪满的男性苦力与女性性工作者之间的联系展现出来，纯粹生命乃是国家权力废除自然和普泛意义上的生命以后的产物。

---

❶ 阿甘本区分了两种古希腊时的生命概念，一种是zoe，凡是被认为活着/有生命的东西（动物、人、神仙）都叫作zoe，它局限在私的领域，没有进入公共的政治空间，而另一种则是bios，它是指有资格作为个体或集体的生命，它是政治生活的活动单位，是国家权力的作用对象。——译者注

我已经说过，苦力和性工作者是日本帝国主义在其生命政治阶段最重要的巩固力量。如果不考虑到这一点，就无法理解最后一个阶段的死亡政治。历史学家居之芬（2005，2007）向我们描述了伪满洲国这个大资本母体如何强迫中国苦力从事无偿劳动，日本的总体战计划疯狂地命令各个产业加快生产，而1941年12月太平洋战争爆发后，出现了劳动力紧缺。分析者将劳动力紧缺问题归结为日本缺少足够的技术工人，满足不了军事和工业生产的需要，另一个原因是日本对中国工人施加的种种暴行产生的不利影响。回到我前面讨论的殖民地泰勒主义管理模式，岸信介的殖民地劳工政策是提供几近免费的中国劳动力，并确保日产的总裁鲇川等资本家和战争贩子投资盈利。伪满洲国的各个行业都不愿支付正常的、或任何一点儿报酬，那么，华北劳工当然不会接受。中国劳工19世纪80年代以来从山东和河北跑到东北工作，他们的下一代更不愿像父辈一样工作，因为工资标准太低，简直就是岸信介的死亡政治埋葬人民的棺材。另外，伪满洲国于1936年颁布法律，限制向华北地区的汇款，这打消了许多想来伪满洲国打工养家的人的念头。我所说的死亡政治资本的**解形吸纳**指的是，日本帝国主义者完全不考虑维持或再生产中国工人的生命。

日本1937年7月开始全面侵华战争，杀光所有中国暴民的军事目标部分地助长了对中国人生命的蔑视。当时有些帝国主义者认为中国人口那么多，4亿人里面死掉两三百万根本没什么关系。20世纪40年代初的伪满洲国劳动营里，日本宪兵对一位名叫卢本忠的中国苦力说："你们死了死了的好，中国人大大的有。"（RDQDZY，卷14，932）这当然是表现死亡政治的一方面，但是我们需要透过这种作为症候的反华种族主义论调，找到背后的历史原因。

伪满洲国的死亡政治公理不同于后藤新平的殖民地生命政治公理，分别是：殖民地泰勒主义、普遍的例外状态和剥削状态、贬抑中国人的统治策略、引向死亡而非生命的"性"部署，以及加剧神经政治对人类生命的物化作用。同样，这些只是政策倾向，每个地方的具体现象各有不同。但是我们必须将这五条公理纳入思考的视野范围。我在上一章已经分析过，岸信介的劳动管理要求将工资尽量压低，以至于无法再生产劳动力，使得中国人的生命像废物一样随时可以丢弃，战争贩子们在伪满洲国滥杀中国劳工。1929年的世界资本主义危机导致日本的中间派和右翼分子认为，帝国主义战争是确保煤炭、石油和钢铁等发展资本主义经济所需要的资源、赶走中国和欧美竞争者的最佳方案，这一观点颠倒了我在本书第一部分所说的作为战争延续的商业。对于参与建构意识形态的许多日本人来说，战争是一种转移资金的形式，即从金融业转向固定资本和商品资本，这使得战争与资本主义纠缠在一起。最后，本书的第二部分分析了神经政治形态下的日本资本主义，它不断地将工人非人化，并麻痹消费者的感官，把人民变成巴甫洛夫实验中反应机械的生物，易于操纵和丢弃，满足资本主义商人的资本积累需要。

若要描述从1938年至"二战"末期伪满洲国普遍的强制劳动与其他悲惨现象，不能不提这些死亡政治公理，我称其为岸信介的"死亡原理"。我想强调的是，这些公理可以提供一个更为完整的阐释框架，相比之下，天皇体制和武士道精神这些从文化的角度切入的阐释则显得过于简单，往往会忽视我所说的这段历史时期。对于一个唯物主义者来说，更为严重的错误则是忽视更大的结构性因素，用本雅明的话来说，"把握……我们的时代与之前的时代所形塑的星云"（1968，263）。"从同质性的历史进程中炸开一个口子"，也即接受本雅明提出的挑战，突出"敌匪"、灌凉水和其他"先进"酷刑的历史意义（RDQDZY，卷14，915），以及设立例外区域、漠视国际法的管辖，为了掠夺资源军事侵略各个主权国家，还有，美国人利用强制劳力建造在巴格达的巨型非军事区，这正是美国与日本帝国主义相似的一块死亡政治星云。

我在第八章描述了一种将伪满洲国的强制劳动自然化、合理化的意识形态背景。而我在第一章说，以"苦力"的形态出现的这种劳动力为日本帝国主义发展的第一阶段提供基础。大卫·塔克（David Tucker, 2005）的论述和相田等人主编的论文集（Eda, 2002）指出了两者之间的连续性和变化，这一非强迫性的劳动市场后来与伪满洲国早期新的劳动力需求发生了联系。但是我在本书的第三部分则强调死亡政治资本主义容易被人忽视的必要条件：强制的无偿劳动。

几位伪满洲国的辅导官在他们的犯罪证词中坦率地承认，许多强制的中国劳工只有两个选择：要么逃跑，要么等死（RDQDZY，卷14，924；Su 1995）。在我上一章所讲的强制劳动者的四类人当中，很明显，工作致死的劳动者主要集中在第一类和第三类，伪满洲国的"国内"劳工（怠工者）和非伪满洲国的"国外"劳工（敌人）。长期受劳动力紧缺困扰——但有钱执行秘密行动和供官僚烧钱——的帝国，居然会让中国劳工大规模死亡，这简直难以置信。但是，随着中国强制劳工和管教他们的日本矫正辅导官的证词逐渐被拼接起来，我们能够推测当时的状况。汪德惠等与伪满洲国通敌的中国人的证词描述了强制劳工的状况，他们不能睡觉，随身的所有东西,包括他们自己的衣服都要脱光。所有的个人物品都被抢走、卖掉。他们什么都没有,只有自己的肉体,寒冷的冬天只能在装弹药和水泥的洋灰袋子底部挖几个洞钻进去御寒(RDQDZY,卷14,923)。根据矫正辅导官曲秉善的证词,强制劳工夏天常常赤身裸体地劳动,连鞋子都没有(879)。天气冷的时候,若有工人死掉,那么他的麻袋就会剥下来给什么衣服都没有的劳工继续使用(923)。工人们的食物是高粱和草,每天的标准工作时间是13或14个小时。

1942年起,在伪满洲国招募无偿劳工的压力越来越大。但是,日本宪兵队非常了解人心,他们知道那些土地和房屋被剥夺、遭受强征暴敛和鸦片侵害的人群最愿意拼死工作。承德宪兵队1942年4月的一份呈送关东军司令官的报告称,中国人越来越意识到日本人的残忍,给招募华北劳工的工作造成了困难,所以他们无法完成招募指标。唯一可行的方案是瞄准伪满洲国内部受压迫最深的中国人:"故供出劳工者几乎都是:没有土地、房屋、家眷者;住无定所的贫穷者、吸鸦片者……这些人都是为生活所迫,不得不被雇用。我们应该认识到,这种人过多会导致死亡率增加,逃跑者不断,劳动效率低下。从开发产业、增产物资的立场来看,这种状况急需改变。"(RDQDZY,卷14,885)。

古海忠之从上司岸信介手中接过管理伪满洲国劳工体系的重任,他无视强制劳工死亡率增加,策划动员马克思所说的社会中的"拉撒路阶层"❶(Braverman 1974,388)。1944年春,伪满洲国的官员

---

❶ 拉撒路(Lazarus)是《圣经》故事中一位生病的乞丐,耶稣使他起死回生。——译者注

调查殖民地未经登记的吸鸦片者，很快就圈定了 1200 万人，命令他们接受"教育和治疗"（Sun 1993，444—457）。伪满政权的警察和厚生部官员以禁烟为借口，强迫那些未经登记的吸鸦片者，以及 50 万名"登记在册的瘾君子"，到 180 个医疗中心报到，这些医疗中心以戒毒所的名义始建于 1937 年。基层官员可以任意逮捕那些拒绝去报到的吸鸦片者。用厚生部官员的话来说，这个计划乃是"榨取鸦片瘾者劳动力的办法"（RDQDZY，卷 14，820）。将近 2000 万中国吸鸦片者被拉进假冒的医疗中心接受健康的"生命政治"管理，结果却是被卡车拉到劳工营和坟墓（"死亡政治"）。20 万丧失反抗能力的吸鸦片者还未被死亡威胁所"拉撒路"化，他们却被日本医生强制注射谎称是药水的毒品。厚生部长金名世签署通过了这项计划，他后来承认，所谓的戒毒药水实际上是安非他明，让他们"感觉年轻强壮"，他们就能变成古海所梦想的中国人的理想形态（820）。日本官员把这个安非他明叫作"东光剂"，即所谓东方之光，这真是死亡政治莫大的讽刺。

总务厅的这些伎俩与我们前面所讨论的第一和第三类劳工密切相关。我们现在还能看到中国东北地区为劳工死难者修建的纪念碑。"万人坑"见证了日本死亡政治，沉默地躺在伪满几个劳工营的附近：满铁的抚顺煤矿、鲇川的昭和钢铁所以及俄国边境的大型军事设施。日军官员和设施管理人员为了掩人耳目，会挖许多小一点儿的坑来掩埋中国死难者。

日本学者洼田元是迄今唯一一位专门研究这些历史悲剧的人。他说，工程完工以后屠杀中国强制劳工，这是当时的"惯例"："日本军队或军警在工程建设结束后有一个例行的庆祝仪式，分发食物和酒给工人。等到那些中国人喝醉以后，士兵就用来复枪射杀他们。"（2004，76—77；另可参见：中国抚顺战犯管理所，2005）1944年，6000名建设兴安岭筑城工程的中国工人离奇死亡，达到了死亡政治悲剧的顶点（RDQDZY，卷14，862—864）。我不想落入自由主义的人道主义话语逻辑，阿甘本有点儿倾向于那个路子，而我想强调的则是，中国的强制劳工从第一类（罪犯）到第三类（敌匪）和第四类（被哄骗来的劳工）都被投机商人榨取剩余价值，以致死亡；日产和中岛株式会社等日本资本家财团解形吸纳了那些工作至死的劳动者。另外，许多伪满洲国"国内"的中国人从事每年的义务劳动，也导致了大量死亡。几位中国幸存者后来说，劳工营里80%的人最后都在劳动过程中死亡，同时，许多当地的农民还要从事每年的义务劳动（976—983）。基于20多个建设工地的幸存者的证词，以及吉林省档案编辑者的数据，我估计除了那些因为毒品和饥荒而死去的数百万人，伪满洲国造成了至少250万中国强制劳工在劳动过程中死亡。

　　如果要解释**为什么**中国工人会遭受如此残暴的待遇，我们必须回到前面五条死亡政治公理中的最后一条。我在本书的第二部分曾详细论述过，神经政治把人与可丢弃的商品混在一起，把这种状态加以自然化；在都市资本主义中，商品消费是再生产非人化主体的不可代替的必要手段。换言之，在神经政治中，商品已经矛盾地具备了两种属性，既不可代替，又随时可丢弃。川岛（Ken C. Kawashima，2009）十分精彩地分析了这种"不可替代的可丢弃物"，即贱民劳动力。它与日本帝国主义官员的想法有部分相似性，他们认为，可以随时丢弃的中国苦力在建设日本工程和总体战动员、榨取资本主义利润方面具有不可替代的作用，从这个角度我们可以更加深刻地理解死亡政治中"既不可代替，又随时可丢弃"的共存。让我们再回想一下岸信介和古海，这两位负责伪满洲国劳工政策的官员，他们也是"摩登男孩"，频繁光顾东京的浅草娱乐场所，以帝国资本家的身份消费和丢弃女性商品，而"中国人"则是日本帝国主义者脑海中多余的人口，因为他们在太平天国运动和义和团运动中居然自相残杀。另外，孟比提到，对于南非的白人帝国主义者来说，黑人劳动力同样是过剩的、多余的，"土著居民的生命注定要自我毁灭，所以，这是一笔可以用来尽情使用的财富"（2004，381）。

日本人想到中国几乎无穷无尽的——等候着日本人无偿消费和"尽情使用"——劳动力储备时，常常会否认中国劳动力在日本帝国主义战争与死亡政治资本家赚取利润的过程中所发挥的不可代替的作用。这与死亡政治的思想倾向一致，后者把中国劳工当作随时可丢弃的消费品。孟比所说的贱民的"多余性"同时也指的是"劳动与生命的不可代替性与可消费性之间的辩证关系"（374—375）。对于日本帝国主义者来说，一方面贬低、剥夺和丢弃中国人的劳动与生命，另一方面同时否认他们对日本帝国主义的不可代替的贡献，这种物质上与精神上的矛盾包含了一种可能性，让日本人陷入迷狂的意识状态，反过来强化了对中国贱民的施暴频率和残害程度。

就像梅娘描写的中国性工作者一样，人的身体被当作垃圾丢掉，太平洋战争前后，伪满洲国的强制劳工政策专门残害殖民地贱民中最软弱的群体。我们仍然保留"不可代替—可有可无"之间的关系，把伪满洲国的华北劳工的境况与慰安妇/性奴隶的境况联系起来思考。例如，1938年起，伪满洲国安东省在靠近朝鲜边境地方设立慰安所，安置那些绑架过来的朝鲜妇女从事性工作，然后分配到日本帝国的其他地方。在伪满殖民地，另有40个类似的慰安所。❶据说，伪满洲国于1932年4月就在奉天省以外建立了日本第二个慰安所，专门供关东军使用。我们虽然缺乏文字证据，但可以推测，这很可能是第一个使用外国女性工作的慰安所。正规的慰安所制度始于1938年3月3日，由日军参谋总长梅津美治郎签署。❷

生命政治统治下的苦力劳工，到死亡政治统治下的强制劳工，与这一转型同时发生的是殖民地的强制性性工作者的转型。日本的女性主义研究者将日本性工作者的身份转变，即从生命政治统治下的主体性身份和亚洲地区的歇斯底里症患者到死亡政治统治下被逼从事性工作的这一转变，概括为"从遣唐小姐到慰安妇"的转型。（森崎和江首先提出了这个概括［1976，16—17］。）我在第二章详细描述了那些被村冈伊平治绑架的日本女性所遭受的可怕经历，她们中的许多人经过两次、三次甚至四次转手，被卖到奉天、上海和新加坡等地。其中大多数女性能够买断契约然后回国，或者在当地的日租界找工作。这与后来的情形形成鲜明对比，在解形吸纳的条件下，女性性工作者自始至终无法按照自己的意愿工作，从属于强制管制。

---

❶ 位于东京早稻田地区的"战争与和平中的女性"博物馆拥有强制性性工作方面最丰富的档案资料。我从他们的展览得知伪满洲国有42个慰安所。之前很少有这方面的资料，有一种资料称伪满洲国有38个慰安所（Mainichi Gurafu 1975）。
❷ 该行政文件的一个复本藏于 Kum Pyondon（2007，10—12）。

日本宪兵队借鉴皮条客们的各种手段，发明了20世纪最骇人听闻的性奴买卖体系。我们还不知道女性受害者（包括未成年人）的确切数字，目前的估计数字从15万到40万都有（Su 1999）。❶

就像其生命政治资本主义一样，日本的帝国主义死亡政治的种族等级也带有严重的性别压迫。中国男性在伪满洲国的工厂和劳工营里工作至死，贫困的朝鲜佃农为了日本天皇而上战场充当炮灰，而强制性的女性性工作者却没有任何解脱的途径（不管是死是活）。西野留美子等人指出，慰安妇体制禁止自杀行为，她们必须"无条件"服从，没有任何逃脱的出口（Nishino 2007；Jugun ianfu mondai uryoson nettowa-ku 1993）。那些在战争前线的慰安所工作的慰安妇常常听闻，昨天还在强奸她们的士兵第二天就上西天了。1944年的缅甸和新几内亚，被强制的女性性工作者无法自杀，而身边那些男人则在炮火中一个接一个死去。有着同样体验的还有1939年俄国边境的伪满洲国慰安所的性工作者。虽然她们受到严密监视，但还是有些女性毅然自杀。我们再次看到"既不可代替，又可有可无"的辩证回路。

有批判性关怀的学者都知道，日本的殖民主义和帝国主义者是强制的性工作体系的推动者（Yoshimi Y. 2007）。但我认为，要理解这一体系禁止慰安妇自杀、预防士兵得性病的官方逻辑，还必须把神经政治资本主义对日本政府和军部官僚的商品化思维影响纳入视

---

❶ 目前的基本数字是20万人。相关的英文资料可参看：the Northeast Asian History Foundation, *The Truth of the Japanese Military "Comfort Women"*（2007），Tanada Yuki（2002），Yoshimi Yoshiaki（2000）。这方面最好的专著是 Sarah Chunghee Soh, *The Comfort Women*（2008）。

野。神经政治统治下的"色欲—奇异"大众文化入侵了岸信介和古海等伪满洲国政府和军部官僚的心理机制。在大众性学和色欲—奇异现代主义中,男人被自然化为"现代原始人",受神经政治意识形态符码的操控,把女人当作男性的消费品对待,随心所欲地丢弃。吊诡的是,可有可无的女性身体却是男性原始主义得以确立的必要条件。我对几位现代主义性学家的解读表明,强奸和其他色欲暴力被改造成自然行为,变成德勒兹所说的色欲—奇异"思维图像"。与这一自然化过程相结合的是殖民地边缘不断遭到撼动的威权统治——伪满洲国日本官僚对中国人的奴役;日本和朝鲜士兵在慰安所对朝鲜、台湾、中国大陆等地女性的蹂躏;1937年12月日本士兵实施的南京大屠杀——累累罪行堆积起20世纪罕见的死亡政权。

伪满洲国"只有"42家慰安所。4000至8000名朝鲜女性被迫在伪满洲国无偿从事性工作(Kim P. 2000, 334),除了1939年和1941年7月两次进攻苏联失败时期以外,她们的性工作一直没有间断,海南岛和冲绳两地的情况与此类似。正如金富子(Kim Puja)所指出的,伪满洲国的受害者和殖民者都提供了大量证词,证明强制性工作的历史属实,但如果我们只看那些罪犯们的言论,则似乎情况没那么严重。也许这是因为,伪满洲国的强制劳工如此普遍,以至于女性的强制性工作显得毫不起眼。又或者是因为,伪满洲国就是一个**大慰安所**,而甘粕正彦、岸信介和其他下层投机分子都是经营这个慰安所的皮条客。死亡政治资本主义部分地决定了这一历史状况。日本军队和殖民政权入侵东北之后,鸦片和海洛因贩卖场所在各个城市兴盛起来,与此同时,公开买卖女性的妓院也骤然增多。

伪满洲国表面上鄙视女性性工作者,但实际上"既不可代替,又可有可无"的辩证回路仍然存在。可随时丢弃的中国劳工为战争企业生产无可替代的剩余价值,而慰安所的盈利也吸引了无耻的资本家们。但这一剥削性质常常为学者所忽视。晚近的马克思主义女性主义理论指出,性工作,以及女性化的情感劳动,其价值很难为人所见(Tadiar 2009;Fortunati 1995)。依附于日军慰安妇体制的日本、朝鲜和中国商人不必与当地营利性妓院竞争,他们拥有稳定的利润来源。虽然经营成本不菲,一位强制性工作者的短期合约就要1.5 至 2 日元(当时一名日本士兵的月薪大约是 6 至 10 日元),但许多慰安所经营者都大赚了一笔。与岸信介在台湾设计的殖民地泰勒主义经营方式一样,慰安所的利润生产机制也是依靠压低工作者的报酬,有时候她们甚至无法靠薪水负担衣服、化妆品和鸦片的消费。另外,那些天真地希望通过每天接待 25 至 30 名男人来积攒微薄积蓄的女性到头来竹篮打水一场空,日军支付的"军票"在"二战"结束后根本是一摞废纸。日本和朝鲜的皮条客,以及他们在各地的手下,控制着强制性工作者的活动,这是死亡政治的地方种族管治。同样,伪满洲国的中国男性强制劳工也被日本人和朝鲜人控制着不得动弹,偶尔还有中国人充当翻译官或者"辅导官"。

慰安所的强制性工作者和劳工营的中国强制劳工都从属于死亡政治资本主义的解形吸纳。另外,她们都是死亡政治的话语暴力的牺牲者:日本官僚称呼慰安妇是"厕所",而中国强制劳工则被称为"机器人"或"木头"。马克思称这种现象为非人状态,是"宰制和剥削的手段"(1977,799),而孟比则称之为"商品身体"(2005)。死亡政治的常识直觉使得日本官僚称慰安妇为"厕所",或者"二十九","二十九"是慰安妇每天必须接待的士兵数量。把女性当作无生命的容器，他们可以射精、撒尿、排便，或者偶尔用刀枪刺打几下，可日本军国主义者惊讶地发现，这些"马桶"居然还会试图自杀，抵抗死亡政治（个人访谈，中原道子［NakaharaMichiko——音译］，2007年12月）。日本领导人为了维护死亡政治的生命和死亡等级制度，宣布自杀乃是违法行为，他们根本想不通，无生命的东西居然会自杀；但正是这些最低贱的商品身体是帝国主义总体战的资金来源。从这个角度来看，她们成了死亡政治第二阶段的活体对象，也即孟比所说的"活死人"状态。我对孟比的这个概念的解读是，强制性工作者没有直接被杀死或放生，而是陷入了比死亡更为恐怖的死亡政治炼狱。综合马克思和法农的理论可以得出，这些慰安妇与中国的男性无偿强制劳工一道，是日本活死人帝国的核心主体。

在《全世界受苦的人》一书中，法农解读了殖民宰制攫取被殖民者身体、把他们变成"僵尸"的手段（后来乔治·罗梅罗1968年导演的电影《活死人之夜》使得这一形象广为人知）。法农在另一本书《垂死的殖民主义》中分析了殖民主义颠倒生与死、"正常与非正常"的手段（1965，81）。伪满洲国的死亡政治把这些殖民资本主义的手段倾向加以**绝对化**。活劳动先是在生命政治中，被生产为有生命的主体，从属于商业资本主义的形式吸纳，然后在神经政治资本主义中被商品化，人的精力和欲望都从属于实际吸纳，劳动力被机器所绞杀和埋葬，最后，死亡政治资本主义把它从死亡的深渊捞出来，改造为**活死人**，从属于解形吸纳。

面对殖民主义的绝对非正常性（这里所说的"绝对"，指脱离或"被免除"正常状态），他呼吁我们要关注"正常"状态，而这又使我们想起日文的**变态**一词，变态即非正常状态。回到我们讨论的

第一部色欲—奇异小说，梅原北明的《资本主义杀人会社》（1924），小说结尾处，作者的朋友试图用一个词组形容现代资本主义："现代的变态，变态的现代"。[1]生命政治资本主义容许一定程度的讨价还价，或者用田边元的术语，"媒介化的自由"，我们由此可以说，"变态"是时代转型模式的一种符号。然而，一旦我们面对更为复杂的神经政治资本主义，"变态"一词必须用卢森堡的术语翻译成"资本主义剥夺"。"剥夺"正是我在本书第二部分所讨论的那些社会科学家们想要找寻的那个词。赤神良让的研究最接近这个概念，但他刚刚发表自己对色欲—奇异现代主义的批判，把它当作是剥削人类精力和欲望的最高级手段，恰好"九·一八"事变爆发。如果说，剥夺是指神经政治资本主义剥夺了所有生命形态，那么，"剥夺的剥夺"即是伪满洲国，所谓的"东方之光"。其结果是，活死人遍布整个日本帝国。而活死人是本书试图描述的第三种，也即最后一种生命形态。

（日本）哲学的贫困

本书收尾部分，我想重新回到田边元的帝国主义哲学体系。田边元试图把殖民地的朝鲜人、台湾人和中国人都囊括进来，统一到日本帝国的普遍性里面。他的《种的理论》一书的理论基础是辩证免疫学，该理论认为，日本帝国的国民应该保留自己地方种族的病原体，但变成日本帝国的普遍性种族的一员以后，就能抵御自己的

---

[1] 原文是the hentai of hentai，一语双关。——译者注

地方种族的负面因子。从帝国的角度看，田边元的"绝对辩证法"能够调停并引导狭隘的种族升级为普遍性的种族。然而，他在 1942 年和 1943 年写作的文章却主张，太平洋战争爆发后，帝国母体与各地区种族的辩证否定过程必须通过男性主体的**死亡**来达到自我意识的"生命"。田边元改写了自己的哲学体系，以支持日本的总体战：男性国民英雄般的死亡将中止绝对辩证法的运转，从死亡政治的角度看，这是唯一能够维系帝国生命的方式。

田边元模仿海德格尔"被抛"（Geworfenheit）的概念，他提出，个体超越自己的种族属性而融入普遍性，这是一个自我意识的觉醒过程。这一朝向普遍性他者的过程充满了偶然性和不确定性因素，直到日本总体战为止。到了 20 世纪 30 年代后期，国民主体的辩证历程已经注定了他的最终下场。他在题为"民族国家存在之逻辑"一文中说：

> 自我为民族国家牺牲，经过这一自我否定的辨证过程，自我最终得到肯定。此时，由于民族国家要求自我为其牺牲，民族国家能够庇护个体生命的本源，也正因为如此，这种牺牲不算是为了某些他者而无谓牺牲。恰恰相反，这是让自我恢复到真正的自我（这个自我只能存在于国家）。（1963，卷 7，41）

心怀欲望、充满活力的主体不再通过对其特殊的种族文化的否定而完成飞跃。这一飞跃仅限于日本帝国对主体的民族主义召唤。到了 1939 年，田边元认为这种召唤即主体的牺牲。若干年后，他把主体的自由绝对化，将其等同于为日本帝国献身。

田边元题为"死中之生"的文章原先是1943年5月19日在京都大学面向学生的一次演讲，后来在多处发表出版。文章的主要内容讨论哲学史中的死亡问题，反对海德格尔的观点，海德格尔强调死亡的个体性、独特性本质会引起一种存在主义式的生存焦虑。田边元针锋相对地说，"要排斥关于死亡问题的所有焦虑和恐惧心理"（1963，卷8，252—253）。他安抚那些即将上战场赴死的学生："死亡是自然的一部分，没什么好怕的。"（254）然后他再次批评海德格尔只是用哲学的思维对待死亡："我们必须直接地、实打实地面对死亡，下决心赴死。"

（鉴于）目前日本面临的危机局面，（这一决定至关重要）……现在我们不能容忍任何自我与国家分裂的行为。像现在这种时刻，自我与国家是统一的，神已经降临人世。国家与自我，作为神的独特单位，进入了一种相互勾连的关系。自我为了国家而牺牲自己的肉体，两者合二为一，这就是神性——这就是神的启示。（260）

令人震惊的是，田边元忘记了他自己以前所讨论的冲突、免疫学污染和辩证法等概念。在总体战时期，日本男性主体并没有像他之前所分析的那样与他者接触，而是与朝鲜人、中国人、美国人等一切他者隔绝，一心为了"神之国"日本赴死。他建议日本男性不要为死亡感到焦虑，生命的终结将带来更完满的生命，与帝国和神合为一体。1935年以后，他逐渐把自己的绝对辩证法转向一种主体化手段，即把所有日本帝国国民主体化，但在这篇文章中，只有日本男性才被允许通过牺牲自我来与神结合。我们借用"绝对"这个词的一个词源学意义，可以说，田边的辩证法过程只有"一种解决途径"，那就是为日本自杀。用孟比借用法农的说法，这一哲学上的死亡政治学可以说是杀死所有的日本男性，"让剩下的每个人变成活死人"，死亡政治是把"殖民地的广大主体……改造成活死人状态"（2003，40）。只有在战场上厮杀的日本男性还存有完整的生命，其他所有人都是活死人状态，就像中国和朝鲜贱民一样。艾梅·塞泽尔（Aimé Césaire）揭露了纳粹在欧洲的殖民边缘的斑斑劣迹，而伪满洲国的殖民法西斯主义运作模式，也回溯性地影响了日本本土的政治环境（1955，12）。

以上所有这些并不是要否认日本帝国主义者的死亡政治战争手段乃是践踏人性的罪行。而是说，资本主义深深地潜入了伪满洲国死亡政治的解形吸纳之中，它本身就是一种践踏人性的罪行。资本必须不断侵犯工人，这一过程在死亡政治阶段达到了尤其恶劣的强度。生命政治统治下的市场有一只亚当斯密所说的看不见的手，这只手在死亡政治阶段变成了伪满洲国的中国强制劳工所说的"魔掌"（RDQDZY，卷14，980—981）。就像色欲—奇异媒体笔下的吸血鬼一样，魔掌时隐时现，我们暂且不用阿甘本的人文主义哲学概念"纯粹哲学"，而是借用马克思、法农以及本书所讨论的研究色欲—奇异的日本理论家的概念，用"纯粹劳力"（"bare labor"）这个概念来描述那些为贪得无厌的资本家提供剩余价值的生产者，他们无可替代，却又随时可以丢弃，甚至算不上牺牲。马克思在他带有现代化思维的理论中预言说，未来的某一天，资本主义将制造出它自己的掘墓人。而在日本晚期帝国主义的死亡政治模式中，资本主义制造的是活死人，是僵尸，他们的悲惨结局是被丢进坟墓。伪满洲国地区的中国人把这些坟墓叫作"万人坑"。

参考文献

档案获取地址

Japanese Foreign Ministry Archives (*Gaikōshiryōkan*), Tokyo.
National Archives at College Park Maryland.
National Diet Library, Constitution and Politics (*Kensei*) Section, Tokyo.
National Diet Library, Rare Book Room, Tokyo.
University of North Carolina, Chapel Hill.

著作

Abe Hiroyuki. 2005. *Ishiwara Kanji*. Hōsei Bungaku Shuppankyoku.
Abel, Jonathan. 2005. "Pages Crossed: Tracing Literary Casualties in Transwar Japan and the United States." PhD diss., Princeton University.
Adachi Kinnosuke. 1925. *Manchuria: A Survey*. New York: R.M. McBride.
Adorno, Theodor W. and Horkheimer, Max. 1972. "Enlightenment as Mass Deception," in *The Dialectic of Enlightenment*. Trans. John Cumming. New York: Herder and Herder.
Agamben, Giorgio. 1995. *Homo Sacer: Sovereign Power and Bare Life*. Trans. Daniel Heller-Roazen. Palo Alto: Stanford University Press.
———. *State of Exception*. 2005. Trans. Kevin Attel. Chicago: University of Chicago Press.
Akagami Yoshitsuge. 1931. *Ryōki no shakaisō*. Shinchōsha.
Akita Masami. 1994. *Sei no ryōki modan*. Aōkyūsha.
Amano Motonosuke. 1932. "Manshū keizai no hattatsu." *Mantetsu Chōsa Geppō* 12, no. 7: 13–41.
Andō Hikotarō. 1965. *Mantetsu: Nihon teikokushugi to Chūgoku*. Iwanami Shoten.
Aoyagi Tsunatorō. 1923. *Chōsen tōchiron*. Keijō: Chōsen Kenkyūkai.
Arahara Bokusui. 1966. *Dai uyokushi*. Dai Nihon Kokumintō.
Arai Toshio and Fujiwara Akira, eds. 1999. *Shiryaku no shōgen*. Iwanami Shoten.
Aramata Hiroshi et al. 1993. *Minakata Kumagusu*. Kawade Shobō.
Arrighi, Giovanni. 2007. *Adam Smith in Beijing: Lineages of the Twenty-First Century*. London: Verso.

Asada Kyōji. 1968. *Nihon teikokushugi to kyūshokumichi jinushisei*. Ochanomizu Shobō.

Asada Kyōji and Kobayashi Hideo, eds. 1972. *Nihon teikokushugishita no Manshū*. Ochanomizu Shobō.

Asahi Shinbun Yamagata Shikyoku, ed. 1991. *Kikigaki, aru kenpei no kiroku*. Asahi Bunko.

Ayukawa Yoshisuke. 1938. "Greetings from Chairman Ayukawa" in *Tairiku ni yūhi suru*.

———. 1937. *"Nissan" no Manshū ichū*. Nihon Keizai Panfuretto.

Bank of Chōsen. 1921. *The Economic History of Manchuria*. Keijō: Chōsen Sōtokufu.

Beller, Jonathan. 2006. *The Cinematic Mode of Production: Towards A Political Economy of the Society of the Spectacle*. Hanover, N.H.: University Press of New England.

Benjamin, Walter. 1968. *Illuminations: Essays and Reflections*. New York: Schocken.

———. 1973. *Charles Baudelaire: A Lyric Poet in the Era of High Capitalism*. London: New Left Books.

———. 2000. *One Way Street and Other Writings*. London: Verso.

———. 2008. *The Work of Art in the Age of its Technological Reproducibility*. Cambridge, Mass.: Harvard University Press.

Bōeicho bōei kenkyūjo senshishutsu. 1967. *Kokudo kessen junbi*. Asagumo Shinbunsha.

———. 1971. *Rikugun gunju dōin 1: Keikakuhen*. Asagumo Shinbunsha.

Bowlby, Rachel. 1985. *Just Looking: Consumer Culture in Dreiser, Gissing and Zola*. New York: Routledge.

Braverman, Harry. 1974. *Labor and Monopoly Capital*. New York: Monthly Review Press.

Brook, Timothy, and Bob Wakabayashi, eds. 2000. *Opium Regimes: China, Britain and Japan, 1839–1952*. Berkeley: University of California Press.

Brooks, Barbara. 2005. "Reading the Japanese Colonial Archive." *Gendering Modern Japanese History*, ed. Barbara Maloney and Kathleen Uno. Cambridge, Mass.: Harvard University Press.

Brown, Wendy. 1995. *States of Injury: Power and Freedom in Late Modernity*. Princeton: Princeton University Press.

Burns, Susan. 1998. "Bodies and Borders: Syphilis, Prostitution, and the Nation in Japan, 1860–1890." *U.S.-Japan Women's Journal, English Supplement* no. 15. Palo Alto, California: U.S.-Japan Women's Center.

Butler, Judith. 1993. *Bodies that Matter: On the Discursive Limits of "Sex."* New York: Routledge.

———. 2004. *Precarious Life: The Powers of Mourning and Violence*. London: Verso.

Césaire, Aimé. 1955. *Discours sur le colonialisme*. Paris: Présence Africaine.

Cheng, Anne Anlin. 2001. *The Melancholy of Race: Psychoanalysis, Assimilation, and Hidden Grief.* New York: Oxford University Press.

Chinese Emigration: Report of the Cuba Commission Sent by China to Ascertain the Condition of Chinese Coolies in Cuba 1874. Shanghai: Imperial Maritime Custom Press.

Ch'oe Sok-yong. 2000. "Singminji sigi 'naeson kyorhon' changrye munje." *Ilbonhak Nyonbo* 9, no. 9: 259–94.

Choi Chungmoo, ed. 1997. *The Comfort Women: Colonialism, War, and Sex. Position: East Asia Cultures Critique* 5, no. 1.

———. ed. 1998. *Dangerous Women: Gender and Korean Nationalism.* New York: Routledge.

Chōsen Chōsatsugun Shireibu, ed. 1913. Chōsen bōto tōbatsushi. Keijō.

Chōsen Sotokufu. 1935. *Chōsen no shuzoku.* 12th ed. Keijō: Chōsen Sotokufu Hensan.

Christy, Alan. 2010. *Ethnographies of the Self: Japanese Native Ethnology, 1910–1945.* Berkeley: University of California Press.

Chung Young-Iob. 2006. *Korea under Siege, 1876–1945.* New York: Oxford University Press.

Cumings, Bruce. 1981. *The Origins of the Korean War: Liberation and the Emergence of Separate Regimes, 1945–1947.* Princeton: Princeton University Press.

Daba Hiroshi. 2007. *Gotō Shinpei o meguru: kenryoku kōzō no kenkyū.* Nansosha.

Debord, Guy. 1983. *Society of the Spectacle.* Detroit: Black and Red Press.

de Grazia, Victoria and Ellen Furlough. 1996. *The Sex of Things: Gender and Consumption in Historical Perspective.* Berkeley: University of California Press.

Deleuze, Gilles and Felix Guattari. 1983. *Anti-Oedipus: Capitalism and Schizophrenia.* Trans. Robert Hurley, Mark Seem, and Helen Lane. Minneapolis: University of Minnesota Press.

———. 1987. *A Thousand Plateaus.* Trans. Brian Massumi. Minneapolis: University of Minnesota Press.

Doane, Mary Ann. 1991. *Femmes Fatales.* New York: Routledge.

Driscoll, Mark. 2000. "Erotic Empire, Grotesque Empire." PhD diss., Cornell University.

———. 2005. "Seeds and (Nest) Eggs of Empire." *Gender and Japanese History,* ed. Barbara Malony and Cathleen Uno. Cambridge, Mass.: Harvard University Press.

———. forthcoming. *Japan's Jihad: White Peril and Decolonization in the Greater East Asia War.*

Duara, Prasenjit. 2003. *Sovereignty and Authenticity: Manchukuo and the East Asian Modern.* Lanham: Rowman & Littlefield Publishers.

Duus, Peter. 1995. *The Abacus and the Sword: the Japanese Penetration of Korea, 1895–1910.* Berkeley: University of California Press.

Duus, Peter, Ramon Myers, and Mark Peattie. 1989. *The Japanese Informal Empire in China, 1895–1937*. Princeton: Princeton University Press.
Eda Kenji, Matsumura Takao, and Xie Xueshi, eds. 2002. *Mantetsu rōdōshi no kenkyū*. Nihon Keizai Hyōronsha.
Eguchi, Keiichi. 1988. *Ni-Chū ahen sensō*. Iwanami Shoten.
Esposito, Roberto. 2008. *Bios: Biopolitics and Philosophy*. Trans. Timothy Campbell. Minneapolis: University of Minnesota Press.
Fanon, Franz. 1965. *A Dying Colonialism*. Trans. Haakon Chevalier. New York: Grove Press.
———. 1967. *Black Skin, White Masks*. Trans. Charles Lam Markmann. New York: Grove Press.
———. 1968. *The Wretched of the Earth*. Trans. Constance Farrington. New York: Grove Press.
Figal, Gerald. 1999. *Civilization and Monsters: Spirits of Modernity in Meiji Japan*. Durham: Duke University Press.
Fletcher, William Miles. 1989. *The Japanese Business Community and National Trade Policy, 1920–1942*. Chapel Hill: University of North Carolina Press.
Fortunati, Leopoldina. 1995. *Arcane of Reproduction: Housework, Prostitution, Labor and Capital*. Trans. Hilary Creek. Brooklyn: Autonomedia.
Foucault, Michel. 1980. *The History of Sexuality, Vol. 1: An Introduction*. Trans. Robert Hurley. New York: Vintage Books.
———. 1994. "Les mailles du pouvoir." *Dits et Écrits, Vol. 4: 1980–1988*. Ed. Daniel Defert and Francois Ewald. Paris: Gallimard.
———. 1997. "The Punitive Society" in *The Essential Works of Michel Foucault, Vol 1: Ethics*. Ed. Paul Rabinow. New York: New Press.
———. 2003. *Society Must Be Defended*. Trans. David Macey. New York: Picador.
———. 2007. *Security, Territory, Population*. Trans. Graham Burchell. London: Palgrave.
———. 2008. *The Birth of Biopolitics*. Trans. Graham Burchell. London: Palgrave.
Frederick, Sarah. 2006. *Turning Pages: Reading and Writing Women's Magazines in Interwar Japan*. Honolulu: University of Hawai'i Press.
Freud, Sigmund. 1963. *Sexuality and the Psychology of Love*. New York: Macmillan.
Frühstück, Sabine. 2003. *Colonizing Sex: Sexology and Social Control in Modern Japan*. Berkeley: University of California Press.
Fujime Yuki. 1993. "Kindai Nihon no kōsho seidō to baishun undō." *Josei bunka to jendaa kenkyūkai genkō*. Heibonsha.
———. 1995. *Sei no rekishigaku*. Fuji Shuppan.
———. 1997. "The Licensed Prostitution System and Prostitution Abolition Movement in Modern Japan." Trans. Kerry Ross. *Positions: East Asia Cultures Critique* no. 5:135–70.
Fukuzawa Yukichi. 1960. "Datsua-ron." *Fukuzawa Yukichi zenshū*. Vol. 10. Iwanami Shoten.

Furukawa Takahisa. 2006. *Aru eri-to kanryō no Shōwa hishi*. Fuyo Shobō.
Furumi Tadayuki. 1978. *Wasurenu Manshūkoku*. Keizai Yukikisha.
Fuss, Diana. 1995. *Identification Papers*. New York: Routledge.
Gao Yuecai. 2000. *Riben "Manzhou yimin" yanjiu*. Beijing: Renmin Chubansha.
Gendaishi shiryō. 1986. *Ahen mondai*. Misuzu Shobō.
Gill, Insong. 1998. "Stature, Consumption and the Standard of Living in Colonial Korea." *The Biological Standard of Living in Comparative Perspective*, eds. John Komlos and Jorg Baten. Stuttgart: Franz Steiner Verlag.
Gionbō. 1999. *Ahen mitsubai jiken shimatsu*. Reprinted in *Nitancho Ōotozō: ahen kankei shiryō*. Fuji Shuppan.
Gonda Yosonosuke. 1974. *Zenshū*. Bunwa Shobō.
Gotō Masaji. 2002. *Minakata Kumagusu no shisō to undo*. Sekaishisōsha.
Gotō Shinpei. 1889. *Kokka eisei genri*.
———. 1911. *Gotō Shinpei ronshū*. Tokyodō.
———. 1921. *Nihon shokumin seisaku ippan*. Takushoku Shinpōsha.
———. 1944. *Shokumin seisaku ippan/Nihon bōchōron*. Nihon Hyōronsha.
———. 1978. *Kokka eisei genri*. (1889). Sōzō Shuppan.
———. 2004. *Gotō Shinpei to teikoku to jichi*, ed. Kojita Yasunao. Yumani Shobō.
Gottschang, Thomas. 1992. "Incomes in the Chinese Rural Economy, 1885–1935: Comments on the Debate." *Republican China* 18, no. 1: 41–62.
Gottschang, Thomas, and Diana Lary. 2000. *Swallows and Settlers: The Great Migration from North China to Manchuria*. Ann Arbor: University of Michigan Center for Chinese Studies.
Government-General of Chosen. 1935. *Thriving Chosen: A Survey of Twenty-Five Years' Administration*. Foreign Affairs.
Gramsci, Antonio. 1971. *Selections from the Prison Notebooks*. Trans. Quintin Hoare and Geoffrey Nowell. New York: International Publishers.
Gregart, Edwin. 1994. *Landownership under Colonial Rule: Korea's Japanese Experience, 1900–1935*. Honolulu: University of Hawai'i Press.
Gunn, Edward. 1980. *Unwelcome Muse: Chinese Literature in Shanghai and Peking, 1937–1945*. New York: Columbia University Press.
Habuto Eiji. 1919. *Fūzoku seiyokugaku*. Jitsugyō no Nihonsha.
———. *Ippan seiyokugaku*. 1920. Gakugei Shoin.
———. *Seiyoku to jinsei*. 1920. Jitsugyō no Nihonsha.
———. *Hentai seiyoku no kenkyū*. 1921. Gakugei Shoin.
———. *Seiyoku to kindaisichō*. 1921. Jitsugyō no Nihonsha.
Habuto Eiji and Sawada Junjirō. 1915. *Hentai seiyokuron*. Shunyōdō.
Hamashita Takeshi. 1988. "The Tribute Trade System of Modern Asia." *The Memoirs of the Toyo Bunko*, Vol. 46, 7–25.
———. 1989. *Chūgoku kindai keizaishi kenkyū*. Kyūko Shoin.
———. 2003. "Maritime Asia and Treaty Port Networks in the Era of Negotia-

tion." *The Resurgence of East Asia: 500, 150 and 50 Year Perspectives*, Giovanni Arrighi and Mark Selden, ed. London: Routledge.
Hane Mikiso. 1982. *Peasants, Rebels, and Outcastes: The Underside of Modern Japan*. New York: Pantheon.
Hara Akira. 1976. "Manshū ni okeru keizai tōsei seisaku no tenkai." *Nihon keizai seisakushiron*, ed. Andō Yoshio. Tokyo: Daigaku Shuppankai.
Hara Yoshihisa. 1993. *Kishi Nobusuke shōgenroku*. Mainichi Shinbunsha.
——. 2007. *Kishi Nobusuke*. Iwanami Shinsho.
Haraway, Donna. 1991. *Simians, Cyborgs, and Women: The Reinvention of Nature*. New York: Chapman and Hall.
Harootunian, Harry. 2000. *Overcome by Modernity: History, Culture, and Community in Interwar Japan*. Princeton: Princeton University Press.
Haruna Mikio. 2000. *Himitsu no fairu*. Kyōdō Tsūshinsha.
Harvey, David. 2003. *The New Imperialism*. Oxford: Oxford University Press.
Hasegawa Tsuyoshi, ed. 2007. *The End of the Pacific War: Reappraisals*. Stanford, Calif.: Stanford University Press.
Hayase Yukiko. 1974. "The Career of Gotō Shinpei: Japan's Statesman of Research." PhD diss., Florida State University.
Hayashi Iku. 1993. *Shinpen: taiga nagareyuku*. Chikuma Shobō.
He Tianyi, ed. 1995. *Rijun qiang ci xia di Zhongguo lao gong ziliao ji yan jiu cong shu*. Beijing: Xinhua Chubanshe.
Hevia, James L. 2003. *English Lessons: The Pedagogy of Imperialism in Nineteenth-Century China*. Durham, N.C.: Duke University Press.
Hirakawa Hitoshi and Shimizu Hiroshi. 1999. *Japan and Singapore in the World Economy: Japan's Economic Advance into Singapore 1870–1965*. London: Routledge.
Hirano Kenichirō. 1983. "The Japanese in Manchuria, 1906–1931." PhD diss., Harvard University.
Ho, Franklin. 1931. *Population Movement to the North Eastern Frontier in China*. Shanghai: China Institute of Pacific Relations,
Hori, Tsuneo. 1942. *Manshūkoku keizai no kenkyū*. Nihon Hyōronsha.
Hotta Eri. 2007. *Pan-Asianism and Japan's War, 1931–1945*. London: Palgrave Macmillan.
Ichioka Yoji. 1977. "Ameyuki-san: Japanese Prostitutes in Nineteenth Century America." *Amerasia* 4, no. 1: 1–21.
Igarashi Yoshikuni. 2005. "Edogawa Rampo and the Excess of Vision: An Ocular Critique of Modernity in 1920s Japan." *Positions: East Asia Cultures Critique* 13, no. 2: 299–327.
Iguchi Haruo. 2003. *Unfinished Business: Ayukawa Yoshisuke and U.S.-Japan relations, 1937–1953*. Cambridge, Mass.: Harvard University Press.
Ikeda Hiroshi. 1997. *Kaigai shinshutsu bungaku*. Inpacuto Shuppan.

Ikegami Eiko. 1995. *The Taming of the Samurai*. Cambridge, Mass.: Harvard University Press.

Irick, Robert L. 1982. *Qing Policy toward the Coolie Trade, 1847-1878*. Taipei: Chinese Materials Center.

Iriye Akira. 1980. *The Chinese and the Japanese: Essays in Political and Cultural Interactions*. Princeton: Princeton University Press.

Irokawa Daikichi. 1985. *The Culture of the Meiji Period*. Trans. Marius Jansen. Princeton: Princeton University Press.

Ishikaku Ryonosuke. 1927. *Hentaiteki josei to hanzai*. Onko Shoten.

Iwami Takao. 1994. *Shōwa no yōkai: Kishi Nobusuke*. Asahi Sonrama.

Iwanami Koza, ed. 1992a. *Bōchō suru teikoku no jinryū*. Vol. 5 of *Kindai Nihon to shokuminchi*. Iwanami Shoten.

———. 1992b. *Bunka no naka no shokuminchi*. Vol. 7 of *Kindai Nihon to shokuminchi*. Iwanami Shoten.

———. 1992c. *Shokuminchika to sangyoka*. Vol. 3 of *Kindai Nihon to shokuminchi*. Iwanami Shoten.

Jansen, Marius. 1962. "On Studying the Modernization of Japan." *Studies on Modernization of Japan by Western Scholars*. Tokyo: International Christian University.

Jansen, Marius, ed. 1965. *Changing Japanese Attitudes toward Modernization*. Princeton: Princeton University Press.

Jennings, John M. 1995. "The Forgotten Plague: Opium and Narcotics in Korea under Japanese Rule, 1910-1945." *Modern Asian Studies* 29, vol. 4: 795-815.

———. 1997. *Opium Empire: Japanese Imperialism and Drug Trafficking in Asia, 1895-1945*. London: Praeger.

Jilinsheng shehui kexueyuan hebian. 1991. *Riben diguo zhuyi qinhua dangan ziliao xuanbian*. 14 vols. Beijing: Zhonghua Shuju Chuban.

Jō Ichirō. 1993. *Sei no Hakkinbon*. Kawade Bunko.

Jones, F. G. 1949. *Manchuria since 1931*. New York: Oxford University Press.

Jugun ianfu mondai uryoson nettowa-ku. 1993. *Shōgen: kyōsei renkōsareta Chōsenjin jugunianfutachi*. Akaishi Shoten.

Ju Zhifen. 2002. "Japan's Atrocities of Conscripting and Abusing North China Draftees after the Outbreak of the Pacific War." Online at www.fas.harvard.edu.

———. 2005. "Northern Chinese Laborers and Manchukuo." *Asian Labor in the Wartime Japanese Empire: Unknown Histories*, ed. Paul Kratoska. London: M. E. Sharpe.

———. 2007. "Labor Conscription in North China: 1941-1945." *China at War: Regions of China, 1937-1945*, eds. Diana Lary and Ezra Vogel. Palo Alto, Calif.: Stanford University Press.

Ka Chih-ming. 1995. *Japanese Colonialism in Taiwan: Land Tenure, Development and Dependency, 1894-1945*. Boulder: Westview.

Kaneko Fumio. 1987. "Shihon yushutsu to shokuminchi." *Nihon teikokushugi*, ed. Ōishi Kaichirō. Tōkyō Daigaku Shuppankai.

———. 1995. "Shokuminchi tōshi to kōgyōka." *Shokuminchika to Sangyōka*, vol. 3 of *Kindai Nihon to Shokuminchi*. Iwanami Shoten.

Kang Chae-on. 1970. *Chōsen kindaishi kenkyū*. Nihon Hyōronsha.

Kang Chae-on and Iinuma Jiro, eds. 1982. *Shokuminchiki Chōsen no shakai to teikō*. Miraisha.

Kang Pyong-tae. 1977. *Chōsen shakai no kōzō to Nihon teikokushugi*. Ryūkei Shosha.

Kanno Satomi. 2005. *'Hentai' no jidai*. Kōdansha.

Kantō totokufu Minseibu. 1906. *Manshū sangyō chōsa*. 8 vols. Kokkōsha.

Kata, Kōji. 1985. *Shōwa jikenshi*. Iseisha.

Katō Hisakatsu. 1931. *Madorosu yabanashi*. Shokōdō Shobō.

———. 1924. *Sendō no nikka kara*. Shokōdō Shobō.

Katō Yōko. 2007. *Manshū jihen kara Nichū sensō e*. Iwanami Shinsho.

Kawakatsu Heita, ed. 1994. *Japanese Industrialization and the Asian Economy*. London: Routledge.

Kawana Sari. 2003. "Undercover Agents of Modernity: Sleuthing City, Colony, and Body in Japanese Detective Fiction." PhD diss., University of Pennsylvania.

———. 2008. *Murder Most Modern: Detective Fiction and Japanese Culture*. Minneapolis: University of Minnesota Press.

Kawashima, Ken. 2009. *The Proletarian Gamble: Korean Workers in Interwar Japan*. Durham: Duke University Press.

Kenchiku Gakkai Shinkyō Shibu, ed. 1940. *Manshū kenchiku gaisetsu*. Changchun: Manshū jijō annaisho.

Kenpeitai Shireibu. 1987. *Manshū jihen ni okeru kempeitai no kōdō ni kansuru shiryō*. Fuji Shuppan.

Khanna, Ranji. 2006. "Disposability." Lecture at the Franklin Humanities Center, Duke University, 11 October.

Kikakuin. 1939. *Kakyō*. Shōzanbo.

Kim Chŏng-myŏng. 1967. *Chōsen dokuritsu undo*. 6 vols. Hara Shobō.

———. 1979. *An chung-an to Nikkan kanseishi*. Hara Shobō.

Kim Hankyo, ed. 1983. *Studies on Korea: A Scholar's Guide*. Honolulu: University of Hawai'i Press.

Kim Hyun-kil. 1971. "Land Use Policy in Korea." PhD diss., University of Washington.

Kimijima Kazuhiko. 1973. "Tōyō Takushoku Kabushiki Kaisha no setsuritsu katei." *Rekishi Hyōron*, 282, November, 73–98.

Kim Ilmun. 1984. *Tenno to Chōsenjin to sōtokufu*. Tahata Shoten.

Kim Ilmyon. 1997. *Yūjo/Karayuki/Ianfu no keifu*. Onyamazai Shuppan.

Kim Puja. 2000. "Kantōgun ni yoru 'ianfu' dōin ni kansuru tegami." *Ianfu: senji seiboryoku no jitai*, vol. 3, ed. Violence Against Women in War Network. Ryokufu Shuppan.

Kimura Kenji. 1989. *Zaichō Nihonjin shakaishi*. Miraisha.

Kim Yong-sop. "The Landlord System and the Agricultural Economy during the Japanese Occupation Period." *Landlords, Peasants, and Intellectuals in Modern Korea*, ed. Pang Kie-chung and Michael D. Shin. Ithaca, N. Y.: Cornell East Asia Program.

Kinmonth, Earl H. 1981. *The Self-made Man in Meiji Japanese Thought*. Berkeley: University of California Press.

Kishi Nobusuke. 1932. "Sangyō gōrika undo ni arawaretaru keiken kōkan." in *Kōgyō keizai kenkyū*, July.

Kita Ikki. 1971. *Nihon kaizō hōan*. Masu Shobō.

Kitazaki Fukutarō. 1938. *Tōtaku sanjūnen no sokuseki*. Toho Tsūshinsha Shuppanbu.

Kobayashi Hideo. 1995a. *Chōkanryō*. Tokuma Shoten.

———. 1995b. *"Nihon kabushiki gaisha" o tsukutta otoko*. Shōgakukan.

———. 2004. *Teikoku Nihon to sōryokusen taisei*. Yoshikawa.

———. 2005a. *Manshū to Jiminto*. Shinchosha.

———. 2005b. *Mantetsu Chōsabu*. Heibonsha.

———. 2006. *Shōwa o tsukutta otoko*. Bijinesusha.

———. 2007a. "Jūgonen sensō." Lecture series at Tokyo Asahi Cultural Center, fall.

———. 2007b. "Kishi Nobusuke, dareka?" *Gendai Shisō* 35, no. 1.

Kōketsu Atsushi. 2005. "Senji kanryōron." *Sensō no seijigaku*, ed. Kurasawa Aiko and Narita Ryūichi. Iwanami Shoten.

Kong Jingwei. 1986. *Dongbei jingjishi*. Chengdu: Sichuan Renmin Chubanshe.

Kon Wajirō. 1929a. "Gendai no fūzoku." *Nihon fūzokushi* ed. Nakamura Kōya. Yūsankaku.

———. 1929b. *Shinpen DaiTōkyō annai*. Chūō Kōronsha.

———. 1973. "Kōgengaku to wa nanika." *Kon Wajirō shū*, ed. Kawazoe Noboru, Vol. 1. Domus Shuppan.

Kon Wajirō and Yoshida Kenichi. 1930. *Moderunoroji-*. Shunyōdō.

Kratoska, Paul, ed. 2005. *Asian Labor in the Wartime Japanese Empire: Unknown Histories*. Armonk, N.Y.: Sharpe.

Kuboi Norio. 2007. *Shien, dokuen "Daitoa" genei*. Tsuge Shobō.

Kubota Hajime. 2004. "Senjō no shinjitsu." *Tzūkiren*, no. 30 (fall).

Kum Pyondon. 2007. *Kokuhatsu: Jugun ianfu*. Dōjidaisha.

Kurahashi Masanao. 2005. *Nihon no ahen senryaku*. Kyōei Shobō.

———. 2008. *Ahen Teikoku, Nihon*. Kyōei Shobō.

Kurose Yūji. 2003. *Tōyō takushoku kaisha*. Nihon Keizai Hyōronsha.

Kyōikusōkanbu. 1933. *Manshū jihen chūyū bidan*. Kyōikusōkanbu Shuppan.

Lacan, Jacques. 1966. *Écrits*. Paris: Éditions du Seuil.

Laplanche, Jean, and J. B. Pontalis. 1986. "Fantasy and the Origins of Sexuality." *Formations of Fantasy*, ed. Victor Burgin and Cora Kaplan. London: Methuen.
Lary, Diana, and Stephen MacKinnon, eds. 2007. *China at War: Regions of China, 1937–1945*. Stanford: Stanford University Press.
Lee, Helen Jeesung. 2003. "Popular Media and the Racialization of Koreans under Occupation." PhD diss., University of Irvine.
Lee Chong-sik. 1965. *The Politics of Korean Nationalism*. Berkeley: University of California Press.
Lee Ki-baik. 1984. *A New History of Korea*. Seoul: Ilchokak Publishers.
Li Keyi. 1984. *Chuncao mushen: Changpiao xiaoshou "Beike" "Miansha" he ji*, ed. Gao Wen. Shenyang: Chunfeng wenyi chubanshe.
Lippet, Seiji M. 2002. *Topographies of Japanese Modernism*. New York: Columbia University Press.
Liu Mingshiu. 1983. *Taiwan tōchi to ahen mondai*. Yamakawa.
Lone, Stewart. 2000. *Army, Empire and Politics in Meiji Japan*. New York: St. Martin's Press.
Luxemburg, Rosa. 1968. *The Accumulation of Capital*. Trans. Agnes Schwarzschild. New York: Modern Readers Paperback.
Lu Yu. 1987. *Qingdai he minguo Shandong yimin dongbei shilue*. Shanghai: Shanghai Shehui Kexueyuan Chubanshe.
Mackie, Vera. 2000. "Modern Selves and Modern Spaces." *Being Modern in Japan: Culture and Society from the 1910s to the 1930s*, ed. Elise K. Tipton and John Clark. Honolulu: University of Hawai'i Press.
Mainichi Gurafu bessatsu. 1975. *Ichioku nin no Shōwashi*. Mainichi Shinbunsha.
Mainichi Shimbunsha, ed. 1978. *Nihon shokuminchishi: Chōsen*. Mainichi Shinbunsha.
Mamdani, Mahmood. 1996. *Citizen and Subject: Contemporary Africa and the Legacy of Late Colonialism*. Princeton: Princeton University Press.
Manchukuo Ministry of Information. 1940. *Japan-Manchukou Yearbook: 1940*. Manchukuo Yearbook Company.
ManMon sangyō kenkyūkai. 1920. *Manshū sangyōkai yori mitaru Shina no ku-ri-*. Dalian: Manshū Keizai Jihōsha.
Manshūkokushi hensan kankōkai. 1971. *Manshūkokushi*. 2 vols. Manmō Dōhō Engokai.
Manzhou yiminshi yanjiu hui. 1991. *Riben diguozhuyi zai Zhongguo dongbei de yimin*. Harbin: Heilongjiang Renmin Chubanhui.
Marx, Karl. 1962. *Capital, Volume 3*. Moscow: Foreign Languages Publishing House.
———. 1963. *The 18th Brumaire of Louis Bonaparte*. New York: International Publishers.
———. 1972. *Theories of Surplus Value*. New York: International Publishers.

———. 1973. *Grundrisse*. Trans. with a foreword by Martin Nicolaus. London: Penguin.

———. 1977. *Capital, Volume 1*. Trans. by Ben Fowkes. New York: Vintage.

———. 1988. *Economic and Philosophical Manuscripts of 1844*. Trans. Martin Milligan. New York: Prometheus.

Marx, Karl, and Frederick Engels. 1972. *On Colonialism: Articles from the New York Tribune and other Writings*. New York: International Publishers.

Matsui Ryūgo, ed. 1993. *Minakata Kumagusu o shiru jiten*. Kōdansha.

Matsumoto Takenori. 1998. *Shokuminchi kenryoku to Chōsen nōmin*. Shakai Hyōronsha.

Matsusaka Yoshihisa Tak. 2001. *The Making of Japanese Manchuria, 1904–1932*. Cambridge, Mass.: Harvard University East Asia Center.

Matsushita Yoshisaburō, ed. 1926. *Taiwan ahenshi*. Taipei: Taiwan Sōtokufu Senbaikyoku.

Matsuyama Iwao. 1984. *Rampo to Tōkyō*. Chikuma Bunko.

Mbembe, Achille. 2003. "Necropolitics." *Public Culture* 15, no. 1: 11–40.

———. 2004. "Aesthetics of Superfluity." *Public Culture* 16, no. 3: 373–405.

———. 2005. "Superfluity." Lecture at University of North Carolina, Chapel Hill, 2 March.

McCormack, Gavin, and Sugimoto Yoshio. 1988. Introduction to *The Japanese Trajectory: Modernization and Beyond*. New York: Cambridge University Press.

Mei Niang. 1940. *Di'er dai*. Xinjing: Wencong Han Xinghui.

Mei Niang. 1996. *Xie*, ed. Zhang Yumao. *Dongbei xiandai wenxue daxi*, vol. 5. Shenyang: Shenyang Chubanshe.

Merleau-Ponty, Maurice. 1964. *The Primacy of Perception*. Evanston: Northwestern University Press.

Merrill, Frederick. 1942. *Japan and the Opium Menace*. New York: Institute of Pacific Relations.

Meyer, Kathyrn. 2004. "Japan and the World Narcotics Trade." *Consuming Habits*, ed. Jordan Goddman et al. London: Routledge.

Meyer, Kathyrn, and Terry Parssinen. 1998. *Webs of Smoke: Smugglers, Warlords, Spies, and the History of the International Drug Trade*. Boulder: Rowman and Littlefield.

Mihalopoulos, Bill. 1993. "The Making of Prostitutes: The *Karayuki-san*." *Bulletin of Concerned Asian Scholars* 25:41–56.

Miki Kiyoshi. 1967. *Miki Kiyoshi zenshū*. Iwanami Shoten.

Mikuriya Tadashi, ed. 2004. *Gotō Shinpei: Jidai no senkakusha*. Fujihara Shoten.

Mimura, Janice Ann. 2002. "Technocratic Visions of Empire: The Reform Bureaucrats in Wartime Japan." PhD diss., University of California, Berkeley.

Minakata Kumagusu. 1951–52. *Minakata Kumagusu zenshū*. Kangensha.

———. 1985. *Minakata Kumagusu senshū bekkan*. Heibonsha.

———. 1992. *Minakata Kumagusu Korekusyon*. Kawade.
Minami Hiroshi. 1987. *Shōwa Bunka 1925–1945*. Keisō Shobō.
Minami Manshū Tetsudō Kabushiki Gaisha (Keizai Chōsabu), ed. 1919. *Minami Manshū Tetsudō Kabushiki Gaisha jūnenshi*. Dalian.
———. 1933. *Chūgokujin rōdōsha no chingin*. Dalian.
———. 1934. *Manshū no Ku-ri-*. Dalian.
———. 1937. *Gokanen keikaku ritsuan: Vol. 5, book 1: Rōdō bumon kankei shiryō*. Dalian; reprinted, Ryūkei Shosha, 1980.
Miyaoka Kenji. 1968. *Shōfu: Kaigai Ryūrōki*. Hyōronsha.
Mori Katsumi. 1959. *Jinshin baibai: kaigai dekasegi onna*. Shibundo.
Mori Ōgai. 1973. *Mori Ōgai zenshū*. Iwanami Shoten.
Morisaki Kazue. 1976. *Karayukisan*. Heibonsha.
Moriyama, Alan Takeo. 1985. *Imingaisha: Japanese Emigration Companies and Hawaii, 1894–1908*. Honolulu: University of Hawai'i Press.
Moriyama Shigenori. 1992. *Nikkan heigō*. Yoshigawa Kōbunkan.
Moscowitz, Karl. 1974. "The Creation of the Oriental Development Company: Japanese Illusions Meet Korean Reality." *Occasional Papers on Korea 2* (March).
Muraoka Iheiji. 1960. *Muraoka Iheiji jiden*. Nanposha.
Mushakōji Kinhide. 2006. "The Diaspora from Asia and Africa." Lecture presented at the Center for Asia-Pacific Partnership, Tokyo, 16 December.
Mutō Tomio. 1956. *Manshūkoku no dammen*. Kindaisha.
———. 1963. "Manshukoku ni kaketa yume." *Shisō no Kagaku* 21, December.
———. 1989. *Watashi to Manshūkoku*. Bungei Shunjū.
Myers, Ramon. 1982. *The Japanese Economic Development of Manchuria, 1932 to 1945*. New York: Garland.
Myers, Ramon H., and Mark R. Peattie, eds. 1984. *The Japanese Colonial Empire, 1895–1945*. Princeton: Princeton University Press.
Nagahara Yutaka. 1989. *Tennōsei kokka to nōmin: gōi keisei no soshikiron*. Nihon Keizai Hyōronsha.
Nagamine Shigetoshi. 1997. *Zasshi to dokusha no kindai*. Nihon Edita- Sukūru Shuppanbu.
Nakajima Kawatarō, ed. 1994. *Nihon suiri shōsetsushi*, vol. 2. Tokyo Sōgensha.
Nakamura Kokyo. 1921. *Saiminjutsu Kōgi*. Nihon Seishingakkai.
———. 1930. *Hentai Shinri to Hanzai*. Bukyōsha.
———. 1932. *Hisuteri- no ryōhō*. Shufu no Tomosha.
———. 1937. *Nijūjinkaku no onna*. Daitō Shuppansha.
Nakamura Takafusa. 1983. *Senji Nihon no kahoku keizai shihai*. Yamakawa Shuppansha.
Nakamura Takatoshi. 1944. *Batou seidō no kenkyū*. Nihon Hyōronsha.
Nakauchi Toshio. 1988. *Jugun bidan to kyōikusho*. Iwanami Shoten.
Nakayama Yuigorō. 1929. *Hentai Shoseigei*. Shumi no Hōritsu Fukyūkai.
Nakazawa Shin'ichi. 1993. *Mori no Barokku*. Sakariba Shobō.

Namikata Shōichi. 2000. *Kindai Nihon no keizai kanryō*. Nihon Keizai Hyōronsha.

Natsume Sōseki. 2002. *Travels in Manchuria and Korea*. Trans. Inger Brodey and Sammy Tsunematsu. Kent: Global Oriental.

Negri, Antonio. 1991. *Marx Beyond Marx: Lessons on the Grundrisse*. New York: Autonomedia.

——. 2005. *The Politics of Subversion*. London: Polity Press.

Nelson, Diane. 1999. *A Finger in the Wound: Body Politics in Quincentennial Guatemala*. Berkeley: University of California Press.

Nihon Keieishi Kenkyūjo, ed. 1988. *Kōhon: Mitsui Bussan kabushiki gaisha hyakunenshi*. Nihon Keieishi Kenkyūjo.

Nishida Kitarō. 1970. *Fundamental Problems of Philosophy: The World of Action and the Dialectical World*. Trans. with an introduction by David A. Dilworth. Sophia University Press.

Nishino Rumiko. 1992. *Jugun ianfu: moto heishitachi no shōgen*. Akashi Shoten.

——. 2003. *Senjō no Ianfu*. Akashi Shoten.

——. 2007. "Higaisha no shōgen ni miru." Lecture at the Women's Active Museum on War and Peace, Tokyo, 5 October.

Nitta Mitsuo. 1968. *Kyokutō kokusai gunji saiban hōhan sokkiroku*, 10 vols. Omatsudō Shoten.

Noma Jirō. 1930. *Hentaiteki ero no kenkyū*. Kaichōsha.

Northeast Asia History Foundation. 2007. *The Truth of the Japanese Military "Comfort Women."* Seoul: Northeast Asia History Foundation.

Nosō Yugi. 1930. *Josei to Hanzai*. Bukyōsha.

Oda Susumu, ed. 2001. *"Hentai Shinri" to Nakamura Kokyo*. Fuji Shuppan.

Oguma Eiji. 1995. *Tanitsu minzoku shinwa no kigen*. Shinyosha.

Okabe Makio. 1987. "Kaisetsu." *Manshū Jihen ni okeru kenpeitai no kōdō ni kansuru shiryō*. Fuji Shuppan.

Ōta Naoki. 2005. *Manshū rishi: Amakasu Masahiko to Kishi Nobusukega seotta mono*. Kōdansha.

Ōya Sōichi. 1930. *Bungakuteki seijutsuron*. Chūō Kōronsha.

Pak Eun-sik. 1920. *Hanguo duli yundong zhixueshi*. Shànghǎi: Yuxinshe.

Pak Ki-hyuk. 1966. *A Study of Land Tenure System in Korea*. Seoul: Korea Land Economics Research Center.

Pang Kie-chung and Michael D. Shin, eds. 2005. *Landlords, Peasants and Intellectuals in Modern Korea*. Ithaca, N.Y.: Cornell East Asia Program.

Park Hyun Ok. 2005. *Two Dreams in One Bed: Empire, Social Life, and the Origins of the North Korean Revolution in Manchuria*. Durham, N.C.: Duke University Press.

Pauer, Erich, ed. 1999. *Japan's War Economy*. London: Routledge.

Pernikoff, Alexandre. 1943. *Bushido: The Anatomy of Terror*. New York: Liveright Publishing.

Pflugfelder, Gregory. 1999. *Cartographies of Desire: Male-Male Sexuality in Japanese Discourse, 1600–1950.* Berkeley: University of California Press.

Puar, Jasbir K. 2007. *Terrorist Assemblages: Homonationalism in Queer Times.* Durham, N.C.: Duke University Press.

Rampo Edogawa. 1956. *Japanese Tales of Mystery and Imagination.* Trans. James B. Harris. Rutland, Vt.: Charles E. Tuttle.

———. 1987a. *Kyūketsuki.* Shunyōdō.

———. 1987b. *Panorama tōkidan.* Shunyōdō.

———. 1987c. *Ryōki no hate.* Shunyōdō.

———. 1987d. "Yaneura no sanposha." Shunyōdō.

———. 1994. "Tantei shōsetsu to katarushisu." *Edogawa Rampo zuihitsusen,* ed. Kida Junichirō. Chikuma Shobō.

———. 1997. *Mōjū.* Shunyō Bunko.

Read, Jason. 2003. *The Micropolitics of Capital.* New York: State University of New York Press.

Saitō Hikaru. 1997. "Habuto Eiji no kingu obu kingusu." *Kyōto Seika Daigaku Kenkyū kiyō,* no. 12, 209–219.

———. 2002. "Gakujutsuteki to kairanteki no aida: *Hentai Seiyoku* to Nakamura Kokyo." *Kaisetsu* to the reprint of *Hentai Seiyoku.* Fuji Shuppan.

Saitō Minako. 2000. *Modan Ga-ruron.* Magajinhausu.

Saitō Takumi. 2002. *"King" no Jidai.* Iwanami Shoten.

Sakai Kiyoshi. 1929. *Rabu hiruta-.* Bungei Shijōsha.

———. 1930. *Ukiyō on Pare-do.* Sentōsha.

———. 1931. *Kōrei Majutsu.* Shunyōdō.

———. 1933. *Kunen yobanashi.* Shunyōdō.

Sakai Naoki. 1995. "Imperial Nationalism and the Law of Singularity." *Tamkang Review* 26, no. 1: 2.

Sakatani, Y. 1980. *Manchuria: A Survey of its Economic Development.* Prepared in 1932 for the Carnegie Endowment for International Peace. New York: Garland.

Sano Shinichi. 2008. *Amakasu Masahiko: ranshin no kōya.* Shinchosha.

———. 2005. *Ahenō: Manshū no yoru to kiri.* Shinchosha.

Sato, Barbara. 2003. *The New Japanese Woman: Modernity, Media, and Women in Interwar Japan.* Durham, N.C.: Duke University Press.

Sawada Junjirō. 1925. *Hentai to Hanzai.* Seiyokugakusha.

Schmitt, Carl. 2005. *Political Theology.* Trans. George Schwab. Chicago: University of Chicago Press.

Seagrave, Sterling, and Peggy Seagrave. 1999. *The Yamato Dynasty.* New York: Broadway Books.

Senga Motofumi. 2007. *Ahen Ō ichidai.* Kōjinsha.

Shibata Senga. 1999. *Senryōchi tsūka kinyū seisaku no kenkyū.* Nihon Keizai Hyōronsha.

Shimizu Kitsurō. 1895. *Chōsen jijō niwatori harawata*. Umehara Shuttyōden.
Shin Gi-Wook. 1991. "Social Change and Peasant Protest in Colonial Korea." PhD diss., University of Washington.
Shinobu Junbei. 1932. *Waga ManMon no tokushu keneki ron*. Nihon Hyōronsha.
Shinobu Seizaburō. 1991. "Tsūshū jiken." *Seiji keizai shigaku* 297.
Shiota Ushio. 2006. *Shōwa no kaibutsu*. WAC Bunko.
Silverberg, Miriam. 2007. *Erotic Grotesque Nonsense: The Mass Culture of Japanese Modern Times*. Berkeley: University of California Press.
Simmel, Georg. 1950. "The Metropolis and Mental Life." *The Sociology of Georg Simmel*, ed. Kurt Wolf. New York: Free Press.
Smith, Norman. 2007. *Resisting Manchukuo: Chinese Women Writers and the Japanese Occupation*. Vancouver: University of British Columbia Press.
Snow, Edgar. 1934. "Japan Builds a New Colony." *Saturday Evening Post*, 24 February.
Soeda Azenbō. 1982. *Soeda Azenbō chosakushū*, vol. 2. Tosui Shobō.
Soh, C. Sarah. 2008. *The Comfort Women: Sexual Violence and Postcolonial Memory in Korea and Japan*. Chicago: University of Chicago Press.
Sōma Jirō. 1929. *Hentai Shohōsen*. Kaichōsha.
Sommerville, Diane Miller. 2006. *Race and Rape in the Nineteenth-Century South*. Chapel Hill: University of North Carolina Press.
Song Youn-ok, and Melissa L. Wender. 1997. "Japanese Colonial Rule and State-Managed Prostitution: Korea's Licensed Prostitutes." *Positions: East Asia Cultures Critique* 5, no. 1: 171–217.
Sonoe Sachiko. 2000. "Facing Away from Japan: Japanese Prostitutes in Asia before World War II." *Researching the Fragments: Histories of Women in the Asian Context*, eds. Carolyn Brewer and Anne-Marie Medcalf. Quezon City: New Day Publishers.
Spivak, Gayatri. 1988. "Can the Subaltern Speak?" *In Other Worlds: Essays in Cultural Politics*. New York: Routledge.
Su Chongmin. 1995. *Laogong de xue yu lei*. Beijing: Zhongguo Dabaike Quanshu Chubanshe.
Sugihara Kaoru. 1996. "The European Miracle and the East Asian Miracle: Towards a New Global Economic History." *Sangyō to Keizai* 11, no. 12: 27–48.
———. 2003. "The East Asian Path of Economic Development: A Long-Term Perspective." *The Resurgence of East Asia: 500, 150 and 50 Year Perspectives*, Arrighi, Giovanni and Mark Selden, ed. London: Routledge.
Su Zhiliang. 1999. *Weianfu yanjiu*. Shanghai: Shanghai Chubanshe.
Sunaga Asahiko. 1993. *Chi no arabesuku*. Peyotoru Shuppan.
Sun Bang, ed. 1993. *WeiMan shiliao congshu*, vol. 7. Jilin: Jilin Renmin Chubanshe.
Suzuki Takashi. 1992. *Nihon teikokushugi to Manshū*. Hanawa Shobō.
Tadiar, Neferti X. M. 2009. *Things Fall Away: Philippine Historical Experience and the Makings of Globalization*. Durham, N.C.: Duke University Press.

Taiheiyō Sensō Kenkyūkai, ed. 1996. *Manshū Teikoku*. Kawade Shobō.
Takahashi Tomizo. 1928. *Tōyō Takushoku Kabushiki Kaisha nijūnenshi*. Tokyo Insatsu Kabashushiki Kaisha.
Takasaki Sōji. 2002. *Shokuminchi Chōsen no Nihonjin*. Iwanami Shoten.
Takazaki Tatsunosuke. 1953. *Manshukoku no shūen*. Jitsugyō no Nihonsha.
Takekoshi Yosaburō. 1907. *Japanese Rule in Formosa*. New York: Longmans Green.
Tanabe Hajime. 1963. *Tanabe Hajime zenshū*. Chikuma Shobō.
Tanaka Kōgai. 1922. *Ningen no seiteki ankokumen*. Osaka: Okugō Shoten.
———. 1923. *Josei to aiyoku*. Osaka: Okugō Shoten.
———. 1925. *Aiyoku ni kurū chijin*. Osaka: Okugō Shoten.
———. 1928. *Shumi no taishūkagaku*. Osaka: Osakayagō Shoten.
Tanaka, Stephan. 1993. *Japan's Orient: Rendering Pasts into History*. Berkeley: University of California Press.
Tanaka Yuki. 2002. *Japan's Comfort Women: Sexual Slavery and Prostitution During World War II and the US Occupation*. London: Routledge.
Tansman, Alan. 2009. *The Aesthetics of Japanese Fascism*. Berkeley: University of California Press.
Tansman, Alan, ed. 2009. *The Culture of Japanese Fascism*. Durham: Duke University Press.
Taylor, F. W. 1947. *The Principles of Scientific Management*. New York: W. W. Norton.
Terami-Wada, Motoe. 1986. "Karayuki-san of Manila: 1880–1920." *Philippine Studies*, 34:287–316.
Tosaka Jun. 1967. *Tosaka Jun zenshū*. 5 vols. Keisō Shobō.
Tōyō Takushoku Kabushiki Gaisha. 1939. *Tōyō Takushoku Kabushiki Gaisha sanjūnenshi*. Tōyō Takushoku Kabushiki Gaisha Shuppan.
Tsukase Susumu. 2004. *Manshū no Nihonjin*. Yoshikawa Kōbunkan.
Tsunoda Fusako. 2005. *Amakasu Taii*. Chikuma Bunko.
Tsunoda Jun. 1984. *Ishihara Kanji shiryō: kokubō ronsakuhen*. Hara Shobō.
Tsurumi, E. Patricia. 1967. "Taiwan under Kodama Gentarō and Gotō Shinpei." *Papers on Japan*, 4, ed. Albert Craig. Cambridge, Mass.: Harvard East Asia Center.
———. 1984. "Colonial Education in Korea and Taiwan." *The Japanese Colonial Empire, 1895–1945*, ed. Ramon Myers and Mark Peattie. Princeton: Princeton University Press.
Tsurumi Kazuko. 1978. *Minakata Kumagusu: chijyū ikō no hikakugaku*. Kodansha.
Tsurumi Shunsuke. 1982. *An Intellectual History of Wartime Japan, 1931–1945*. London: KPI Limited.
Tsurumi Yūsuke. 1937. *Gotō Shinpei*. 4 vols. Nihon Hyōronsha.
Tucker, David. 2005. "Labor Policy and the Construction Industry in Manchukuo." *Asian Labor in the Wartime Japanese Empire: Unknown Histories*, ed. Paul Kratoska. London: M. E. Sharpe.

Uchida Jun. 2005. "Brokers of Empire: Japanese Settler Colonialism in Korea, 1910–1937." PhD diss., Harvard University.
Uchida Ryoan. 2001. *Futabatei Shimei no Isshō. Meiji no Bungaku*, no. 11: 319–406. Chikuma Shobō.
Ugaramon. 1914. *Chōsen e iku no hito ni*. Ogura Shusetsu.
Umehara Hokumei. 1924. *Satsujin kaisha*. Akane Shobō.
———. 1928. *Barukan kuri-gu*. Translated from the 1926 text of Wilhelm Meiter. Bungei Shijōsha.
Umehara Hokumei, and Sugii Shinobu, trans. 1925. *Roshia daikakumei shi*. Chōkiya shoten.
Umehara Masaki. 1968. "Umehara Hokumei no ashiato." *Dokyumento Nihonjin 6*. Gakugei Shorin.
———. *Kindai kijinden*. 1978. Tairiku Shobō.
Vespa, Amleto. 1938. *Secret Agent of Japan: A Handbook to Japanese Imperialism*. London: Victor Gollancz.
Wang Chengli, ed. 1991. *Zhongguo dongbei lunxian shisinianshi gangyao*. Beijing: Zhongguo Dabaike Quanshu Chubanshe.
Warren, James Francis. 1993. *Ah Ku and Karayuki-san: Prostitution in Singapore, 1870–1940*. New York: Oxford University Press.
Weiner, Michael. 1994. *Race and Migration in Imperial Japan*. London: Routledge.
Weisenfeld, Gennifer. 2002. *Mavo: Japanese Artists and the Avant-Garde, 1905–1931*. Berkeley: University of California Press.
Williams, Eric. 1944. *Capitalism and Slavery*. Chapel Hill: University of North Carolina Press.
Women's Active Museum Documentary Evidence. 2005. "Nihongun seibōryoku higaisha no eizō kiroku #1." Lecture on 7 October.
Wright, Harrison, ed. 1976. *The "New Imperialism": Analysis of Late Nineteenth-Century Expansion*. Toronto: D. C. Heath.
Xie Xueshi. 1995. *Wei Manzhouguoshi xinbian*. Beijing: Renmin Chubanshe.
Yamabe Kentarō. 1966. *Nihon no Kankoku heigō*. Taihei Shuppansha.
Yamada Gōichi. 2002. *Manshūkoku no ahen senbai*. Kyūko Shoin.
Yamaguchi Masao. 1994. *Zasetsu no Shōwashi*. Iwanami Shoten.
Yamamoto Hideo. 1977. *Tachibana Shiraki*. Chūō Kōronsha.
Yamamoto Kiko. 1927. *Dalianshichū ni okeru kasō Chūgokujin no inshokubutsu shirabe*. Dalian: Minami Manshū Tetsudō Kabushiki Gaisha.
Yamamuro, Shinichi. 1993. *Kimera: Manchūkoku no shōzo*. Chūō Shinsho.
———. 2002. "Mensetsu" in *Kan: rekishi, kankyō, bunmei*. June.
———. 2006. *Manchuria under Japanese Dominion*. Trans. Joshua Fogel. Philadelphia: University of Pennsylvania Press.
Yamane Yukio. 1976. *Ronshū kindai Chūgoku to Nihon*. Yamakawa Shuppan.
Yamazaki Tomoko. 1972. *Sandankan hachiban shōkan*. Chikuma Shobō.
———. 1995. *Ajia josei kōryūshi*. Chikuma Shobō.

———. 1999. *Sandakan Brothel No. 8: An Episode in the History of Lower-Class Japanese Women*. Trans. Karen Colligan-Taylor. Armonk, N.Y.: M. E. Sharpe.
Yasutomi Ayumu. 1999. *Manshūkoku no kinyū*. Nihon keizai hyōronsha.
Yen Ching-Hwang. 1985. *Coolies and Mandarins*. Singapore: Singapore University Press.
Yonetani Masafumi. 2006. *Ajia/Nihon*. Iwanami Shoten.
Yonezawa Yoshihirō, ed. 1994. *Rampo no jidai*. Bessatsu Taiyō.
———. 1999. *Hakkinbon*. Bessatsu Taiyō.
———. 2001. *Hakkinbon II*. Bessatsu Taiyō.
Yoshimi Shunya. 1995. *Hakurankai no Seijigaku*. Chūō Shinsho.
Yoshimi Yoshiaki. 2000. *Comfort Women: Sexual Slavery in the Japanese Military during World War II*. Trans. Suzanne O'Brien. New York: Columbia University Press.
———. 2007. "Nihongun 'ianfu' mondai no kagai sekinin." Lecture presentation, Tokyo, 11 August.
Yoshimi Yoshiaki, and Hayashi Hirofumi, eds. 1995. *Kyōdō Kenkyū: Nippongun ianfu*. Ōtsuki Shoten.
Young, C. Walter. 1929. "Chinese Colonization and the Development of Manchuria." *Problems of the Pacific*. Chicago: University of Chicago Press.
Young, Louise. 1996. *Japan's Total Empire: Manchuria and the Culture of Japan's Wartime Imperialism*. Berkeley: University of California Press.
Zhang Yumao, ed. 1996. *Dongbei xiandai wenxue daxi*, vol. 5. Shenyang: Shenyang Chubanshe.
Zhonguo Fushun zhanfan guanli suo, ed. 2005. *Riben zhanfan de zaisheng zhi di*. Beijing: Zhonguo Tushuguan.
Zhuang Jianping. 2007. "Japan's Exploitative labor system in Quingdao: 1933–1945." *China at War: regions of China, 1937–1945*, eds. Diana Lary, and Ezra Vogel. Stanford, Calif.: Stanford University Press.
Žižek, Slavoj. 1989. *The Sublime Object of Ideology*. London: Verso.
———. 1991. *They Know Not What They Do*. London: Verso.
———. 1997. *The Plague of Fantasies*. London: Verso.